AF613954

A
B

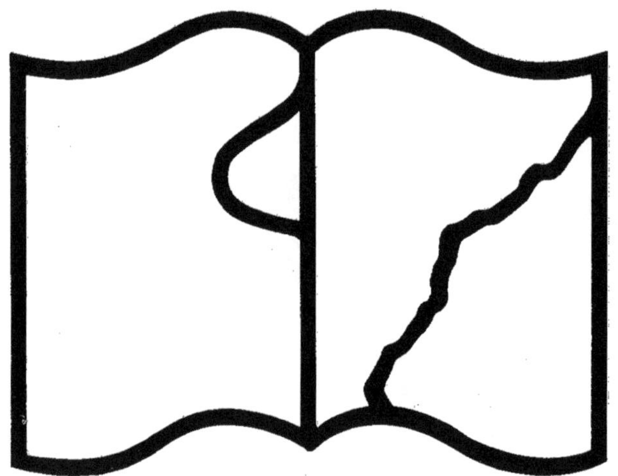

Texte détérioré — reliure défectueuse

NF Z 43-120-11

RECUEIL DES LOIS,

DÉCRETS, ARRÊTÉS, CIRCULAIRES,

RAPPORTS, DOCUMENTS

INTÉRESSANT

LE RAVITAILLEMENT DE LA FRANCE.

CIRCULAIRE DU 31 MAI 1917

relative au ravitaillement en foin pendant la campagne 1917-1918.

LE MINISTRE DU RAVITAILLEMENT GÉNÉRAL ET DES TRANSPORTS MARITIMES

à Messieurs les Généraux Commandant les régions de l'intérieur,

Messieurs les Préfets des départements de l'intérieur,

Messieurs les Directeurs de l'Intendance des régions de l'intérieur,

Messieurs les Sous-Intendants militaires chargés du ravitaillement des départements de l'intérieur.

ACHATS DE FOIN PAR LE SERVICE DU RAVITAILLEMENT.

L'exploitation du territoire national en ce qui concerne le foin n'a pu être effectuée au cours de la présente campagne qu'avec les plus extrêmes difficultés. Afin de permettre de réserver les approvisionnements de fourrages nécessaires à l'armée, tout en ne portant pas entrave aux transactions commerciales, j'ai décidé de fixer, à la veille de la récolte, les contingents de foin pressé à fournir par le territoire au cours de la campagne 1917-18 jusqu'au 1er août 1918.

Les impositions pour chaque département ont été déterminées d'accord avec le Ministre de l'Agriculture au prorata des ressources escomptées de la prochaine récolte. Elles comprennent les besoins des armées des différents fronts et ceux des garnisons du territoire, le tout étant réalisé par le Service du Ravitaillement.

IMPORTANCE DU CONTINGENT À FOURNIR ET MODE DE RÉALISATION.

Dans ces conditions, le département de   doit fournir   x/m.

La réalisation de ce contingent sera effectuée d'après les règles générales qui ont fait l'objet de la circulaire du 20 juillet 1916, n° 4904 8/5, sauf les modifications indiquées ci-après :

Quel que soit le mode de réalisation à adopter dans la suite, il est indispensable que le contingent imposé soit réparti d'extrême urgence entre les circonscriptions de groupement et finalement entre les communes.

Le contingent communal fera l'objet d'un ordre global de réquisition adressé aux maires; la réquisition sera à la base de l'opération, car il est indispensable pour éviter tout abus que les communes soient fixées dès le début de la campagne agricole et d'une façon très nette sur les quantités qu'elles auront à fournir. Il ne sera rien exigé en sus de ces quantités; par suite tout le reliquat des disponibilités sera laissé libre pour la nourriture du cheptel et pour le commerce.

Il y aura lieu d'exiger des maires qu'ils convoquent sans délai la commission municipale prévue par l'article 20 de la loi du 3 juillet 1877 et l'article 39 du décret du 2 août 1877 pour répartir les prestations entre les habitants.

L'état de répartition devra être remis par chaque maire au président de la Commission de réception et une copie de cet état sera affiché à l'intérieur de la mairie, afin de pouvoir être consultée par les prestataires et par les différentes autorités lors de leur tournée. Cette prescription ne dispense pas le maire de prévenir les prestataires des contingents à fournir par chacun d'eux.

Dans le cas de sessions amiables, les règles prévues par la circulaire du 20 juillet 1916 sont maintenues en ce qui concerne l'acompte de 2 francs et la procédure à suivre pour le payement immédiat de cet acompte s'il est demandé.

PRIX.

Le prix de base, fixé à la récolte, ne sera pas modifié au cours de l'année.

Comme rémunération de la garde en bon état de conservation de fourrages requis et comme compensation des déchets, il sera admis que les prix de base fixés à la récolte seront majorés de 0 fr. 30 par quintal et par mois suivant l'époque de livraison. Les prix de base du début seront valables jusqu'au 31 juillet 1917. La majoration mensuelle de 0 fr. 30 sera donc appliquée à partir du 1er août, elle sera répartie à raison de 0 fr. 10 par décade.

Il est bien entendu que le prestataire devra être payé au prix applicable au jour qui lui aura été fixé pour la livraison par la Commission de ravitaillement. Aucune majoration ne sera accordée pour retard dans les livraisons provenant du fait du prestataire.

Les prix de base s'appliqueront au foin en vrac de bonne qualité loyale et marchande pour la denrée prise en culture; les transports seront payés à part, suivant les barèmes du 20 avril 1916, compte tenu des rectifications postérieures, savoir :

a) Pour les petits trajets inférieurs à 5 kilomètres, il est admis que le prix à payer par quintal, quelle que soit la distance, ne devra pas être inférieur à 0 fr. 40.

En outre, lorsque les trajets seront supérieurs à 20 kilomètres, il sera payé, en sus de l'indemnité kilométrique résultant du tarif, une indemnité forfaitaire de 0 fr. 40 par quintal.

b) *Routes non carrossables.* — (Chemins de terre.) — Le tarif applicable aux transports sur ces routes est celui prévu pour les 5 premiers kilomètres majoré de 0 fr. 02, quelle que soit la longueur de la distance à parcourir. Le reste du parcours est décompté suivant les bases données par le barème, sans déduction pour la partie déjà parcourue sur le chemin de terre. Exemple : Foin à transporter sur une distance de 15 kilomètres dont 6 sur route non carrossable — département de la deuxième catégorie.

6 kilom. à 0 fr. 14 = 0 fr. 84	1 fr. 84.
5 kilom. à 0 fr. 12 = 0 fr. 60	
4 kilom. à 0 fr. 10 = 0 fr. 40	

La majoration prévue en 1916, pour les foins de qualité réellement supérieure sans mélange et bien récoltés, n'est pas maintenue.

Une réfaction pouvant aller jusqu'à 1 franc sera admise pour les foins de qualité inférieure, par suite de composition botanique ou de récolte défectueuse, mais cependant acceptable.

Le bottelage à la main sera payé 1 franc par quintal métrique quand il sera demandé et si le mode de livraison normal, dans la région, s'applique au foin en vrac.

Pour le pressage à faible densité (presses à bras), il sera payé 1 fr. 30 par quintal et, pour le pressage à haute densité, 1 fr. 75 par quintal, étant entendu que l'Administration continuera à fournir le fil de fer au tarif actuel de 100 francs le quintal.

Enfin, pour le chargement sur wagon, l'arrimage et le bâchage par les soins des prestataires, on allouera, comme par le passé, une indemnité de 0 fr. 15 par quintal.

DÉLAIS DE LIVRAISONS.

Les foins commenceront à être retirés immédiatement après la récolte en opérant avec le maximum de célérité. Sauf cas exceptionnel, les opérations devront être conduites de façon à avoir retiré les 4/5 des impositions avant le 1er mai 1918 et le surplus avant le 1er juillet suivant.

DISPOSITIONS SPÉCIALES.

Il est essentiel que l'on obtienne, de la récolte prochaine, le maximum de rendement. Pour ce qui concerne la main-d'œuvre nécessaire pour les travaux de fenaison, il sera bon de se reporter à la circulaire du 21 avril 1917 n° 8165 1/11 (B. O. page 1034).

Il convient que les fourrages soient amenés aux presses aux périodes les plus favorables de l'année, on profitera donc des mois de beau temps pour constituer des stocks de foin pressé devant servir de réserve pour l'exécution régulière des graphiques au cours de l'année. La circulaire du 16 avril 1917, n° 7842, de M. le Sous-Secrétaire d'État de l'Administration de la Guerre donne toutes les indications au sujet de l'utilisation du personnel et des moyens de transports militaires.

Les réserves de foin pressé seront entreposées dans les gares mêmes ou à défaut absolu à proximité immédiate de celles-ci en formant des meules protégées contre la pluie et les intempéries.

On pourra laisser aussi des stocks importants de foin pressé en dépôt chez les cultivateurs; dans ce cas on s'entendra à l'amiable pour l'indemnité à leur accorder.

Afin d'éviter au moment des expéditions toute difficulté résultant de la perte de poids des balles, on étiquettera soigneusement des balles témoins qu'on disséminera dans la masse et qui serviront au moment opportun à l'établissement des procès-verbaux de dessiccation.

On fera circuler les presses dans chaque département pendant les périodes de beaux et longs jours pour recueillir les disponibilités dans un rayon de 10 à 15 kilomètres autour de chaque centre de pressage successif.

En même temps, on dirigera du foin en vrac vers quelques ateliers de pressage couverts convenablement choisis. Ceux-ci serviront seulement l'hiver, du 15 novembre au 15 février.

Si les granges ou hangars sont insuffisants, on fera des meules distantes de 15 à 20 mètres les unes des autres, de façon que les stocks globaux ainsi constitués correspondent au débit des presses ambulantes une fois mises à l'abri, groupées ou non, pendant la période de 90 jours envisagée à titre d'indication.

Dans un rayon de 15 à 20 kilomètres de ces centres de pressage d'hiver, on ne travaillera donc pas au moment où le climat est favorable, on ne fera que réunir la marchandise à pied d'œuvre et on la couvrira de paille ou de bâches, si elle est en meule. L'hiver venu, avec une charrette et un cheval, on pourra toujours, malgré les intempéries, amener à l'atelier le foin ou la paille qui n'auront pas trouvé place à couvert.

On peut admettre qu'une presse travaille deux cent cinquante jours au minimum par an en tenant compte des déplacements et réparations, etc. Sur ces deux cent cinquante jours, on peut évaluer le rendement à 100 x/m par jour, soit 25,000 x/m pour l'année. Afin de parer à tout imprévu, on peut réduire ce rendement à 20,000 x/m. Par suite, il est facile de déterminer le nombre de presses à haute densité ou leur équivalent en presses à bras qu'il sera nécessaire de mettre en œuvre dans le département pour la réalisation du contingent global imposé.

ARRÊTÉ DU 1ER SEPTEMBRE 1917

relatif à la constitution d'un Comité consultatif commercial des vins.

(*Journal officiel* du 4 septembre 1917.)

LE MINISTRE DU RAVITAILLEMENT GÉNÉRAL

ARRÊTE :

ARTICLE PREMIER. Il est institué auprès du Ministère du Ravitaillement général un Comité consultatif commercial chargé de donner ses conseils et avis sur les demandes d'approvisionnement en vin dont ce Ministère est saisi en vue de pourvoir à des besoins d'intérêt général.

2. Sont nommés membres de ce Comité en dehors des représentants du Ministère du Ravitaillement général :

Un représentant des Coopératives des armées.
Un représentant de l'Office de l'alimentation du Ministère de l'armement.
MM. KESTER, du Syndicat national des vins.
VALETTE, du Syndicat national des vins.
SAILLARD, du Syndicat national des vins.
DENOMAISON, du Syndicat national des vins.
FORSANS, du Syndicat national des vins.
LENART, du Syndicat national des vins.
PRATS, du Syndicat national des vins.
MESTREZAT, du Syndicat national des vins.
RICOME.
WASEIGE.
DELCROS.
GIRARDIN.
DAMOY.
RABIET.
SENAC.
LAUZE.

3. Le Directeur du Ravitaillement est chargé de l'exécution du présent arrêté.

ARRÊTÉ DU 3 SEPTEMBRE 1917

relatif à la création d'une section des boissons à la Direction du Ravitaillement.

(*Journal officiel* du 4 septembre 1917.)

Le Ministre du Ravitaillement général

Arrête :

Article premier. Il est institué à la Direction du Ravitaillement une section chargée d'étudier les diverses questions intéressant le ravitaillement national en boissons : vins, cidres et bières.

2. La section des boissons se préoccupe en première ligne de l'approvisionnement des armées. L'inspection générale du ravitaillement est chargée d'exécuter toutes les mesures prescrites à cet effet par le Ministre du Ravitaillement général.

3. La section intervient pour assurer l'approvisionnement en vin des coopératives d'armées et pour faciliter celui des coopératives dépendant de l'office de l'alimentation créé au Ministère de l'armement.

Il est pourvu à la satisfaction de ces besoins d'intérêt général, autant que possible, par voie de transaction commerciale, sous réserve des mesures que la situation ultérieure du marché pourrait nécessiter.

A cet effet, la section, saisie des demandes d'achat, met en rapport les représentants des parties prenantes ci-dessus spécifiées, avec la propriété ou le commerce, et les contrats à intervenir sont soumis à l'examen d'un Comité consultatif commercial institué auprès du Ministère du Ravitaillement général.

4. Afin d'augmenter les disponibilités du marché pour le Ravitaillement de la population civile, la section élabore, avec le concours du Comité consultatif commercial, le programme d'importations de vins étrangers.

5. La section des boissons est encore chargée de veiller à l'exécution de toutes mesures propres à faciliter la consommation civile au cours de la prochaine campagne et à la défendre contre les excès éventuels de la spéculation.

Elle contrôle, d'accord avec la section des transports, la répartition des wagons réservoirs du parc national.

6. La section des boissons est également assistée d'un Comité consultatif commercial des cidres, qui délibère sur toutes les mesures susceptibles de permettre l'approvisionement en cidre dans les régions où, par suite de la rareté du vin ou de son prix excessif, il y aurait nécessité d'assurer l'alimentation en boisson de la population.

7. La section des boissons est enfin chargée de veiller à l'alimentation en bières des régions où cette boisson est indispensable.

Elle surveille, en conséquence, l'exécution des arrêtés du 10 août 1917 sur l'organisation de la répartition de l'orge et de l'industrie de la malterie et de la brasserie. A cet effet, elle se tient en rapport avec le Comité central de répartition des orges, escourgeons et paumelles.

8. Le Directeur du Ravitaillement est chargé de l'exécution du présent arrêté.

ARRÊTÉ DU MINISTRE DU RAVITAILLEMENT GÉNÉRAL

DU 3 SEPTEMBRE 1917

portant attribution de récompenses aux Présidents et Membres des Commissions de réception du Ravitaillement.

(Voir *Journal officiel* du 12 septembre 1917.)

ARRÊTÉ DU 3 SEPTEMBRE 1917

précédé d'une circulaire relatif à la consommation du lait.

(*Journal officiel* du 4 Septembre 1917.)

LE MINISTRE DU RAVITAILLEMENT GÉNÉRAL

à Monsieur le Préfet de......

L'arrêté relatif à la consommatiou du lait est susceptible de réserver des quantités importantes à la consommation familiale.

Son effet peut cependant se trouver insuffisant, et le Gouvernement a le devoir de prendre dès maintenant les mesures nécessaires pour que la crise possible ne préjudicie en rien aux consommateurs privilégiés, je veux dire les enfants, les femmes enceintes, les vieillards, et aussi les ouvriers de certaines industries pour lesquels le lait est une alimentation indispensable.

Dans toutes les villes où, par suite des circonstances spéciales, il vous apparaîtrait qu'il peut y avoir péril, je vous invite à appeler immédiatement l'attention des maires sur cette question.

Il y aura lieu d'envisager pour les catégories ci-dessus dénommées la création d'une carte de lait et de constituer, soit par les moyens du commerce, soit par des créations municipales, des centres de ravitaillement qui ne seront ouverts qu'aux consommateurs privilégiés que je viens de désigner.

En ce qui concerne les malades, vous devrez prendre les plus grandes précautions pour n'admettre que des certificats médicaux sérieux. La carte pour les malades devrait être d'ailleurs temporaire et d'une durée n'excédant pas quinze jours.

Cette organisation étant d'ordre municipal, les frais en seront supportés par les communes. Mon administration se préoccupera seulement de faire tenir, après contrôle, à la disposition des diverses municipalités qui feront l'effort nécessaire, les quantités de lait qui lui seront ainsi demandées par préférence.

Étant donné la charge que cette organisation imposera à mon département, il y aurait intérêt à ce que je réunisse le plus tôt possible les renseignements nécessaires sur les approvisionnements qu'il me faudra assurer.

Il va sans dire que les maires pourront se faire aider dans cette tâche par les Comités de surveillance de prix institués par l'arrêté du 18 août 1917.

Cet arrêté prévoit, en effet, que ces Comités peuvent également fonctionner comme Comités d'approvisionnement.

LE MINISTRE DU RAVITAILLEMENT GÉNÉRAL,

Considérant que le déficit que la saison amène normalement dans la production laitière est susceptible de se trouver aggravé cette année par la situation du troupeau ;

Considérant qu'il y a donc lieu de supprimer temporairement toutes les consommations superflues pour réserver les plus grandes quantités possibles à l'alimentation familiale,

Arrête :

Article premier. A partir du 1er octobre, la consommation du lait et de la crème purs ou mélangés avec une préparation quelconque, telle que thé, café ou cacao, est interdite à partir de neuf heures du matin dans tous les cafés, brasseries, bars, restaurants, maisons de thé, débits de boisson ou autres établissements similaires. Il est fait exception seulement pour les buffets des chemins de fer.

2. Les préfets et les maires sont chargés, chacun en ce qui le concerne, de l'application du présent arrêté.

ARRÊTÉ DU 3 SEPTEMBRE 1917

sur le contrôle des pommes de terre et des haricots.

Le Ministre du Ravitaillement général,

Considérant que les mêmes raisons d'ordre public qui obligent, en temps de guerre, le le Ministre des Finances à surveiller le cours de la rente, obligent aussi le Ministre du Ravitaillement à surveiller le prix des denrées indispensables à l'existence;

Considérant qu'une taxe n'est possible que si on peut contrôler le marché à la production et suivre les produits jusque chez le détaillant,

Considérant, dès lors, que pour les pommes de terre et les haricots il suffit d'établir un cours au-dessus duquel aucune opération ne sera juridiquement possible et qui stabilisera le marché tout en laissant au commerce sa liberté absolue,

Arrête :

Article premier. A partir du 15 septembre prochain, le commerce des pommes de terre et des haricots est contrôlé par le Ministre du Ravitaillement général.

2. A cet effet, le Ministre déterminera pour chaque région le prix au-dessus duquel aucune opération commerciale ne pourra être faite sur ces denrées.

La décision du Ministre sera prise après avis de comités départementaux présidés par le Préfet et composés du directeur des services agricoles, de trois négociants et de trois représentants des organisations agricoles.

Ces prix seront revisés tous les deux mois.

Les cours ainsi établis seront publiés par le Ministère et affichés dans les mairies. Aucune cotation supérieure ne pourra être publiée sous une forme quelconque.

3. A partir du 15 septembre, le transport de ces denrées par quantités supérieures à 300 kilog. pour les pommes de terre et à 50 kilog. pour les haricots, par voie ferrée ou navigable, ne pourra être effectué que sur présentation d'un certificat du maire constatant que l'expéditeur lui a affirmé que la vente n'a pas été effectuée au-dessus du cours.

Ce certificat du maire devra être remis en même temps que la feuille d'expédition aux chefs de gare ou aux inspecteurs principaux de l'exploitation commerciale des voies navigables.

Les contingents destinés à l'armée et voyageant avec un ordre de transport militaire sont seuls dispensés du permis d'expédition.

4. Aucune preuve ne sera admise contre la vérité de l'affirmation donnée au maire que la transaction n'a pas été faite au-dessus du cours maximum ainsi établi.

En conséquence sera poursuivi comme spéculateur en vertu de l'article 10 de la loi du 20 avril 1916 tout détaillant qui fixerait son prix de revente comme s'il avait acheté à des prix supérieurs à ceux des cours.

5. Toute expédition non accompagnée du certificat du maire sera réquisitionnée.

6. Les Préfets sont chargés de l'exécution du présent arrêté avec le concours des comités de surveillance institués par l'arrêté du 18 août 1917.

DÉCRET DU 4 SEPTEMBRE 1917

relatif à l'organisation des services du sous-secrétariat d'État des transports maritimes et de la marine marchande.

(*Journal officiel* du 6 septembre 1917.)

RAPPORT

AU PRÉSIDENT DE LA RÉPUBLIQUE FRANÇAISE.

Paris, le 4 Septembre 1917.

Monsieur le Président,

La centralisation des transports maritimes et de la marine marchande nous oblige à réorganiser les anciens services du sous-secrétariat d'Etat et à en créer de nouveaux pour compléter nos moyens d'action.

Afin de procurer à la France le tonnage dont elle a besoin, il nous faut, en effet, rendre la vie à nos chantiers de construction, entretenir et réparer la flotte existante l'organiser, la compléter par les achats encore possibles sur les marchés étrangers, exploiter en vue d'en obtenir le meilleur rendement possible les navires dont nous disposons, soit comme propriétaires, soit comme affréteurs, établir enfin les programmes de transports et déterminer l'ordre de leur urgence.

La construction, l'organisation et l'exploitation de la flotte marchande, l'établissement des programmes des priorités de transports, détiennent des services d'une importance capitale. Nous les complétons par le service assurances maritimes de guerre que des lois récentes ont créé.

Enfin un service de comptabilité sera chargé de la gestion du fonds spécial qui servira de fonds de roulement pour l'exploitation des services de transport dont nous avons la charge.

Les anciens services de la marine marchande dont les titres et les attributions sont à peine modifiés apporteront leur concours à la nouvelle organisation.

L'ensemble forme un organisme suffisamment homogène dont tous les rouages travailleront au même but: la reconstitution et le plein rendement de notre marine marchande.

Le projet de décret que nous soumettons à votre visa détermine les attributions de chaque service.

Veuillez agréer, Monsieur le Président, l'hommage de mon profond respect.

Le Ministre des Travaux publics et des Transports,
DESPLAS.

Le Président de la République française,

Vu les décrets du 29 mars 1913, des 17 janvier et 4 juillet 1917, fixant les attributions du sous-secrétariat d'État des transports maritimes et de la marine marchande et déterminant l'organisation des services;

Vu le décret du 14 décembre 1916, plaçant les attributions du sous-secrétariat d'État de la marine marchande sous l'autorité du Ministre des travaux publics;

Sur le rapport du Ministre des travaux publics et des transports,

Décrète :

Article premier. Le sous-secrétariat d'État des transports maritimes et de la marine marchande comprend, indépendamment du cabinet du sous-secrétaire d'État, neuf services, savoir;

1° Construction et entretien de la flotte commerciale;

2° Organisation de la flotte commerciale;

3° Exploitation des transports maritimes;

4° Administration du personnel et de la police maritime;

5° Programmes et priorité de transport;

6° Les pêches maritimes;

7° Les assurances maritimes;

8° La comptabilité;

9° L'établissement des invalides.

2. *Le cabinet du sous-secrétaire d'État* a, dans ses attributions, l'organisation et la direction générale des services, la centralisation des renseignements et la correspondance, le chiffre et les télégrammes officiels, les relations avec les ministères, le Parlement et la presse, les travaux législatifs, l'administration du personnel et du matériel de l'administation centrale, les publications et archives, les distinctions honorifiques, les affaires réservées.

Le service de construction et d'entretien de la flotte commerciale a, dans ses attributions, toutes les mesures à prendre pour assurer la construction, la réparation et l'entretien des navires destinés aux services publics et aux particuliers, la création et le développement des chantiers de construction maritime, le contrôle de ces établissements ainsi que celui de toute commande exécutée dans les chantiers à l'étranger.

Le service de l'organisation de la flotte commerciale a, dans ses attributions, la législation générale de la marine marchande, la préparation et l'exécution des lois sur les primes et des conventions avec les compagnies de navigation, les études économiques intéressant le développement de la marine marchande, les achats de navires et la centralisation de toutes les questions d'ordre général concernant les missions à l'étranger ainsi que les négociations avec les gouvernements alliés, en vue de l'attribution du tonnage.

Le service d'exploitation des transports maritimes a, dans ses attributions, la répartition du tonnage, les affrètements pour les services publics et les autorisations à donner aux particuliers pour leurs affrètements, le contrôle de la navigation libre, la gestion des navires affectés à des services publics et plus généralement l'utilisation de l'ensemble des navires de commerce à la disposition des particuliers et des services publics civils ou militaires.

Le service d'administration du personnel et de la police maritime a, dans ses attributions, l'administration des divers personnels des services extérieurs, les questions relatives au statut général des gens de mer et aux œuvres utiles aux marins, l'enseignement maritime, les questions relatives à la sécurité de la navigation, au pilotage, aux naufrages et à l'hygiène navale.

Le service des programmes et priorités de transport est chargé de centraliser les besoins de tonnage des services publics et du commerce libre en les confrontant avec les possibilités de transport et en déterminant l'ordre de leur urgence.

Le service des pêches maritimes a, dans ses attributions, la réglementation et la surveillance des pêches maritimes au point de vue national et international, les questions relatives au domaine public maritime et aux concessions sur ce domaine, les encouragements aux pêches par primes ou subventions, le crédit maritime mutuel, l'organisation commerciale de la pêche et des transports des produits de pêche.

Le service des assurances maritimes de guerre est chargé de l'application des lois du 10 avril 1915, complétée par le décret du 7 novembre 1916, par la loi du 25 janvier 1917, ainsi que de l'application de la loi du 9 avril 1917.

Le service de la comptabilité est chargé :

1° De la préparation du budget et de la comptabilité des chapitres budgétaires de la section II du Ministère des travaux publics;

2° Il est chargé particulièrement de la gestion du fonds spécial affecté comme fonds de roulement à l'exploitation du service des transports maritimes et de poursuivre auprès des services publics intéressés le remboursement des frais de transport effectués pour leur compte.

L'établissement des invalides de la marine a, dans ses attributions, la préparation et l'exécution du budget des recettes et des dépenses de la caisse des invalides de la marine et de la caisse de prévoyance des marins français, ainsi que toutes les affaires qui s'y rapportent, les questions relatives aux prises maritimes, à la liquidation des naufrages et épaves.

3. Un arrêté du sous-secrétaire d'État déterminera le fonctionnement de chaque service et le nombre de sections que chacun d'eux comporte.

DÉCRET DU 4 SEPTEMBRE 1917

relatif à la déclaration des graines et fruits oléagineux, graisses et huiles animales ou végétales pures ou mélangées, acides gras, eaux glycérineuses, glycérines, savons, bougies.

(*Journal officiel* du 5 septembre 1917.)

Le Président de la République française,

Sur le rapport du Président du Conseil, Ministre des Affaires étrangères; du Garde des sceaux, Ministre de la Justice; du Ministre du Commerce, de l'Industrie, des Postes et des Télégraphes; du Ministre du Ravitaillement général et du Ministre de l'Intérieur,

Vu l'article 419 du code pénal, livre III, titre II;

Vu les articles 10 et 11 de la loi du 20 avril 1916;

Vu la loi du 3 août 1917 dans ses dispositions spéciales, et par application des articles 2 et 3 de ladite loi,

Décrète :

Article premier. Tout producteur, propriétaire, dépositaire ou détenteur, à quelque titre que ce soit, à la date du 15 septembre 1917, d'une quantité des objets et matières suivants : graines et fruits oléagineux de toute nature, graisses et huiles végétales ou animales, pures ou mélangées, acides gras, eaux glycérineuses et glycérine, savons et bougies dépassant mille kilogrammes, est tenu de faire avant la date du 1er octobre 1917 une déclaration comprenant l'état de ces objets et matières à la date du 15 septembre à minuit.

2. La déclaration est datée et signée. Elle est faite en double exemplaire, conformément au modèle annexé au présent décret. Les deux exemplaires sont envoyés par la poste sous pli recommandé à l'adresse suivante : M. le Ministre du Commerce (Services techniques), 101, rue de Grenelle, Paris.

Les producteurs, propriétaires, dépositaires ou détenteurs des objets et matières visés à l'article 1er et faisant l'objet du présent décret sont tenus de justifier à toute réquisition des autorités des quantités déclarées ou de leur emploi.

3. Dans le cas où les objets ou matières faisant l'objet d'une déclaration seraient warrantés, la déclaration sera à la charge non seulement du propriétaire ou du détenteur, mais aussi à la charge de la personne ou société qui aurait escompté le warrant ou fait toute opération de banque engageant le récépissé ou le warrant délivré par les détenteurs. La déclaration doit, en outre, faire connaître le nom du propriétaire ainsi que la date de l'entrée en magasin de la marchandise warrantée.

4. Tout défaut de déclaration ou fausse déclaration concernant les objets et matières visés par l'article 1er du présent décret seront relevés par procès-verbaux et le délinquant sera puni des peines prévues aux articles 8 et 10 de la loi du 3 août 1917.

5. Le Président du Conseil, Ministre des Affaires étrangères; le Garde des sceaux, Ministre de la Justice; le Ministre du Commerce, de l'Industrie, des Postes et des Télégraphes; le Ministre du Ravitaillement général; le Ministre de l'Intérieur sont chargés, chacun en ce qui le concerne, de l'exécution du présent décret.

DÉCLARATION

DES GRAINES ET FRUITS OLÉAGINEUX, GRAISSES ET HUILES ANIMALES OU VÉGÉTALES PURES OU MÉLANGÉES, ACIDES GRAS, EAUX GLYCÉRINEUSES, GLYCÉRINE, SAVONS, BOUGIES.

Je soussigné (nom, prénoms, profession)

demeurant à commune d département d

déclare être { propriétaire / dépositaire / détenteur / escompteur de warrant } des objets et matières suivants :

(Biffer les mentions inutiles.)

SPÉCIFICATION.	QUANTITÉ ou POIDS.	VALEUR DU QUINTAL AU COURS du 15 septembre.	LIEUX OÙ SE TROUVENT LES OBJETS et matières.	OBSERVATIONS.

Je certifie l'existence, à la date du 15 septembre 1917, des quantités indiquées dans les lieux désignés ci-dessus.

A , le 19 .

(Signature.)

NOTE DE SERVICE DES MINISTRES DE LA GUERRE ET DE L'AGRICULTURE DU 5 SEPTEMBRE 1917 RELATIVE AU RÔLE ET AU FONCTIONNEMENT DES COMMISSIONS DÉPARTEMENTALES DE LA MAIN-D'ŒUVRE AGRICOLE.

(*Journal officiel* du 7 septembre 1917.)

LEUR COMPOSITION.

Par circulaire du 22 décembre 1915, le Ministre de la Guerre a institué les Commissions départementales de la main-d'œuvre agricole composées du préfet ou de son délégué, président, d'un officier général ou de son délégué et du directeur des services agricoles.

Par circulaire du 8 août 1916, il leur a adjoint un conseiller général pour les délibérations relatives aux prisonniers de guerre.

Par circulaire du 31 janvier 1917, le Ministre de l'Agriculture a complété cette Commission par trois agriculteurs représentant les groupements agricoles du département.

Enfin, par circulaire du 3 mai 1917, le Ministre de la Guerre et le Ministre de l'Agriculture ont attaché à la Commission, avec voix consultative, l'officier contrôleur départemental de la main-d'œuvre agricole.

LEURS ATTRIBUTIONS.

L'importance de ces Commissions s'accroît chaque jour, car les effectifs dont elles ont à s'occuper sont de plus en plus nombreux et leur affectation et leur répartition constituent une lourde tâche. La bonne utilisation des effectifs est plus que jamais indispensable.

Organe de décentralisation, la Commission départementale de la main-d'œuvre agricole est l'intermédiaire entre l'Armée et le Ministre de l'Agriculture d'une part, et les demandeurs de main-d'œuvre agricole ou de spécialistes de professions connexes, d'autre part. Ses fonctions essentielles sont : 1° de recueillir les demandes de main-d'œuvre (travailleurs agricoles et spécialistes) et de répartir les ressources mises à sa disposition; 2° de veiller, par les soins du contrôle départemental de la main-d'œuvre agricole, avec le concours des inspecteurs cantonaux des travaux agricoles, des maires, des comités d'action agricole et de la gendarmerie, à la stricte utilisation de la main-d'œuvre; 3° d'intervenir dans certaines questions administratives, litigieuses ou disciplinaires.

En résumé, tout ce qui a trait à la main-d'œuvre agricole entre dans ses attributions

Ces attributions sont assez complexes pour qu'il soit nécessaire de préciser la portée des plus essentielles.

1° *Centralisation des demandes de main-d'œuvre et répartition.*

Qu'il s'agisse de détachés à la terre catégorie *b*, d'équipes militaires agricoles, d'équipes de prisonniers de guerre, d'internés civils, de travailleurs coloniaux, les demandes doivent être enregistrées avec tous les renseignements nécessaires, en vue de leur donner satisfaction en accordant la préférence aux exploitations des veuves et des femmes de mobilisés.

a) Ouvriers agricoles détachés à la terre. — (Catégorie *b*). — A leur arrivée à la préfecture, en provenance d'un dépôt, les hommes reçoivent une affectation, en tenant compte, dans la mesure du possible, des desiderata exprimés par les employeurs et les employés, des besoins des diverses régions du département, etc.

En principe, les hommes sont affectés à une commune dans laquelle ils travaillent sous la surveillance du maire. La Commission peut affecter directement les hommes détachés à une exploitation déterminée. Cette solution est à recommander chaque fois que l'importance de l'exploitation ou qu'un cas spécial le justifie.

En ce qui concerne l'affectation des hommes originaires des régions envahies, dès le début des détachements, le service central de la main-d'œuvre agricole s'est inspiré des directives suivantes : placer les hommes dans la région où ils demandaient à être envoyés, soit dans la partie non envahie de leur département soit dans le département où leur famille réside, soit enfin là où ils ont trouvé un agriculteur désireux d'utiliser leurs services ou leurs aptitudes.

Il y a lieu, en effet, d'atténuer dans la plus large mesure possible, la situation pénible dans laquelle se trouvent ces mobilisés; la Commission doit donc tenir compte de leurs désirs. Lorsqu'ils demandent à être rapprochés de leur famille, ces hommes doivent être employés dans la localité où elle réside.

Certains cas particuliers sont à examiner avec plus d'attention; c'est ainsi que la Commission pourra placer les chefs d'exploitation des régions envahies de préférence dans les fermes où le patron fait défaut par suite de la mobilisation.

Les sous-officiers catégorie B. pourraient très fréquemment rendre des services particuliers, en qualité de chefs de culture ou de commis, s'ils présentent les aptitudes professionnelles requises.

Les régisseurs, chefs de culture, commis de ferme, etc., seront rendus aux domaines ou aux fermes auxquels ils étaient attachés avant la mobilisation, à moins que les fonctions à remplir paraissent trop peu importantes au point de vue de la production agricole.

Les ouvriers agricoles dont la famille travaille constamment dans une exploitation, y est logée et s'y trouve maintenue depuis le début des hostilités, doivent être plus spécialement attribués à cette exploitation.

b) Équipes militaires agricoles. — Au cours de l'année et plus particulièrement aux périodes de grands travaux, l'autorité militaire met à la disposition de la Commission le plus grand nombre possible de travailleurs. Il appartient à cette dernière de les affecter judicieusement.

Si le concours obtenu à l'aide des dépôts du département est notoirement insuffisant, étant donnés les besoins, la Commission, par l'intermédiaire du représentant de l'autorité militaire, doit faire appel au général commandant la région, de manière que des équipes supplémentaires soient dirigées sur les points où la situation est le plus critique.

C'est seulement quand les ressources régionales normales sont épuisées que l'autorité civile, d'accord avec l'autorité militaire, doit s'adresser à ce sujet au Ministre de l'Agriculture.

c) Prisonniers de guerre. — Internés civils. — Travailleurs coloniaux. — Les demandes de prisonniers de guerre reçoivent satisfaction par prélèvement sur le contingent de la compagnie agricole départementale. Si ce contingent est insuffisant, la Commission, par l'intermédiaire du préfet, président, demande son renforcement au Ministre de l'Agriculture (service de la main-d'œuvre agricole). C'est aussi à ce service que doivent être adressées les demandes de travailleurs coloniaux et d'internés civils (le contingent de ces derniers est à peu près épuisé).

d) Spécialistes (sursis ou permissions spéciales). — La Commission a un rôle non moins important à jouer en ce qui concerne les spécialistes indispensables à l'exploitation agricole. Elle doit établir en temps utile, suivant ordres reçus, les états détaillés de ces spécialistes en vue de leur faire obtenir des sursis ou des permissions spéciales; qu'il s'agisse d'entrepreneurs de battage et de leur personnel technique, de maréchaux ferrants, de charrons, de bourreliers, de réparateurs d'instruments agricoles, de professionnels nécessaires à telle ou telle récolte, etc. Ces états doivent être établis en s'entourant de tous les renseignements utiles, de manière à répartir au mieux les secours sur l'ensemble du département et à proportionner l'importance des demandes à l'effort à accomplir. En vue de faciliter la tâche de l'autorité militaire, il convient d'exécuter pour les dates fixées un travail qu'on puisse considérer comme à peu près définitif pour toute la période envisagée, sans qu'il soit nécessaire d'établir des états supplémentaires.

Dans le même ordre d'idées, il serait utile que la Commission arrêtât ses états de propositions par ordre de préférence ou en indiquant, par une annotation spéciale, les hommes dont le retour est plus particulièrement nécessaire.

En outre, la Commission doit instruire les demandes individuelles de sursis au cours de l'année. Elle les transmet avec son avis, aux inspecteurs régionaux des sursis et ne doit avoir en vue que les besoins urgents de la production. Mais elle n'intervient pas en ce qui concerne les sursis d'office prévus par la circulaire du 29 juillet (*Journal officiel* du 30 juillet 1917).

La surveillance des sursitaires est assurée simultanément par l'officier contrôleur départemental, l'inspecteur des sursis et la gendarmerie. Toute infraction doit être soumise à la Commission départementale de la main-d'œuvre agricole, qui peut proposer à l'inspecteur des sursis la suppression du sursis, et demander, en même temps, une punition disciplinaire dès l'arrivée au corps. Mais il est entendu que la Commission n'a pas qualité pour prononcer l'une ou l'autre de ces mesures, qui sont du ressort exclusif de l'autorité militaire.

2° *Utilisation de la main-d'œuvre.*

Ce n'est pas tout d'accueillir les demandes de main-d'œuvre et d'y donner satisfaction. Encore faut-il s'assurer que cette main-d'œuvre rend tous les services que la nation est en droit d'en attendre. A cet effet, la surveillance nécessaire est exercée par l'officier contrôleur départemental de la main-d'œuvre agricole et ses sous-officiers adjoints, les inspecteurs cantonaux des travaux agricoles, les maires, les comités d'action agricole et la gendarmerie, agissant en intime liaison avec la Commission. Elle s'applique à toutes les catégories de travailleurs militaires, en équipes, en permission ou en sursis, mais plus spécialement aux mobilisés détachés à l'agriculture.

a) Détachés à la terre (catégorie *a*). — Les hommes de cette catégorie renvoyés dans leurs foyers sont détachés aux travaux agricoles, dans l'intérêt général. En conséquence, ils doivent produire le plus possible, soit par l'activité qu'ils déploient dans leurs travaux manuels, soit par la direction judicieuse qu'ils impriment à leur exploitation.

En dehors des travaux normalement effectués dans leur exploitation, ils sont astreints à rendre service à la collectivité; ces mobilisés s'y sont d'ailleurs engagés en demandant à être détachés à la terre.

La nature et l'importance des services à rendre varient avec l'étendue des exploitations : les petits cultivateurs doivent fournir un certain nombre de journées de travail dans les autres fermes de la commune; certains le faisaient volontairement et régulièrement avant la mobilisation, à titre d'ouvrier agricole; le travail pour les voisins doit devenir la règle générale et absolue.

Les cultivateurs dont l'exploitation présente une superficie un peu plus importante pourraient prétendre que tout leur temps est utile à leurs travaux personnels; cette thèse n'est pas admissible; il convient de les obliger à travailler pour la collectivité, ne serait-ce qu'un jour par semaine.

La situation est plus délicate en ce qui concerne les moyennes et les grandes exploitations. Il serait déplacé de vouloir imposer, chaque semaine, un jour ou deux de travail manuel à un cultivateur qui consacre tout son temps à la direction et à la surveillance de son exploitation; mais cela ne doit pas l'empêcher de participer à l'effort collectif, en rendant *obligatoirement* des services à ses voisins : mise à la disposition de ceux-ci d'attelages ou d'ouvriers pour labours, semis, récoltes, charrois, conseils pour l'organisation des cultures, les soins à donner aux animaux, achats, ventes, etc.

En résumé, quelles que soient les situations, la réglementation s'impose : le travail sur l'exploitation personnelle ne doit pas être entravé, mais il est nécessaire de lutter contre l'égoïsme des uns et l'indifférence des autres.

La Commission devra toujours tenir compte de l'étendue des exploitations, de la nature des cultures, de l'aide familiale, du personnel normal des fermes, pour l'attribution du travail personnel imposé aux hommes détachés de la catégorie *a*, ou pour obliger certains d'entre eux à fournir leur aide dans une forme à déterminer.

L'aide doit être large; il serait désirable que les intéressés comprissent qu'elle pourrait être généreuse. On ne saurait admettre notamment que dans une commune où résident des mobilisés détachés à la terre, des veuves, des femmes ou des vieillards se trouvent même momentanément dans l'embarras.

Pour déterminer la mesure de cette solidarité, il convient d'établir un programme, soit pour l'ensemble du département, soit par arrondissement ou par canton,

Ainsi, et pour la culture des céréales jusqu'à 5 hectares un homme détaché pourrait diposer de deux jours pour ses travaux personnels et en consacrer quatre à la collectivité :

De 5 à 10 hectares, 3 pour lui, 3 pour la collectivité;

De 10 à 20 hectares, 4 pour lui, 2 pour la collectivité;

Au delà de 20 hectares, 5 pour lui, 1 pour la collectivité.

Dans cette dernière catégorie, les obligations varieraient, tantôt un jour de travail personnel, tantôt un jour de travail fourni par un ouvrier de l'exploitation travaillant seul, ou avec des attelages, etc.

Il va de soi, toutefois, qu'un attaché de la catégorie *a*, comme exploitant quelques hectares de prairies, doit la plus grande partie de son temps à la collectivité.

b) Détachés à la terre (catégorie *b*). — Ces hommes sont affectés à une commune ou à une exploitation.

Dans tous les cas, ils restent placés sous la surveillance immédiate des maires qui procèdent à leur utilisation dans les limites fixées par la Commission départementale, d'après leur affectation.

Les hommes qui ne sont pas affectés à une exploitation déterminée doivent être placés chez les agriculteurs de la commune, en satisfaisant aux demandes les plus intéressantes (veuves ou femmes de mobilisés d'abord).

Le Comité d'action agricole, lorsqu'il en existe un, établit un tableau de travail, soit pour une semaine, soit pour une période plus longue, d'après l'époque de l'année ou les nécessités agricoles.

S'il y a lieu, des équipes peuvent être formées soit sur l'initiative du maire, soit sur celle de l'inspecteur cantonal, soit enfin, par décision de la Commission départementale; ces équipes sont alors employées soit sur le territoire communal, soit dans une partie du canton, soit dans une région déterminée du département.

Les hommes mis à la disposition d'une exploitation en qualité de régisseurs, chef de culture, etc., peuvent être astreints aux mêmes obligations que les hommes de la catégorie *a*, en ce qui concerne les services à rendre à la collectivité (1).

c) Compagnie agricole des prisonniers de guerre. — L'action de la Commission doit être aussi particulièrement active en ce qui concerne l'affectation réglementaire de la totalité de l'effectif de la compagnie agricole de prisonniers de guerre (2). La répartition des équipes entre les collectivités doit être exclusivement faite par ses soins, conformément aux instructions ministérielles. Les travailleurs sont réservés à l'agriculture et ne peuvent être utilisés à d'autres travaux qu'exceptionnellement et avec l'autorisation du Ministre de l'Agriculture (service de la main-d'œuvre agricole) sur demande de la Commission.

d) Travailleurs coloniaux. — Ces travailleurs doivent être utilisés conformément aux directives précédemment indiquées.

e) Travailleurs étrangers. — Là où existe un bureau départemental de la main-d'œuvre agricole, la Commission doit entrer en relations avec lui pour intensifier, s'il y a lieu, l'emploi de travailleurs étrangers par l'intermédiaire des bureaux frontières d'immigration.

3° *Questions litigieuses, administratives et disciplinaires.*

La Commission doit émettre, après enquête, un avis sur les réclamations formulées par les autorités militaires ou les intéressés, à l'occasion de demandes de détachement.

C'est elle qui connaît des mutations de détachés aux travaux agricoles.

Pour les hommes déjà affectés, à la demande des employeurs ou des employés, des mutations peuvent être effectuées dans le département. Les demandes sont reçues directement par la Commission départementale, ou transmises par le service central; les mutations peuvent également être prononcées sur l'initiative de la Commission par suite des nécessités locales.

Le service central peut seul prononcer des mutations de département à département. Les hommes qui font l'objet de la mutation doivent être dirigés sur la préfecture du nouveau département qui leur donne leur affectation. Les demandes de cette

(1) La Commission pourra autoriser la désaffectation provisoire de la terre pour une durée maximum d'un mois, qui ne pourra être renouvelée qu'avec l'autorisation du Ministre de l'Agriculture, d'hommes des catégories *a* ou *b* exerçant conjointement avec celle d'agriculteur une profession indispensable à leurs concitoyens.

(2) Cette compagnie ne comprend ni les P.G. attribués au Ministère de l'Agriculture pour l'exploitation des forêts domaniales, ni ceux attribués aux autres départements ministériels.

nature présentées par les employeurs ou par les employés seront toujours examinées avec la plus grande bienveillance. La mutation est prononcée, en effet, non pas en vue d'attribuer un homme de plus à un département, mais pour essayer d'obtenir de chaque mobilisé le meilleur rendement par son placement dans le milieu qui lui convient le mieux.

C'est la Commission enfin qui prononce les changements de catégorie, soit sur la demande des intéressés, soit à titre de sanction.

Lorsqu'il s'agit du passage de la catégorie *b* dans la catégorie *a*, les demandeurs doivent présenter un certificat agricole établissant leur nouvelle situation. La Commission départementale peut demander communication des titres de propriété, des baux, etc., et de toutes autres pièces justificatives nécessaires.

La Commission décide également, s'il y a lieu, de faire passer dans la catégorie *b* des hommes détachés dans la catégorie *a*, soit à titre de rectification de classement, soit à titre de sanction. Mais il demeure bien entendu que le passage de la catégorie *a* dans la catégorie *b prononcée à titre de sanction* ne peut plus être rapporté que par le Ministre de l'Agriculture, après avis de la Commission.

Toutes les décisions concernant les changements de catégorie sont communiquées au service central.

La Commission départementale a le devoir de procéder à la revision du cas des détachés dont la situation lui paraît irrégulière; ne doivent rester détachés à la terre que les hommes qui exerçaient en temps normal, exclusivement ou à titre principal, une profession agricole.

Tout détachement prononcé à tort doit avoir pour sanction immédiate le renvoi au corps, qu'il s'agisse d'un homme de la catégorie *a* ou de la catégorie *b*. La circulaire du 31 juillet 1917 doit être strictement appliquée.

Chaque cas signalé de détachement présumé irrégulier doit donner lieu à une enquête approfondie, ainsi qu'il est prescrit dans cette même circulaire et l'autorité militaire peut, si elle le juge utile, prononcer une punition disciplinaire contre les hommes renvoyés au corps et qui avaient utilisé un certificat établi à tort.

Le service central examine ensuite dans quelle mesure peut être engagée la responsabilité des maires qui ont délivré des certificats erronés.

LEUR FONCTIONNEMENT.

La bonne exécution d'une mission aussi importante nécessite un travail assidu. Dans certains départements, la Commission a compris son rôle qui a été des plus utiles. Il importe qu'il en soit ainsi dans tous les départements.

Dans la période critique que nous traversons, les fonctionnaires, quels qu'ils soient, qui ont des ordres à exécuter d'abord, des initiatives à prendre ensuite, les agriculteurs, membres des commissions qui ont accepté la mission de représenter leurs concitoyens et de servir le pays, doivent comprendre les uns et les autres que rien ne doit être négligé pour assurer la bonne répartition et la complète utilisation de la main-d'œuvre agricole.

En ce qui concerne les hommes détachés régulièrement les sanctions sont: l'avertissement, la punition de prison infligée par l'officier contrôleur jusqu'à concurence de huit jours, ou par l'autorité militaire, et subie le cas échéant au dépôt le plus rapproché de la résidence; le passage dans la catégorie *b* pour les hommes la catégorie *a* et, enfin, le renvoi au corps.

Ces deux dernières sanctions sont prononcées par la Commission.

Il est donc indispensable que toutes les Commissions se conforment exactement aux instructions données et de l'exécution desquelles dépend, pour une très grande part, le ravitaillement du pays.

Les Commissions sont tenues de se réunir au moins deux fois par mois. Certaines se réunissent actuellement à jour fixe, une fois par semaine. Cet exemple est à suivre.

Tous les trois mois, elles devront tenir une séance extraordinaire à laquelle seront convoqués les inspecteurs cantonaux des travaux agricoles, le commandant de la compagnie de gendarmerie et l'officier commandant le dépôt des prisonniers de guerre.

LEURS RAPPORTS AVEC LE SERVICE CENTRAL.

Les délibérations de chaque séance doivent faire l'objet de procès-verbaux transcrits sur un registre spécial, où seront consignés les noms des membres présents et dont la copie sera régulièrement adressée au Ministre de l'Agriculture (service de la main-d'œuvre agricole).

Si la Commission a besoin d'éclaircissements sur tel ou tel point, le procès-verbal le mentionnera et le service central donnera aux demandes de renseignements la suite qu'elles comportent. De même les informations sollicitées par le service central feront l'objet d'une délibération résumée au procès-verbal.

La présente note devra être portée à la connaissance de la Commission lors de sa prochaine réunion et les procès-verbaux mentionnant cette communication devront parvenir au Ministère de l'Agriculture avant le 30 septembre.

ARRÊTÉ DU MINISTRE DU RAVITAILLEMENT GÉNÉRAL

DU 5 SEPTEMBRE 1917

réglementant l'utilisation des pommes de terre par les féculeries.

(*Journal officiel* du 6 septembre 1917.)

LE MINISTRE DU RAVITAILLEMENT GÉNÉRAL,

Considérant que la campagne d'arrachage de pommes de terre commence et qu'il y a lieu de maintenir pour la consommation alimentaire et, le cas échéant, pour la fabrication du pain la totalité de la récolte;

Considérant, en outre, que la liberté illimitée donnée aux féculeries serait une cause de raréfaction de la denrée et aussi une raison de hausse dont s'emparerait la spéculation,

ARRÊTE :

ARTICLE PREMIER. A partir de la publication du présent arrêté, les féculeries n'auront le droit de travailler que les tubercules impropres à la consommation à cause de leur petitesse ou aussi les pommes de terre atteintes par la maladie.

2. Tous les tubercules sains et de taille normale trouvés dans les féculeries seront réquisitionnés.

3. Les préfets et les intendants sont chargés, chacun en ce qui les concerne, de l'exécution du présent arrêté.

CIRCULAIRE TÉLÉGRAPHIQUE DU MINISTRE DU RAVITAILLEMENT GÉNÉRAL DU 5 SEPTEMBRE 1917

relative au contrôle du commerce des pommes de terre et haricots.

A TOUS PRÉFETS DE FRANCE

(sauf Algérie, Corse et Préfet de police).

Afin de mettre en pratique les dispositions de l'arrêté inséré ce jour à l'*Officiel* et relatif au contrôle du commerce des pommes de terre et haricots, je vous invite à constituer d'urgence le Comité départemental visé à l'article 2. Vous aurez à me soumettre pour le 11 de ce mois les propositions établies par ce Comité comme prix-limites par catégories de pommes de terre et haricots applicables aux achats à la production pendant la période du 15 septembre au 15 novembre. Vous enverrai prochainement le modèle du certificat prévu à l'article 3 à l'arrêté susvisé.

ARRÊTÉ DU 5 SEPTEMBRE 1917

déterminant les conditions de circulation des semences de céréales et de tubercules.

(*Journal officiel* du 12 septembre 1917.)

LE MINISTRE DU RAVITAILLEMENT GÉNÉRAL ET LE MINISTRE DE L'AGRICULTURE,

Vu le décret du 31 juillet 1917 relatif au régime des céréales et au contrôle de la meunerie,

Vu la nécessité d'assurer de toute urgence à l'agriculture l'approvisionnement des semences nécessaires pour la prochaine campagne agricole,

ARRÊTENT :

ARTICLE PREMIER. Les graines de céréales et de sarrasin visées par le décret du 31 juillet 1917 qui ont été cultivées, sélectionnées ou réservées pour la semence sont exemptées de toutes réquisitions et taxations, soit chez les détenteurs, soit en cours de transport.

2. Les transports de semences visées au paragraphe 1er de l'article 1er du présent arrêté restent soumis à la réglementation des permis de transport délivrés par les répartiteurs, telle qu'elle est prévue à l'article 9 du décret du 31 juillet 1917.

Les répartiteurs ne devront délivrer ces permis de transport qu'après s'être rendu compte qu'il s'agissait de graines de semence et à la condition que ces expéditions soient faites, soit d'un cultivateur chez le grainetier, soit d'un grainetier chez un cultivateur, soit encore d'un grainetier chez un autre grainetier.

En cas de refus de délivrance du permis de transport, appel de la décision du répartiteur pourra être fait devant le Ministre de l'Agriculture qui, après enquête, transmettra le dossier avec son avis au Ministre du Ravitaillement dont la décision sera notifiée au répartiteur et à l'intéressé.

3. Les répartiteurs seront tenus de délivrer gratuitement les permis de transport nécessaires aux graines de semence visées au paragraphe 1er de l'article 1er du présent arrêté. Ils seront tenus d'écrire sur le permis de transport la mention « semences ».

4. L'Office départemental des céréales assure la fourniture des semences qui seront nécessaires aux cultivateurs sous réserve de l'engagement pris par les cultivateurs de

restituer, après battage de leurs récoltes, une quantité de grains égale à celle qui leur aura été délivrée ou de payer la valeur de la semence fournie, s'il n'a pas récolté de blé en 1917.

5. L'expéditeur des graines et tubercules de semence visées au paragraphe 2 de l'article 1er du présent arrêté devra se procurer une attestation du maire de la commune, certifiant que la denrée a été cultivée, sélectionnée ou réservée pour la semence; cette attestation devra suivre la marchandise dans tous ses déplacements et la garantir, à toute époque, contre toute réquisition. Les graines et tubercules devront être placés dans des sacs portant une étiquette ainsi libellée : « Semences non susceptibles d'être réquisitionnées ».

6. Un arrêté interministériel fixera les périodes pendant lesquelles les semences de céréales et de sarrasin ne pourront pas bénéficier des conditions de transport prévues au présent arrêté.

7. Le Directeur du Ravitaillement et le Directeur de l'Agriculture sont chargés, chacun en ce qui le concerne, de l'exécution du présent arrêté.

Errata à l'arrêté déterminant les conditions de circulation des semences de céréales et de tubercules (Journal officiel *du 12 septembre 1917, page 7191*) :

Ajouter à l'article 1er un 2e paragraphe ainsi conçu : « Les exemptions ci-dessus prévues sont applicables également à tous autres tubercules et graines de semence.

Ajouter à la fin du 2e paragraphe de l'article 2 les mots : « ou d'un cultivateur chez un autre cultivateur ».

A la dernière ligne de l'article 4, au lieu de : « s'il n'a pas », lire : « s'ils n'ont pas ».

ARRÊTÉ DU PRÉFET DE POLICE
DU 8 SEPTEMBRE 1917

fixant les conditions de l'introduction de la viande et des abats de cheval dans Paris pendant la durée de la guerre.

NOUS, Préfet de Police,

Vu : 1° L'ordonnance du 9 juin 1866, concernant la vente de la viande de cheval pour l'alimentation ;

2° L'ordonnance du 22 décembre 1904, concernant l'inspection sanitaire des viandes foraines ;

3° La demande du Syndicat Général de l'Industrie Chevaline de France et le rapport du Vétérinaire Départemental, Chef du Service technique de l'Inspection Vétérinaire Sanitaire de Paris et du Département de la Seine ;

4° L'arrêté du 16 mars 1915 ;

Sur la proposition du Secrétaire Général,

Arrêtons :

Article premier. Par dérogation aux dispositions de l'article 3 de l'ordonnance de police du 9 juin 1866, l'introduction dans Paris de la viande et des abats de cheval destinés à l'alimentation est autorisée, à dater de ce jour et jusqu'à la fin des hostilités, aux conditions ci-après.

2. Toute personne désirant introduire dans Paris de la viande et des abats de cheval destinés à l'alimentation devra nous en faire préalablement la déclaration. Il lui sera délivré un récépissé de cette déclaration qui devra être représenté à toute réquisition des Agents de l'Administration.

3. Toutes les viandes chevalines introduites dans Paris seront soumises, le jour même, de 5 heures à 17 heures, à la visite du Vétérinaire Sanitaire de Service à l'Abattoir hippophagique Decroix, 106, rue Brancion.

Les introducteurs recevront de l'Octroi de Paris un laissez-passer du registre n° 223 mentionnant les noms de l'introducteur, des destinataires, l'espèce et le poids de la viande, ainsi que le nombre des morceaux.

Ce laissez-passer sera présenté au Poste Sanitaire d'Inspection, en même temps que les viandes introduites.

4. Les animaux seront divisés par moitiés ou par quartiers. La tête sera détachée au niveau du larynx qui y restera naturellement adhérent. Les diverses parties d'un animal devront être juxtaposables exactement. Les principaux viscères (poumon et trachée, etc.) resteront adhérents naturellement aux quartiers ou aux moitiés.

Un des membres antérieurs sera scié au niveau du métacarpe ; l'extrémité non dépecée devra être juxtaposable à la section du métacarpe du quartier antérieur correspondant et soumis à l'inspection.

Les viandes et abats ne devront, en aucun cas, présenter des traces d'épluchage.

5. L'introduction devra être accompagnée d'un certificat d'origine émanant d'un Vétérinaire inspectant l'Abattoir où sera effectué l'abatage. Ce certificat attestera que l'animal, exempt de fièvre, a été l'objet d'une inspection sanitaire avant et après l'abatage. L'estampille officielle d'inspection que portera la viande sera reproduite sur le certificat d'origine et de santé.

Le certificat attestera en outre qu'au moment de l'abatage les animaux n'étaient atteints ni d'une maladie aiguë ayant déterminé l'altération de la viande, ni d'une maladie ayant un retentissement grave sur l'état général, telle que tuberculose, morve, pneumonie, infection purulente, néoplasies, tétanos. En aucun cas, les animaux ne devront être en état d'hypothermie au moment de l'abatage.

6. L'arrêté du 16 mars 1915 est abrogé.

7. Les contraventions au présent arrêté seront constatées par des procès-verbaux ou rapports et déférées au tribunal compétent.

8. Ampliation du présent arrêté sera transmise à M. le Préfet de la Seine et à M. le Directeur de l'Octroi et des Droits d'entrées de Paris.

9. Le Secrétaire Général et les Fonctionnaires et Agents de la Préfecture de Police sont chargés, chacun en ce qui le concerne, de son exécution.

DÉCRET DU 12 SEPTEMBRE 1917

portant nomination du Ministre du Ravitaillement général.

(*Journal officiel* du 13 septembre 1917.)

LE PRÉSIDENT DE LA RÉPUBLIQUE FRANÇAISE

DÉCRÈTE :

ARTICLE PREMIER. M. Maurice Long, député, est nommé Ministre du Ravitaillement général, en remplacement de M. Maurice Viollette, dont la démission est acceptée.

Il a dans ses attributions tout ce qui concerne l'achat et le transport des vivres et des denrées de toute nature, ainsi que leur répartition aux armées et à la population civile.

2. Le Président du Conseil, Ministre de la Guerre, est chargé de l'exécution du présent décret.

ARRÊTÉ DU 12 SEPTEMBRE 1917

sur les expéditions et les prix des haricots et pommes de terre.

LE MINISTRE DU RAVITAILLEMENT GÉNÉRAL,

Vu l'arrêté du 3 septembre 1917 sur le contrôle du marché des haricots et pommes de terre de la récolte 1917 et considérant, suivant les avis émis par les comités départementaux créés par cet arrêté, que si, d'une part, un assez grand nombre de départements producteurs demandent le prix de 160 francs et quelquefois 180 francs pour les achats de haricots à la culture, il convient d'observer que ce prix est faussé par certaines opérations qui ne peuvent être sanctionnées, et que, d'autre part, nombre de départements proposent le prix de 120 francs et même 100 francs le quintal;

Considérant l'urgence qu'il y a à déterminer des cours qui doivent être publiés dans toute la France avant le 15 septembre,

ARRÊTE :

ARTICLE PREMIER. Du 15 septembre au 15 novembre 1917, aucune expédition des haricots ne pourra être autorisée que pour les expéditeurs qui affirmeront que le prix d'achat à la culture n'est pas supérieur à 140 francs le quintal métrique pour les haricots blancs petits ou variétés similaires, et à 160 francs pour les qualités extra, lingots chevriers ou variétés similaires.

Pendant la même période, pour les pommes de terre, les expéditeurs devront affirmer que les prix d'achat à la culture ne sont pas supérieurs aux taux suivants :

1° Région parisienne, comprenant les départements de Seine, Seine-et-Oise, Seine-et-Marne, Oise, Aisne, Eure-et-Loir, Loiret, Eure :

Pommes de terre de 1re catégorie à chair jaune, hollande, 22 francs le quintal;

Pommes de terre de 2e catégorie, variété, early, fin de siècle, et similaires 20 francs le quintal;

Pommes de terre de 3e catégorie, à chair blanche, 18 francs le quintal.

2° Tous autres départements :

1re catégorie, 20 francs le quintal.
2e catégorie, 18 francs le quintal;
3e catégorie, 16 francs le quintal.

2. Les prix de vente au détail des haricots et des pommes de terre seront à calculer d'après ces prix d'achat à la culture, majorée des frais de transport et de la rémunération d'intermédiaires dont le nombre y compris le détaillant, ne doit pas dépasser deux.

Conformément aux usages, la rémunération des grossistes, y compris les frais de courtage, reste limitée à 10 francs par quintal pour les haricots et à 5 francs par quintal pour les pommes de terre, et celle du détaillant y compris tous frais accessoires à 15 francs le quintal pour les haricots et à 10 francs le quintal pour les pommes de terre.

3. Les préfets sont chargés de l'exécution du présent arrêté, avec le concours des comités de surveillance institués par l'arrêté du 18 août 1917.

DÉCRET DU 12 SEPTEMBRE 1917

instituant un Comité économique.

(*Journal officiel* du 13 septembre 1917.)

Le Président de la République française,

Sur la proposition du Président du Conseil, Ministre de la Guerre,

Décrète :

Article premier. Il est institué un Comité économique composé :

Du Ministre d'État, M. Paul Doumer, *Président;*
Du Ministre du Commerce;
Du Ministre de l'Agriculture;
Du Ministre des Colonies;
Du Ministre des Transports;
Du Ministre de l'Armement;
Du Ministre du Ravitaillement.

2. Le Ministre des Finances prend part aux délibérations du comité dans les affaires ayant rapport à son département.

3. Le fonctionnement et les attributions du Comité économique seront fixés par un arrêté du Président du Conseil, Ministre de la Guerre.

4. Le Président du Conseil, Ministre de la Guerre, est chargé de l'exécution du présent décret.

CIRCULAIRE DU MINISTRE DU RAVITAILLEMENT GÉNÉRAL

DU 14 SEPTEMBRE 1917

relative au contrôle de la consommation de l'essence.

À Messieurs les Préfets des Départements
et à Monsieur le Préfet de Police, à Paris,

En vue du contrôle de la consommation de l'essence, en août, veuillez faire connaître le nombre de bons et cartes distribués aux automobiles pendant ce mois par votre administration pour : 1° Services publics ou d'intérêt public, et 2° automobiles privées. Vous diviserez les automobiles privées en deux groupes : l'un pour les voitures présentant un intérêt réel pour commerce, industrie ou agriculture et l'autre pour les voitures de plaisance ou de tourisme. Vous indiquerez également nombre de bons de consommation domestique délivrés, l'importance de ces bons et, si possible, la quantité essence définitivement distribuée. Ces renseignements nécessaires pour suivre consommation essence devront figurer à l'avenir dans la colonne observations de l'état fourni mensuellement par votre administration.

ARRÊTÉ DU PRÉSIDENT DU CONSEIL, MINISTRE DE LA GUERRE,

DU 16 SEPTEMBRE 1917,

fixant les attributions du Comité économique.

(*Journal officiel* du 17 septembre 1917.)

Le Président du Conseil, Ministre de la Guerre,

Vu le décret du 12 septembre 1917 instituant un Comité économique,

Arrête :

Article premier. Le Comité économique a pour mission de coordonner l'action des administrations et services chargés des intérêts économiques du pays, particulièrement en ce qui concerne le ravitaillement de l'armée et de la population civile, en matières, matériels et objets d'alimentation, leur production, acquisition et répartition, ainsi que les transports et affrètements de navires.

Il suit l'exécution des mesures prises à cet effet.

2. Les Sous-Secrétaires d'État au Blocus, aux Finances, au Commerce et aux Transports maritimes prennent part aux travaux du comité pour l'examen des affaires rentrant dans leurs attributions.

3. Le Comité économique se réunit, sur la convocation de son président, une ou plusieurs fois chaque semaine suivant les besoins.

Le secrétaire du comité communique aux départements intéressés les décisions prises, après confirmation, s'il y a lieu, par le Conseil des Ministres.

4. Les Ministres, membres du Comité économique, sont chargés, chacun en ce qui le concerne, de l'exécution du présent arrêté.

CIRCULAIRE DU MINISTRE DU RAVITAILLEMENT GÉNÉRAL DU 17 SEPTEMBRE 1917

relative au contrôle des expéditions de pommes de terre et de haricots.

À Monsieur le Préfet d

Afin de permettre le contrôle des expéditions de pommes de terre ou haricots, veuillez bien donner des instructions aux secrétaires des mairies afin que ces derniers enregistrent au fur et à mesure de leur délivrance les certificats permis d'expédition sous le numéro d'ordre qu'ils auront porté sur ces documents, en notant pour chacun d'eux les noms et adresses des expéditeurs et destinataires, le poids et la nature de la denrée transportée.

Le relevé mensuel de ces enregistrements vous sera adressé du 1er au 5 de chaque mois pour le mois écoulé et ces états centralisés par vos services seront envoyés au Ministère du Ravitaillement pour le 10 au plus tard, accompagnés, s'il y a lieu, d'un rapport sur les observations que vous croirez avoir à me présenter sur cette question importante du ravitaillement en pommes de terre et haricots.

DÉCRET DU 17 SEPTEMBRE 1917

transférant au Ministère du Commerce, de l'Industrie, des Postes et des Télégraphes les services des Transports maritimes et de la Marine marchande.

(*Journal officiel* du 18 septembre 1917.)

Le Président de la République française,

Vu le décret du 4 juillet 1917, instituant, au Ministère des Travaux publics et des Transports, un Sous-Secrétariat d'État des Transports maritimes et de la Marine marchande;

Sur le rapport du Président du Conseil, Ministre de la Guerre, du Ministre des travaux publics et des Transports, et du Ministre du Commerce, de l'Industrie, des Postes et des Télégraphes,

Décrète :

Article premier. Les services du Sous-Secrétariat d'État des Transports maritimes et de la Marine marchande, précédemment rattachés aux attributions du Ministre des Travaux publics et des Transports, sont transférés au Ministère du Commerce, de l'Industrie. des Postes et des Télégraphes.

2. Le Ministre des Travaux publics et des Transports et le Ministre du Commerce, de l'Industrie, des Postes et des Télégraphes sont chargés, chacun en ce qui le concerne, de l'exécution du présent décret.

DÉCRET DU 21 SEPTEMBRE 1917

relatif à la déclaration des stocks de jute.

(*Journal officiel* du 22 septembre 1917.)

LE PRÉSIDENT DE LA RÉPUBLIQUE FRANÇAISE,

Sur le rapport du Président du Conseil, Ministre de la Guerre; du Garde des sceaux, Ministre de la Justice; du Ministre du Commerce, de l'Industrie, des Postes et des Télégraphes; du Ministre du Ravitaillement général et du Ministre de l'Intérieur,

Vu l'article 419 du Code pénal, livre III, titre II;

Vu les articles 10 et 11 de la loi du 20 avril 1916;

Vu la loi du 3 août 1917 dans ses dispositions spéciales, et par application des articles 2 et 3 de ladite loi,

DÉCRÈTE :

ARTICLE PREMIER. Tout producteur, fabricant, propriétaire, dépositaire, transitaire ou détenteur, à quelque titre que ce soit, d'une quantité de jute existant en France en brut, en cours de transformation ou sous tous états de transformations, entrant dans les catégories suivantes :

1° Jute brut;

2° Jute peigné, étoupes, nappes, rubans, mèches;

3° Filés de jute, filés simples, retors, câblés, tressés;

4° Tissus de jute;

5° Articles divers de jute manufacturés, confectionnés;

6° Déchets de jute sous toutes leurs formes, provenant du peignage, de la filature, du tissage dont le total des diverses catégories dépasse 1,000 kilogrammes, est tenu de faire, avant le 15 octobre 1917, une déclaration contenant l'état de ces matières à la date du 1er octobre, à vingt-quatre heures.

2. La déclaration, datée et signée, est faite en double exemplaire, conformément au modèle annexé au présent décret. Les deux exemplaires sont envoyés par la poste, sous pli recommandé, à l'adresse suivante : « Monsieur le Ministre du Commerce (services techniques), 101, rue de Grenelle, Paris. »

Les producteurs, fabricants, propriétaires, dépositaires, transitaires ou détenteurs de la matière visée à l'article 1er du présent décret sont tenus de justifier, à toute réquisition, des quantités déclarées ou de leur emploi.

3. Dans le cas où la matière faisant l'objet d'une déclaration serait warrantée, la déclaration sera à la charge, non seulement du propriétaire ou du détenteur, mais aussi à la charge de la personne ou société qui aurait escompté le warrant ou fait toute opération de banque engageant le récépissé ou le warrant délivré par les détenteurs. La déclaration doit, en outre, faire connaître le nom du propriétaire ainsi que la date de l'entrée en magasin de la marchandise warrantée.

4. Tout défaut de déclaration ou fausse déclaration concernant la matière visée à l'article 1er du présent décret seront relevés par procès-verbaux, et le délinquant sera puni des peines prévues aux articles 8 et 10 de la loi du 3 août 1917.

5. Le Président du Conseil, Ministre de la Guerre; le Garde des sceaux, Ministre de la Justice; le Ministre du Commerce, de l'Industrie, des Postes et des Télégraphes; le Ministre du Ravitaillement général et le Ministre de l'Intérieur sont chargés, chacun en ce qui le concerne, de l'exécution du présent décret.

DÉPARTEMENT

d

—

ARRONDISSEMENT

d

—

COMMUNE

d

DÉCLARATION DES STOCKS DE JUTE.

Je soussigné :
(Nom)
(Prénoms)
(Profession)
demeurant à

déclare être { producteur
fabricant
propriétaire
dépositaire
transitaire
détenteur
escompteur de warrants } des matières suivantes :

(Biffer les mentions inutiles.)

SPÉCIFICATION.	POIDS.	VALEUR AU QUINTAL AU COURS du 1er octobre.	LIEUX OÙ SE TROUVENT les matières.	OBSERVATIONS.

Je certifie l'existence, à la date du 1er octobre 1917, des quantités indiquées dans les lieux désignés ci dessus.

A , le 19 .

(Signature.)

DÉCRET DU 21 SEPTEMBRE 1917

portant homologation d'une décision des délégations financières algériennes ayant pour objet de rendre applicable à l'Algérie la loi du 29 juillet 1916 qui exempte des formalités de timbre et d'enregistrement certains marchés administratifs.

(*Journal officiel* du 5 octobre 1917.)

Le Président de la République française,

Sur le rapport des Ministres de l'Intérieur et des Finances;

Vu la loi du 19 décembre 1900 (art. 10);

Vu la loi du 29 juillet 1916;

Vu le décret du 30 décembre 1903 portant règlement d'administration publique pour l'exécution de la loi du 24 décembre 1902 relative à l'organisation des territoires du sud de l'Algérie (art. 5);

Vu la décision de l'assemblée plénière des délégations financières algériennes en date du 3 avril 1917;

Vu la délibération du Conseil supérieur de gouvernement en date du 25 avril 1917;

La section des Finances, de la Guerre, de la Marine et des Colonies du Conseil d'État entendue,

Décrète :

Article premier. Est homologuée la décision suivante de l'assemblée plénière des délégations financières algériennes en date du 3 avril 1917, ayant pour objet de rendre applicable à l'Algérie la loi du 29 juillet 1916 qui exempte des formalités de timbre et d'enregistrement certains marchés administratifs.

DÉCISION.

Article unique. A partir de l'homologation de la présente décision et jusqu'à la fin des hostilités, seront dispensés des formalités de timbre et d'enregistrement les adjudications, marchés, achats et reventes, passés par l'Etat, les départements, les communes et les établissements publics et ayant exclusivement pour objet l'approvisionnement de la population en vivres ou moyens de chauffage.

2. Les dispositions qui font l'objet de la décision homologuée à l'article 1er du présent décret sont applicables aux territoires du Sud.

3. Les Ministres de l'Intérieur et des Finances sont chargés, chacun en ce qui le concerne, de l'exécution du présent décret, qui sera publié au *Journal officiel* et inséré au *Bulletin des lois* ainsi qu'au *Bulletin officiel* du gouvernement général de l'Algérie.

CIRCULAIRE

DES MINISTRES DE LA GUERRE, DE L'AGRICULTURE, DE L'ARMEMENT ET DES FABRICATIONS DE GUERRE ET DU RAVITAILLEMENT GÉNÉRAL DU 26 SEPTEMBRE 1917

relative aux battages des céréales.

(*Journal officiel* du 28 septembre 1917.)

Le Président du Conseil, Ministre de la Guerre,
Le Ministre de l'Agriculture,
Le Ministre de l'Armement et des Fabrications de guerre,
Le Ministre du Ravitaillement général,

à MM. les préfets,

les gouverneurs militaires de Paris et de Lyon,

les généraux commandant les régions (Nord : 3 à 13, 15 à 18, 20 à 21),

les directeurs des services agricoles,

les directeurs des établissements militaires, des services de l'artillerie et des poudres, des ateliers de chargement, des entrepôts de réserve générale, commandants de parcs, présidents des commissions de réception de munitions,

les officiers du service automobile,

les inspecteurs des forges,

les officiers contrôleurs de la main-d'œuvre.

La nécessité s'impose, chaque jour plus pressante, de battre les grains de la nouvelle récolte, afin de les mettre, dans le plus bref délai, à la disposition des agriculteurs pour les semences, et des services du ravitaillement général pour le ravitaillement du pays.

Il faut que chacun, à quelque degré de la hiérarchie qu'il appartienne, se pénètre bien de cette idée, que c'est pour le pays une nécessité vitale, et qu'il doit donner tout son concours aux mesures prises ou à prendre, afin d'atteindre au résultat voulu.

En vue d'intensifier davantage encore les battages, les dispositions de la circulaire du 21 juillet 1917 (*Journal officiel* du 25 juillet) sont complétées par les suivantes :

I. — Service central.

Le service des battages est placé sous la haute direction du contrôleur général des battages.

Le contrôleur général assure ce service, d'accord avec le directeur de l'agriculture, et suivant les instructions qu'il reçoit du Ministre de l'Agriculture à qui il fait toutes propositions utiles.

Il est directement secondé au service central par un contrôleur général adjoint.

Quatre fonctionnaires ou officiers (1) placés auprès de lui sont chargés de s'assurer sur place, et en son nom, de l'exécution des instructions et de lui signaler les besoins qu'ils auraient pu constater (2).

Ils sont munis d'une lettre de mission délivrée par le Ministre de l'Agriculture et les accréditant auprès des autorités civiles et militaires.

L'Office central des céréales est représenté par un délégué auprès du contrôleur général des battages.

II. — Service départemental.

Le directeur des services agricoles, auquel est adjoint le contrôleur départemental des battages prévus à la circulaire du 21 juillet 1917, est remboursé des frais de bureau occasionnés par l'organisation des battages sur états de frais. Ce remboursement est effectué par l'Office central des céréales (3).

Sur la demande adressée directement par le directeur des services agricoles ou les officiers contrôleurs des battages, les généraux commandant les régions ou les subdivisions mettent gratuitement à la disposition du directeur des services agricoles ou du contrôleur des battages une voiture automobile. Les besoins du service des battages doivent être satisfaits, obligatoirement, et par priorité sur tout autre service.

L'officier contrôleur des battages se tient en liaison étroite avec l'Office départemental des céréales et les répartiteurs. Il fait connaître chaque jour, par télégramme, les quantités de grains battus dans les différentes communes qu'il a visitées.

Pouvoirs du contrôleur en ce qui concerne la main-d'œuvre militaire.

Le contrôleur général des battages a, par délégation des Ministres de la Guerre et de l'Armement, les pouvoirs suivants :

Spécialistes. — 1° Il peut accorder des permissions de trente jours au maximum, renouvelables une fois pour la même durée, aux spécialistes du battage (entrepreneurs, chauffeurs, mécaniciens, engreneurs, réparateurs de machines à battre) en service dans la zone de l'intérieur, tant dans les dépôts, formations ou services (4) dépendant du Ministre de la Guerre que dans les formations, établissements ou services dépendant du Ministre de l'Armement et des Fabrications de guerre; les chefs d'établissement ou de service l'avisent de la mise en route de ces permissionnaires.

Pour les militaires relevant de l'autorité du Ministre de l'Armement ou du Sous-Secrétaire d'État de l'Aéronautique, le commandant de la formation ou le chef d'établissement peut surseoir à la mise en route du permissionnaire.

Dans ce cas, il en avise télégraphiquement le contrôleur général des battages, en indiquant expressément les raisons qui ne permettent pas d'accorder la permission. Le contrôleur général saisit, s'il le juge utile, le Ministre de l'Armement (cabinet du Ministre) ou le Sous-Secrétaire d'État de l'Aéronautique, qui statue;

2° Il peut accorder à tous les spécialistes du battage des grains appartenant à des unités, formations ou services de l'intérieur, relevant du Ministre de la Guerre ou du

---

(1) Tous les officiers ou fonctionnaires militaires du contrôle général des battages reçoivent la solde, les accessoires, ainsi que les frais de déplacement, sur les fonds du budget de la guerre.

(2) Pour les missions, une voiture automobile est mise à la disposition de ces officiers, sur la demande du contrôleur général, adressée au Ministre de l'Armement.

(3) Ces états de frais sont adressés chaque mois par le directeur des services agricoles au Ministre du Ravitaillement général (Office central des céréales).

(4) Y compris le service aéronautique, le service de santé et le service de l'intendance.

Ministre de l'Armement et placés en sursis, en vertu de la circulaire ministérielle du 18 juin 1917, une prolongation du sursis de trente jours au maximum.

Dans ce cas, il en avise le général commandant la région et le chef de corps ou d'établissement intéressé.

Équipiers. — 3° Il correspond directement avec les généraux commandants de régions et en cas d'urgence avec les commandants de subdivisions, de dépôts ou d'établissements, au sujet des travailleurs qui lui sont réclamés par les préfets, pour assurer la constitution des équipes des battages. Il peut, au besoin, prescrire par délégation du Ministre de la Guerre et suivant les disponibilités qui lui sont signalées par l'autorité militaire l'envoi de ces équipes d'une région dans une autre.

Dans le cas où le contrôleur général ne peut fournir par prélèvement sur les dépôts les équipes des battages qui lui sont demandées, il les réclame au Ministre de la Guerre.

Combustible. — 4° En cas d'urgence, il informe directement et par délégation du Ministre de l'Agriculture, le Ministre de l'Armement (cabinet du Ministre) des déficits en combustibles qu'il a pu lui-même constater sur place ou qui lui ont été signalés par les services locaux. Le Ministre de l'Armement informe le Ministre de l'Agriculture des mesures prises à sa requête.

Erratum au Journal officiel *du 28 septembre 1917, circulaire relative aux battages des céréales :*

Page 7672, 3e colonne, 29e ligne, au lieu de : « Pouvoirs du contrôleur en ce qui concerne la main-d'œuvre », lire : « Pouvoirs du contrôleur général en ce qui concerne la main-d'œuvre »;

ARRÊTÉ DU MINISTRE DU RAVITAILLEMENT GÉNÉRAL DU 27 SEPTEMBRE 1917,

relatif à la constitution d'un Comité consultatif commercial des cidres.

(*Journal officiel* du 29 septembre 1917.)

Le Ministre du Ravitaillement général,

Vu l'arrêté du 3 septembre 1917, relatif à la création d'une section des boissons au Ministère du Ravitaillement général, publié au *Journal officiel* du 4 septembre,

Arrête :

Article premier. Il est institué auprès du Ministère du Ravitaillement général un Comité consultatif commercial des cidres, dont les attributions sont définies par l'article 6 de l'arrêté susvisé du 3 septembre.

2. Sont nommés membres de ce comité, en dehors des représentants du Ministère du Ravitaillement :

Un représentant du Service central de l'utilisation des pommes et cidres au Ministère de l'Agriculture.

Un représentant de la Direction générale des contributions indirectes au Ministère des Finances.

Un représentant du Service des alcools au Ministère de l'Armement et des Fabrications de guerre.

MM. Édouard Clément, ingénieur principal de l'exploitation de la Compagnie des chemins de fer de l'État.

Warcolier, professeur à l'Institut pomologique de Caen.

Geslin, président du Syndicat général des cidres, à Paris.

Kester.

Delisle, à Rennes (Ille-et-Vilaine).

Vallet, à Messac (Ille-et-Vilaine).

Alexandre Charles, maire de Beaumont-sur-Sarthe (Sarthe).

Touret-Maloiseau, conseiller général à Bellême (Orne).

Delaval, président de l'Association française de pomologie, conseiller général à Cérisy-la-Salle (Manche).

Leroy-Moulin, industriel à Ferrières (Seine-Inférieure).

Laffetay, à Caen (Calvados).

Saffray, à Lisieux (Calvados).

Victor Bouillon, à Corseul (Côtes-du-Nord).

Rousseau, à Laval (Mayenne).

3. M. le Directeur du Ravitaillement général est chargé de l'exécution du présent arrêté.

CIRCULAIRE DU MINISTRE DU RAVITAILLEMENT GÉNÉRAL

DU 27 SEPTEMBRE 1917

relative au contingent départemental d'essence.

À Messieurs les Préfets des départements
et à Monsieur le Préfet de Police, à Paris,

J'ai l'honneur de vous informer que le contingent d'essence de pétrole attribué à votre département pour le mois d'octobre est de wagons de 5 tonnes net d'essence, soit environ 6,500 litres par wagon.

Vous confirmant mes instructions antérieures, et notamment ma dépêche du 29 août, je vous rappelle que le contingent départemental représente la quantité d'essence qu'il est possible de fournir dans les limites de votre circonscription administrative et au delà de laquelle il ne peut être délivré de bons ou de cartes.

L'état actuel des stocks d'essence obligeant à une très grande prudence dans les attributions, je me suis vu dans l'obligation de réduire les contingents départementaux. En conséquence, j'appelle votre attention sur la nécessité de ne donner satisfaction qu'aux demandes *présentant un intérêt réel*, et après vérification des besoins invoqués et des quantites demandées. Les réductions devront porter principalement : 1° sur la consommation des automobiles privées, tant au point de vue du nombre de cartes délivrées qu'à celui des quantités attribuées aux bénéficiaires; 2° sur la consommation domestique, étant entendu que les attributions ne devront être faites qu'aux personnes ne disposant d'aucun autre moyen d'éclairage ou de chauffage, charbon, gaz ou pétrole.

Vous serez très prochainement saisi du règlement d'application du décret du 31 août 1917 qui a pour objet d'instituer un contrôle plus strict des expéditions d'essence et de la répartition de ce produit. Je vous signale dès à présent qu'il tend à établir un rapport étroit entre la rentrée des bons ou des cartes délivrés par les autorités qualifiées et les réapprovisionnements par les raffineurs. A cet effet, il est indispensable qu'à partir du 1er octobre tous les bons et coupons de carte délivrés portent l'indication de leur période de validité et, en toutes lettres, de la quantité attribuée. Les détenteurs de bons ou coupons de cartes afférentes au mois d'octobre, d'ores et déjà délivrés, qui ne porteraient pas ces indications, devront être invités à les présenter à la préfecture ou à la sous-préfecture qui les régularisera.

J'insiste sur l'exacte observation de cette règle et vous prie de donner dès à présent des instructions à cet effet.

DÉCRET DU 29 SEPTEMBRE 1917

relatif à la déclaration des stocks de matières ou objets en fer-blanc.

(*Journal officiel* du 1er octobre 1917.)

Le Président de la République française,

Sur le rapport du Président du Conseil, Ministre de la Guerre; du Garde des Sceaux, Ministre de la Justice; du Ministre du Commerce, de l'Industrie, des Postes et des Télégraphes; du Ministre de l'Armement et des Fabrications de guerre, et du Ministre de l'Intérieur ;

Vu l'article 419 du Code pénal, livre III, titre II;

Vu les articles 10 et 11 de la loi du 20 avril 1916 ;

Vu la loi du 3 août 1917 dans ses dispositions spéciales et par application des articles 2 et 3 de ladite loi,

Décrète :

Article premier. Tout fabricant, propriétaire, dépositaire ou détenteur à quelque titre que ce soit d'une quantité de matières ou objets en fer-blanc existant en France ou en Algérie, est tenu de faire, avant le 25 octobre, une déclaration contenant l'état de ces matières à la date du 10 octobre à vingt-quatre heures, lorsque le poids de la matière brute dépasse 1,000 kilogrammes. Les boîtes de conserves devront être déclarées lorsque leur nombre dépassera 1,000 boîtes pour chacune des catégories suivantes, cette déclaration n'étant pas obligatoire si le nombre total des boîtes en stock n'atteint pas 5,000.

Pour les sardines :

1° Nombre de triples;
2° Nombre de 4/4;
3° Nombre de 1/2 quelle qu'en soit la hauteur;
4° Nombre de 1/4 quelle qu'en soit la hauteur;
5° Nombre de boîtes du format 1/8 ou plus petits.

Pour les viandes et les légumes :

1° Nombre de 4/1;
2° Nombre de 2/1;
3° Nombre de 4/4;
4° Nombre de 1/2;
5° Nombre de 1/4;
6° Nombre des boîtes de formats plus petits que le 1/4.

Les autres boîtes métalliques ou objets en fer-blanc devront être déclarés lorsque le poids de leur total dépassera 1,000 kilogrammes. Dans le cas où un stock de boîtes ou d'objets sera resté en dépôt chez le fabricant, c'est à celui-ci qu'incombe la déclaration, dans laquelle il devra également faire connaître le nom du propriétaire.

2. Tous les établissements industriels servant à la fabrication du fer-blanc, ainsi que tous ceux employant le fer-blanc, devront, de plus, faire une déclaration dans laquelle seront indiqués le nom du propriétaire, du locataire ou de l'exploitant, à un titre quelconque, et pour la société les dénominations de la société et le siège social; les autres usines leur appartenant, la situation de l'usine, et si elle est ou non en activité; le nombre d'ouvriers et ouvrières employés pendant le mois de juillet, ainsi que la puissance de la force motrice.

Les établissements industriels servant à la fabrication des conserves devront, de plus, déclarer la surface de chauffe des générateurs à vapeur, le nombre de foyers, le nombre et la contenance totale des bassines à cuire, le nombre et la surface des bassines à frire les sardines, le nombre et la capacité totale en litres des autoclaves ou chaudières à ébullitionner.

3. La déclaration, datée et signée, est faite en double exemplaire, conformément au modèle annexé au présent décret. Les deux exemplaires sont envoyés par la poste, sous pli recommandé, à l'adresse suivante : Monsieur le Ministre du Commerce (services techniques), 101, rue de Grenelle, Paris.

Les fabricants, propriétaires, dépositaires ou détenteurs des objets et matières visés à l'article 1er du présent décret sont tenus de justifier, à toute réquisition, des quantités déclarées ou de leur emploi.

4. Tout défaut de déclaration ou fausse déclaration concernant les objets et matières de fer-blanc seront relevés par procès-verbaux, et le délinquant sera puni des peines prévues aux articles 8 et 10 de la loi du 3 août 1917.

5. Le Président du Conseil, Ministre de la Guerre; le Garde des Sceaux, Ministre de la Justice; le Ministre du Commerce, de l'Industrie, des Postes et des Télégraphes; le Ministre de l'Armement et des Fabrications de guerre; le Ministre de l'Intérieur sont chargés, chacun en ce qui le concerne, de l'exécution du présent décret.

DÉPARTEMENT
d

ARRONDISSEMENT
d

COMMUNE
d

DÉCLARATION

DES OBJETS ET MATIÈRES EN FER-BLANC.

Je soussigné :
(Nom)
(Prénoms)
(Profession)
demeurant à

déclare être { propriétaire / dépositaire (1) / détenteur (2) } des objets et matières suivants :

(Biffer les mentions inutiles.)

SPÉCIFICATION.	NUMÉROS.	ÉPAISSEUR.	QUANTITÉ.	POIDS.	LIEUX OÙ SE TROUVENT les objets et matières.	OBSERVATIONS.

Je certifie l'existence, à la date du 10 octobre 1917, des quantités indiquées dans les lieux désignés ci-dessus.

A , le 19 .

(Signature.)

N. B. — Il y a lieu de faire autant de déclarations que d'espèces différentes d'objets et de matières déclarés.

(1) Indiquer le nom du propriétaire.

(2) Indiquer à quel titre et donner le nom et le domicile du propriétaire.

DÉPARTEMENT
d
—
ARRONDISSEMENT
d
—
COMMUNE
d

DÉCLARATION

DES OBJETS ET MATIÈRES EN FER-BLANC.

Je soussigné :
(Nom)
(Prénoms)
(Profession)
demeurant à

déclare être { propriétaire / dépositaire (1) / détenteur (2) } des objets et matières suivants :

(Biffer les mentions inutiles.)

SPÉCIFICATION DES BOITES.

I. — Boîtes à sardines : 1° nombre de triples; 2° nombre de 4/4; 3° nombre de 1/2 quelle que soit la hauteur; 4° nombre de 1/4 quelle que soit la hauteur; 5° nombre de boîtes de format 1/8 ou plus petits.

II. — Boîtes pour les viandes et les légumes : 1° nombre de 4/1; 2° nombre de 2/1; 3° nombre de 4/4; 4° nombre de 1/2; 5° nombre de 1/4; 6° nombre de boîtes de formats plus petits que le 1/4.

III. — Boîtes et objets ne rentrant pas dans une des catégories ci-dessus.

SPÉCIFICATION.	NOMBRE.	POIDS.	LIEUX OÙ SE TROUVENT les objets.	OBSERVATIONS.

Je certifie l'existence, à la date du 10 octobre 1917, des quantités indiquées dans les lieux désignés ci-dessus.

A , le 19

(Signature.)

N. B. — Il y a lieu de faire autant de déclarations que d'espèces différentes d'objets et de matières déclarés.

(1) Indiquer le nom et le domicile du propriétaire.

(2) Indiquer à quel titre et donner le nom et le domicile du propriétaire.

DÉPARTEMENT
d

ARRONDISSEMENT
d

COMMUNE
d

OBJETS ET MATIÈRES EN FER-BLANC.

DÉCLARATION COMPLÉMENTAIRE
POUR
LES USINIERS FABRICANTS D'OBJETS EN FER-BLANC.

1° Nom du propriétaire

Nom du locataire ou exploitant à un titre quelconque

2° Pour les sociétés, indiquer en outre :

Dénomination de la société

Siège social

Autres usines

3° Situation de l'usine :

Lieu

Commune

Département

4° Usine en activité

Nombre d'ouvriers et ouvrières employés pendant le mois de juillet

5° Puissance de la force motrice employée

DÉPARTEMENT
d

ARRONDISSEMENT
d

COMMUNE
d

OBJETS ET MATIÈRES EN FER-BLANC.

DÉCLARATION COMPLÉMENTAIRE POUR LES USINIERS, FABRICANTS DE CONSERVES ALIMENTAIRES.

1° Nom du propriétaire :
Nom du locataire : ou exploitant à un titre quelconque :
Autres usines :

2° Pour les sociétés, indiquer en outre :
Dénomination de la société :
Siège social :
Autres usines :

3° Situation de l'usine :
Lieu :
Commune :
Département :
Usine en activité :

Force motrice..................	Puissance..................
Ouvriers et ouvrières employés pendant le mois précédent........	Nombre..................
Générateurs à vapeur............	Surface de chauffe..........
Foyers......................	Nombre..................
Bassines à cuire..............	Nombre.................. Contenance..............
Bassines à frire les sardines.......	Nombre.................. Surface..................
Autoclaves ou chaudières à ébullitionner..................	Nombre.................. Capacité totale en litres.....

Je certifie l'exactitude, à la date du 10 octobre 1917, des renseignements donnés ci-contre.

A , le 19 .

(Signature.)

DÉCRET DU 29 SEPTEMBRE 1917

relatif à la déclaration des stocks de pétrole, essence, huiles lourdes, vaseline, paraffine, goudrons de houille, et en général de tous les combustibles liquides d'origine minérale.

(*Journal officiel* du 1er octobre 1917.)

Le Président de la République française,

Sur le rapport du Président du Conseil, Ministre de la Guerre; du Garde des Sceaux, Ministre de la Justice; du Ministre du Commerce, de l'Industrie, des Postes et des Télégraphes; du Ministre du Ravitaillement général; du Ministre de l'Armement et des Fabrications de guerre, et du Ministre de l'Intérieur;

Vu l'article 419 du Code pénal, livre III, titre II;

Vu les articles 10 et 11 de la loi du 20 avril 1916;

Vu la loi du 3 août dans ses dispositions spéciales, et par application des articles 2 et 3 de ladite loi,

Décrète :

Article premier. Tout producteur, fabricant, importateur, raffineur, propriétaire, dépositaire, transitaire ou détenteur à quelque titre que ce soit d'une des matières existant en France ou en Algérie, entrant dans une des catégories suivantes :

1° Pétrole brut; 2° essence de pétrole; 3° pétrole lampant; 4° huiles à graisser; 5° huiles lourdes de pétrole; 6° résidus de pétrole; 7° vaseline; 8° cire minérale; 9° paraffine; 10° autres dérivés du pétrole; 11° huiles et essences de schiste et leurs dérivés; 12° goudrons de houille obtenus directement de leur distillation (huile de houille, essence de houille, carbures benzéniques, benzine, benzols, toluène, xylène, huile lourde); 13° en général, tous les combustibles liquides d'origine minérale de toute nature, est tenu de faire avant le 25 octobre 1917 une déclaration contenant l'état de ces matières à la date du 10 octobre à 24 heures, quand la quantité dépasse 100 litres par catégorie. — La déclaration est obligatoire pour les stocks d'emballage au-dessus des quantités dépassant en total 200 litres.

2. La déclaration, datée et signée, est faite en double exemplaire, conformément au modèle annexé au présent décret. Les deux exemplaires sont envoyés par la poste sous pli recommandé à l'adresse suivante : Monsieur le Ministre du Commerce (Services techniques), 101, rue de Grenelle, Paris.

Les producteurs, fabricants, importateurs, raffineurs, propriétaires, dépositaires, transitaires ou détenteurs de la matière visée à l'article 1er du présent décret sont tenus de justifier à toute réquisition des quantités déclarées ou de leur emploi.

3. Dans le cas où la matière faisant l'objet d'une déclaration serait warrantée, la déclaration sera à la charge, non seulement du propriétaire ou du détenteur, mais aussi à la charge de la personne ou société qui aurait escompté le warrant ou fait toute opération de banque engageant le récépissé ou le warrant délivré par les détenteurs. La déclaration doit, en outre, faire connaître le nom du propriétaire, ainsi que la date de l'entrée en magasin de la marchandise warrantée.

4. Tout défaut de déclaration ou fausse déclaration concernant la matière visée à l'article 1er du présent décret sera relevé par procès-verbaux, et le délinquant sera puni des peines prévues aux articles 8 et 10 de la loi du 3 août 1917.

5. Le Président du Conseil, Ministre de la Guerre ; le Garde des Sceaux, Ministre de la Justice ; le Ministre du Commerce, de l'Industrie, des Postes et des Télégraphes ; le Ministre du Ravitaillement général ; le Ministre de l'Armement et des Fabrications de guerre ; le Ministre de l'Intérieur sont chargés, chacun en ce qui le concerne, de l'exécution du présent décret.

DÉPARTEMENT

d

ARRONDISSEMENT

d

COMMUNE

d

DÉCLARATION DES STOCKS
(PÉTROLES ET DÉRIVÉS).

Je soussigné :
(Prénoms)
(Profession)
demeurant à

déclare être { producteur / fabricant / importateur / raffineur / propriétaire / dépositaire (1) / transitaire (1) / détenteur (2) / escompteur de warants (3) } des matières suivantes :

(Biffer les mentions inutiles.)

SPÉCIFICATION de LA MATIÈRE.	SPÉCIFICATION et DÉTAIL DES EMBALLAGES fûts, bidons, estagnons, etc.	QUANTITÉ.	VALEUR AU QUINTAL ou à l'hectolitre au cours du 10 octobre.	LIEUX OÙ SE TROUVENT les matières.	OBSERVATIONS.

Je certifie l'existence, à la date du 10 octobre 1917, des quantités indiquées dans les lieux désignés ci-dessus.

A , le 19 .

(Signature.)

(1) Indiquer le nom et le domicile du propriétaire.

(2) Indiquer à quel titre et donner le nom et le domicile du propriétaire.

(3) Indiquer le nom et le domicile du propriétaire de la marchandise.

DÉCRET DU 29 SEPTEMBRE 1917

relatif à la déclaration des stocks de poivre et succédanés du poivre.

(*Journal officiel* du 1er octobre 1917.)

Le Président de la République française,

Sur le rapport du Président du Conseil, Ministre de la Guerre; du Garde des sceaux, Ministre de la Justice; du Ministre du Commerce, de l'Industrie, des Postes et des Télégraphes; du Ministre du Ravitaillement général et du Ministre de l'Intérieur,

Vu l'article 419 du Code pénal, livre III, titre II;

Vu les articles 10 et 11 de la loi du 20 avril 1916;

Vu la loi du 3 août 1917 dans ses dispositions spéciales et par application des articles 2 et 3 de ladite loi,

Décrète :

Article premier. Tout producteur, fabricant, propriétaire, dépositaire, transitaire, escompteur de warrants ou détenteur, à quelque titre que ce soit, d'une quantité de poivre ou succédanés du poivre concourant au même usage, existant en France et dépassant 100 kilogrammes par catégorie, est tenu de faire, avant le 25 octobre 1917, une déclaration contenant l'état de ces matières à la date du 10 octobre à vingt-quatre heures.

2. La déclaration datée et signée est faite en double exemplaire, conforme au modèle annexé au présent décret. Les deux exemplaires sont envoyés par la poste sous pli recommandé, à l'adresse suivante : Monsieur le Ministre du Commerce (Services techniques), 101, rue de Grenelle, Paris.

Les producteurs, fabricants, propriétaires, dépositaires, transitaires, escompteurs de warrants ou détenteurs des matières visées à l'article 1er du présent décret sont tenus de justifier, à toute réquisition, des quantités déclarées et de leur emploi.

3. Dans le cas où les matières faisant l'objet d'une déclaration seraient warrantées, la déclaration sera à la charge non seulement du propriétaire ou du détenteur, mais aussi à la charge de la personne ou société qui aurait escompté le warrant ou fait toute opération de banque engageant le récépissé ou le warrant délivré par les détenteurs. La déclaration doit, en outre, faire connaître le nom du propriétaire ainsi que la date de l'entrée en magasin de la marchandise warrantée.

4. Tout défaut de déclaration ou fausse déclaration concernant les matières visées par l'article 1er du présent décret sera relevé par procès-verbaux, et le délinquant sera puni des peines prévues aux articles 8 et 10 de la loi du 3 août 1917.

5. Le Président du Conseil, Ministre de la Guerre; le Garde des sceaux, Ministre de la Justice, le Ministre du Commerce, de l'Industrie, des Postes et des Télégraphes, le Ministre du Ravitaillement général, le Ministre de l'Intérieur sont chargés, chacun en ce qui le concerne, de l'exécution du présent décret.

DÉPARTEMENT
d

ARRONDISSEMENT
d

COMMUNE
d

DÉCLARATION DES STOCKS DE POIVRE.

Je soussigné :
(Nom)
(Profession)
demeurant à

déclare être { producteur / fabricant / propriétaire / dépositaire (1) / transitaire (1) / détenteur (2) / escompteur de warrants (1) } des matières suivantes :

(Biffer les mentions inutiles.)

SPÉCIFICATION.	POIDS.	LIEUX OÙ SE TROUVE LA MATIÈRE.	OBSERVATIONS.

Je certifie l'existence, à la date du 10 octobre 1917, des quantités, dans les lieux désignés ci-dessus.

A , le 19 .

(Signature.)

(1) Indiquer le nom et le domicile du propriétaire.

(2) Indiquer à quel titre et donner le nom et le domicile du propriétaire.

DÉCRET DU 29 SEPTEMBRE 1917

relatif au contrôle de l'ensemble de la flotte de commerce et à la réglementation du fret.

(*Journal officiel* du 30 septembre 1917.)

Le Président de la République française,

Vu le décret du 17 juillet 1917, relatif à l'institution d'un contrôle général de la flotte marchande;

Sur le rapport du Ministre du Commerce, de l'Industrie, des Postes et des Télégraphes; du Ministre de la Marine; du Ministre de l'Armement et des Fabrications de guerre et du Ministre du Ravitaillement,

Décrète :

Article premier. A dater du 15 octobre 1917, les dispositions du décret du 17 juillet 1917, prescrivant l'obligation d'une licence pour les navires français de plus de 100 tonneaux de jauge brute, s'appliqueront également à tous les navires alliés ou neutres pour leur trafic avec la France, ses colonies et ses pays de protectorat.

2. Les demandes de licence doivent être adressées au sous-secrétaire d'État des Transports maritimes et de la Marine marchande, préalablement à toute mise en chargement au départ de France, par l'armateur ou le gérant du navire. Elles doivent indiquer :

1° Le voyage à effectuer et l'itinéraire proposé ;

2° Les catégories de marchandises à transporter et les taux de fret à appliquer.

3. Le sous-secrétaire d'État des Transports maritimes et de la Marine marchande a la charge d'examiner toutes les demandes de licence, d'entendre les intéressés dans leurs explications, et d'adapter aux besoins reconnus de la nation les propositions faites. Il détermine l'itinéraire que devra suivre le navire, la nature du chargement, et, s'il s'agit de catégories de marchandises reconnues essentielles à la vie du pays, les taux de fret applicables à ces marchandises.

4. En cas d'infraction aux décisions prises, le sous-secrétaire d'État provoque telles mesures qu'il juge convenables, y compris, pour les navires battant pavillon français, la réquisition du navire.

CIRCULAIRE DU MINISTRE DE L'AGRICULTURE DU 1er OCTOBRE 1917

relative à la procédure d'avertissement aux meuniers, en cas de première infraction aux lois et décrets sur la farine entière.

À Messieurs les Préfets.

J'ai l'honneur de vous informer qu'en présence des décisions formelles de la jurisprudence (et particulièrement de l'arrêt de la Cour de Cassation du 13 septembre

1917), il y a lieu d'en revenir à la procédure d'avertissement aux meuniers, en cas de première infraction aux lois et décrets sur la farine entière, dans les mêmes conditions qu'avant ma circulaire télégraphique du 31 mai 1917.

Il est possible que ladite procédure soit prochainement abrogée par un texte nouveau, mais tant que ce dernier ne sera pas intervenu, il importe de se conformer en cette matière aux indications données par les précédents jugements et arrêts.

Vous n'aurez qu'à vous reporter, concernant les règles de cette procédure, aux instructions contenues dans ma circulaire du 3 mars 1917, instructions qui sont, provisoirement du moins, remises en vigueur.

CIRCULAIRE DU MINISTRE DU RAVITAILLEMENT GÉNÉRAL
DU 3 OCTOBRE 1917

relative à la réduction de la consommation du sucre.

À Messieurs les Préfets.

Afin de réserver le maximum de fret au transport des céréales exotiques pour combler le déficit de la récolte indigène, le Gouvernement se trouve contraint de diminuer le nombre de bateaux affectés au transport des sucres exotiques. En conséquence, il a décidé de réduire d'un tiers les rations actuelles de la consommation familiale. Les décrets, arrêtés, instructions ministériels réglementant la distribution du sucre restent en vigueur et ne doivent subir que les modifications de quotité imposées par le nouveau régime. En vue d'adapter au nouveau rationnement le carnet de sucre actuellement remis au consommateur, vous procéderez de la manière suivante :

1° Régime pour les consommateurs qui prennent tous leurs repas chez eux : chaque rationnaire recevra pour octobre, novembre et décembre 500 grammes par mois, soit 1,500 grammes. Il pourra toucher 750 grammes de sucre entre le 1er octobre et le 15 novembre en remettant ses coupons d'octobre. Il touchera entre le 15 novembre et le 31 décembre les 750 grammes restant sur remise de ses coupons de novembre. Les coupons de décembre sont annulés.

2° Régime pour les consommateurs qui prennent un repas au dehors : chaque rationnaire recevra pour octobre, novembre et décembre 1 kilogramme pour les 3 mois. Il touchera entre le 1er octobre et le 15 novembre, sur remise de ses coupons d'octobre 500 grammes. Il touchera entre le 15 novembre et le 31 décembre les 500 grammes restant sur remise des coupons de novembre. Les coupons de décembre sont annulés.

3° Régime pour les consommateurs qui prennent leurs deux principaux repas au dehors : chaque rationnaire recevra pour octobre, novembre et décembre 500 grammes pour les 3 mois. Il touchera entre le 1er octobre et le 15 novembre 250 grammes, sur remise de ses coupons d'octobre. Il touchera entre le 15 novembre et le 31 décembre les 250 grammes restant sur remise des coupons de novembre. Les coupons de décembre sont annulés.

Je vous prie de me donner votre avis sur le procédé qui vous paraîtra le plus pratique pour l'annulation des coupons de décembre.

Il demeure entendu que les allocations supplémentaires données aux enfants et aux malades ne subissent pas la réduction nouvelle et restent fixées à 250 grammes par mois. En ce qui concerne les permissionnaires, la ration qu'ils pourront demander est réglée de la façon suivante : de 1 à 15 jours, 250 grammes ; au-dessus de 15 jours, 250 grammes en plus par quinzaine ou fraction de quinzaine. En ce qui concerne les fabrications de luxe, le Gouvernement a décidé de réduire leur contingent susceptible d'être attribué à votre département pour les confiseurs, pâtissiers, fabricants de bonbons, de glaces, de biscuits de luxe, marrons glacés, fruits confits, etc... ; ce contingent sera dès le mois courant réduit à cette proportion. Veuillez prendre vos dispositions pour mettre immédiatement en pratique les présentes instructions.

NOTE DU MINISTRE DU RAVITAILLEMENT GÉNÉRAL

DU 4 OCTOBRE 1917

relative au transport des céréales indigènes et exotiques.

À Monsieur le Ministre des Travaux publics et des Transports.

Dans sa séance de ce matin, 4 octobre, le Conseil des Ministres a décidé que, jusqu'à nouvel ordre, le transport des céréales indigènes et exotiques et des farines serait effectué par priorité même sur le transport d'autres denrées destinées aux Armées.

L'application immédiate de cette mesure présentant un intérêt essentiel pour le ravitaillement de l'Armée et de la population civile, j'ai l'honneur de vous prier de vouloir bien donner d'extrême urgence les instructions nécessaires.

NOTE DU MINISTRE DU RAVITAILLEMENT GÉNÉRAL

DU 5 OCTOBRE 1917

relative à la réquisition générale de toutes les céréales en grains ou en gerbes et des farines.

À Monsieur l'Inspecteur général du Ravitaillement.

Après examen des conditions où doit s'effectuer le ravitaillement des Armées jusqu'à l'arrivée des cargaisons attendues d'Amérique, le Conseil des Ministres a dû envisager la nécessité de recourir à bref délai à la réquisition générale de toutes les céréales en grains ou en gerbes ainsi que des farines.

Je vous adresse une copie du télégramme que je viens d'envoyer aux Préfets pour leur donner l'ordre de prendre dès maintenant les mesures préparatoires à cette opération. Je leur donne notamment l'instruction de se concerter avec l'Intendance qui sera chargée de réaliser cette réquisition.

Je vous prie de donner aux Services placés sous vos ordres les instructions nécessaires pour qu'ils se concertent avec l'autorité préfectorale et prennent les dispositions nécessaires.

Ces instructions doivent rester confidentielles.

ADDITIONS DU 8 OCTOBRE 1917

à l'instruction interministérielle du 26 septembre 1917 relative au battage des céréales.

(*Journal officiel* du 16 octobre 1917.)

Pouvoirs du Contrôleur général en ce qui concerne la main-d'œuvre militaire.

SPÉCIALISTES. — *Ajouter à la fin du paragraphe 1° :*

En ce qui concerne les hommes des Armées, le Contrôleur général signale directement ses besoins au Général Commandant en Chef qui lui fait connaître directement sa décision dans un délai de quatre jours.

ÉQUIPIERS. — *3° Modifier ainsi le dernier alinéa du paragraphe :*

Dans le cas où les équipes nécessaires ne peuvent être fournies par les dépôts, le Contrôleur général prescrit qu'elles seront prélevées sur les classes ou contingents à l'instruction ou toutes autres troupes en service ou en stationnement dans les régions. Il rend compte chaque fois de ces mesures au Ministre de la Guerre (état-major de l'Armée, 1er bureau).

En ce qui concerne les départements de la zone des Armées, il signale directement ses besoins au Général Commandant en Chef qui désigne les unités qui fourniront les équipes. Le Général Commandant en Chef l'avise de sa décision dans un délai de deux jours.

Ajouter à la fin de l'Instruction :

BATTAGES EN RÉGIE. — Le Contrôleur général des battages a qualité, au cas où une exploitation de battages s'effectuerait avec des retards que la situation en personnel ou en charbon ne justifierait pas, pour réclamer du Préfet du département l'application de l'article 3 de la loi du 29 juillet 1916. Le battage s'effectuerait alors en régie, sous la direction du Sous-Intendant chargé du ravitaillement dans le département.

Il a également qualité pour réclamer des Préfets et des autorités militaires, dans les départements où les battages sont terminés, la mise à sa disposition des appareils et des sursitaires spécialistes demeurés sans emploi. Ces hommes et ces appareils, ces derniers réquisitionnés au besoin en vertu de la loi du 3 juillet 1877, seront dirigés, au compte du budget du ravitaillement général, sur les départements où les installations de battages sont insuffisantes.

INSTRUCTIONS DU MINISTRE DU RAVITAILLEMENT GÉNÉRAL DU 9 OCTOBRE 1917

relatives à l'application du décret du 31 août 1917 réglementant le contrôle de la circulation de l'essence de pétrole.

(*Journal officiel* du 15 octobre 1917.)

§ 1er. — ÉTABLISSEMENTS CONTRÔLÉS.

A partir du 1er novembre 1917, tous les entrepôts de vrac des raffineurs, dont la liste est jointe aux présentes instructions, seront rattachés aux centres de ravitaillement en essence de pétrole, afin que le contrôle de la circulation puisse y être exercé.

Ces entrepôts seront seuls considérés comme établissements livranciers, à l'exclusion des dépôts de marchandise conditionnée des raffineurs, qui, au point de vue du contrôle, seront considérés comme clients et traités comme tels.

Le contrôle des entrepôts de vrac est exercé, soit par le Sous-Intendant, Chef du centre de ravitaillement en essence, soit par son délégué.

Les raffineurs ne pourront pas ouvrir de nouvel entrepôt de vrac sans l'avoir fait connaître au préalable au Ministre du Ravitaillement général.

Tous les entrepôts de vrac, même n'appartenant pas aux raffineurs, pourront être soumis au contrôle par décision du Ministre du Ravitaillement général.

§ 2. — TITRES DE SORTIE.

Aucune expédition d'essence ne pourra être faite des établissements soumis au contrôle en vertu du paragraphe 1er sans un titre de sortie.

a) *Essence pour la consommation militaire.*

En ce qui concerne l'exécution des commandes des centres de ravitaillement militaire (§ 1 de l'article 4 du décret), le titre de sortie est constitué par le bon de commande, qui est remis au raffineur et qu'il garde à l'appui de ses écritures.

b) *Envois d'entrepôt à entrepôt.*

Pour les marchandises faisant mouvement d'un établissement contrôlé sur un autre, appartenant ou non au même raffineur, un titre de sortie sera établi par l'agent chargé du contrôle de l'entrepôt expéditeur, sur simple demande du chef de cet entrepôt et contre présentation des pièces d'expédition.

Le titre, sur papier jaune, est extrait d'un livre à souche délivré au centre de ravitaillement par le Ministère du Ravitaillement général.

Ce titre est adressé par l'Agent qui l'a établi à l'Agent chargé du contrôle à l'établissement destinataire qui vérifie les quantités à leur arrivée, en porte la constatation au verso et le retourne au contrôleur de l'établissement.

Celui-ci mentionne sur le titre et sur la souche la date de rentrée de ce titre et rend le titre au Chef de l'entrepôt pour lui servir de décharge.

c) *Essence pour la consommation civile.*

Le Chef de chaque entrepôt contrôlé fait connaître chaque mois (et pour la première fois en octobre 1917), à l'Agent chargé du contrôle de son établissement, la liste des départements dans lesquels cet établissement doit, pendant le mois suivant, faire des expéditions d'essence destinée à la consommation civile.

Au début de chaque mois (et pour la première fois au début de novembre 1917), l'Agent chargé du contrôle délivre à chacun des établissements qu'il contrôle autant de titres de sortie que cet établissement doit desservir de départements pendant le mois.

Des titres de sortie supplémentaire pour de nouveaux départements pourront être délivrés en cours du mois, sur simple demande du chef de l'entrepôt.

Ces titres, sur papier blanc, sont extraits de livres à souche délivrés aux centres par le Ministère du Ravitaillement général.

Au moment de la délivrance du titre, l'Agent chargé du contrôle y inscrit seulement le nom du fournisseur, le département destinataire et la date.

Au verso de ce titre, le chef de l'entrepôt inscrit chaque jour le total exact des sorties de la journée sur le département qu'il concerne (à l'exclusion des livraisons faites à l'Armée et des marchandises faisant mouvement d'un établissement contrôlé sur un autre).

A la fin du mois, il totalise les sorties journalières et remet les titres de sorties à l'Agent chargé du contrôle, qui en délivre un reçu (volant intermédiaire du titre du modèle n° 2) portant mention de la quantité totale sortie pendant le mois.

Le Sous-Intendant du centre ou son délégué s'assure, chaque fois qu'il le juge utile, que les titres sont tenus à jour et que les quantités portées sont exactes.

Les chefs d'entrepôts sont tenus de lui présenter à cet effet toutes les justifications qu'il peut exiger, y compris les livres de sortie et les livres de débit de l'établissement.

Toute inexactitude relevée fait l'objet d'un rapport immédiat au Ministre du Ravitaillement général.

§ 3. — BONS DE RÉAPPROVISIONNEMENT.

Les détaillants qui ne se fournissent pas directement dans les entrepôts dont la liste est annexée au présent règlement, remettent les bons et coupons de cartes de consommation d'essence qu'ils ont reçus de leur clientèle aux intermédiaires chez lesquels ils veulent se réapprovisionner.

Si ces intermédiaires ne sont pas eux-mêmes clients directs desdits entrepôts, ils remettent à leur tour ces bons et coupons de cartes à leurs fournisseurs, et ainsi de suite, jusqu'à ce que ces bons et coupons parviennent aux commerçants clients directs des entrepôts.

a) *Délivrance des bons de réapprovisionnement.*

Les clients directs des entrepôts réunissent en paquets, chaque fois qu'ils en ont rassemblé une quantité raisonnable, et au minimum une fois par mois, les bons ou coupons qu'ils ont recueillis; ils épinglent sur le paquet une fiche ainsi rédigée :

M........................... à........................ certifie que le paquet ci-joint renferme des bons et des coupons de consommation d'essence délivrés pour les mois d .... 191 et représentant un total de .... litres d'essence et qu'il demande à se réapprovisionner auprès de MM.......... auxquels il restituera des emballages vides en quantité égale au montant de sa commande.

(Date et signature.)

Sauf l'exception prévue au paragraphe 3, D, ci-dessous, ces paquets sont remis avec les fiches, à la Préfecture ou à la Sous-Préfecture de l'arrondissement du déposant; il lui est délivré un reçu, appelé « bon de réapprovisionnement ».

Ces formalités peuvent être accomplies par la poste.

Ne pourront être présentés, en vue de l'obtention de bons de réapprovisionnement, que les bons ou coupons de consommation afférents au mois courant ou au mois précédent.

Les bons de réapprovisionnement (sur papier rose) sont extraits de livres à souches délivrés aux préfectures par le Ministère du Ravitaillement général.

Ils doivent être remis par les intéressés à l'appui de leurs commandes aux raffineurs.

b) *Vérification.*

Le service de la préfecture ou sous-préfecture doit vérifier les bons ou coupons ainsi représentés tant au point de vue de la validité que de la quantité.

En cas d'erreur dans le décompte, ce service local donne un avertissement à l'intéressé et n'accepte plus ses remises ultérieures que moyennant vérification préalable.

En cas de fraude constatée, il est donné la suite administrative ou judiciaire que comporte chaque cas d'espèce.

Le service local est tenu d'accepter tout bon délivré par une des autorités qui ont été qualifiées à cet effet, quelle qu'elle soit (voir *Journal officiel* des 6 juin et 21 juin 1917), sous réserve de s'assurer, le cas échéant, de sa validité auprès de l'autorité qui a émis le bon.

Il accepte également sous les mêmes réserves des bons ou coupons émanant des départements voisins.

Les raffineurs sont tenus d'aviser les préfets de toutes expéditions ou livraisons faites dans leur département par leurs entrepôts de vrac, avec indication des noms des clients, de la gare destinataire et des quantités expédiées.

Les préfets font connaître aux sous-préfets les renseignements intéressant leurs arrondissement.

Le service local de la préfecture ou de la sous-préfecture tient un répertoire sur fiches, où chaque commerçant qui échange des bons a sa fiche tenue à jour sur laquelle sont inscrits, avec leur date, d'une part, les bons de réapprovisionnement qui lui ont été remis, et d'autre part, les expéditions à son adresse annoncées par les raffineurs.

En cas de différence anormale entre les bons de réapprovisionnement et les réceptions de marchandises, il est procédé à une enquête.

c) *Décompte de bons de réapprovisionnement.*

A la fin de chaque mois, les chefs des entrepôts contrôlés classent en paquets, par départements, les bons de réapprovisionnement qu'ils ont reçus au cours du mois, et épinglent sur chaque paquet une fiche mentionnant le nom du département et le nombre de litres d'essence que représentent les bons inclus.

Ils remettent ces paquets, avec un état récapitulatif de toutes les fiches établi en double exemplaire, à l'agent chargé du contrôle, qui en délivre immédiatement reçu sur l'un des deux exemplaires de l'état récapitulatif, sous réserve de vérification ultérieure du contenu des paquets.

d) *Mesures transitoires et spéciales.*

Seront seuls valables, en vue du droit à l'obtention de bons de réapprovisionnement pendant le mois de novembre 1917, les bons ou cartes de consommation délivrés à partir du 1er octobre 1917 ou se rapportant à une période postérieure à cette date. Tous les bons ou cartes afférents à une période antérieure seront frappés de péremption.

Si des bons afférents au mois d'octobre 1917 ou aux mois suivants n'avaient pas été datés par l'autorité qui les a délivrés, leurs détenteurs devront les présenter au service de la préfecture ou de la sous-préfecture, qui les timbrera et les datera, après s'être assuré de leur régularité.

Dans les départements de la Seine, de Seine-et-Oise et du Rhône, ainsi que dans les arrondissements de Marseille, de Bordeaux et de Rouen, les clients des entrepôts contrôlés pourront, avec le consentement des raffineurs, présenter directement les bons ou coupons de consommation qu'ils auront recueillis aux chefs de ces entrepôts, sans avoir obtenu au préalable de bon de réapprovisionnement de la préfecture ou de la sous-préfecture, à condition que les livraisons soient faites à l'entrepôt même ou par camions attachés à l'entrepôt.

En ce cas, les chefs de ces établissements échangent, à la préfecture ou à la sous-préfecture, les bons ou cartes de consommation ainsi recueillis contre des bons de réapprovisionnement sur eux-mêmes, qu'ils joindront à ceux qu'ils doivent remettre en fin de mois à l'agent chargé du contrôle de leur établissement.

§ 4. — ÉCRITURES DES AGENTS CHARGÉS DU CONTRÔLE.

A la fin de chaque mois, l'agent chargé du contrôle récapitule, par entrepôt et par département, les sorties et les rentrées de bons du mois écoulé.

A cet effet, il tient un registre contenant autant de pages que de départements desservis et autant de colonnes que d'entrepôts contrôlés par son service.

Les colonnes sont divisées en deux. Dans la partie de gauche sont portées les sorties d'essence accusées par les titres de sortie ; dans la partie de droite en regard, les quantités d'essence représentées par les bons de réapprovisionnement. Les deux colonnes sont totalisées chaque mois.

Une dernière colonne totalise pour chaque département les sorties d'essence et les rentrées de bons de l'ensemble des établissements rattachés au centre.

Une dernière page à la fin du livre récapitule toutes les sorties de chaque entrepôt et non plus les sorties par département au cours du mois.

Après cet enregistrement, l'agent chargé du contrôle transmet au Ministre du Ravitaillement général, auquel ces documents doivent parvenir au plus tard le 10 de chaque mois pour le mois écoulé :

1° Les titres de sortie et les paquets de bons accompagnés de leurs états récapitulatifs ;

2° Un extrait de son livre d'enregistrement.

§ 5. — PAYEMENT DE LA REDEVANCE.

La redevance de 2 francs par hectolitre prévue à l'article 7 du décret sera perçue chaque mois au moyen d'ordres de versement établis par le Ministre du Ravitaillement général au nom de chaque raffineur.

Le montant de la redevance sera calculé d'après le décompte des quantités portées sur les titres de sortie transmis chaque mois au Ministère du Ravitaillement général par les agents chargés du contrôle.

ANNEXE.

LISTE DES ENTREPÔTS DE VRAC SOUMIS AU CONTRÔLE ET DES CENTRES DE RAVITAILLEMENT EN ESSENCE AUXQUELS ILS SONT RATTACHÉS.

CENTRES DE RAVITAILLEMENT EN ESSENCE auxquels les établissements sont rattachés. 1	LES FILS DE A. DEUTSCH. 2	DESMARAIS FRÈRES. 3	FENAILLE ET DESPEAUX. 4	COMPAGNIE INDUSTRIELLE DES PÉTROLES. 5	LILLE-BONNIÈRES ET COLOMBES. 6	RAFFINERIE DU MIDI. 7	OBSERVATIONS.
Dunkerque	″	″	″	″	″	″	
Aubervilliers	Pantin. Jurisy. Issy.	Ivry. Colombes. Golbey (Vosges).	Aubervilliers. Vernon. Girancourt (Vosges.)	Sens. Aubervilliers.	Colombes. St-Ouen (Fanto).	″	
Rouen	Rouen.	Le Havre.	Rouen.	Rouen.	Rouen.	″	
Nantes	Chantenay.	Nantes. Angers. Tours.	Angers.	″	Angers. Saumur.	″	
Bordeaux	Saint-Loubès. Bordeaux. Toulouse.	Blaye. Le Boucau (près Bayonne). Toulouse.	Bègles. Furt. Toulouse.	La Pallice. Bordeaux. Bayonne.	La Pallice.	″	
Montpellier	″	″	″	Frontignan.	″	Balaruc.	
Marseille	″	″	″	Antibes.	″	″	
Lyon	Lyon.	Lyon.	Lyon.	Lyon.	Dijon.	″	

CENTRES DE RAVITAILLEMENT EN ESSENCE auxquels les établissements sont rattachés.	LESIEUR ET SES FILS. 8	PAIX ET Cie. 9	RAFFINERIE DE PÉTROLE DU NORD. 10	COMPAGNIE GÉNÉRALE DES PÉTROLES. 11	SOCIÉTÉ IMMOBILIÈRE INDUSTRIELLE DU MIDI (1). 12	BEDFORD PÉTROLÉUM C° (1). 13	OBSERVATIONS.
Dunkerque	Petite-Synthe.	″	″	″	″	″	(1) La Société immobilière industrielle du Midi effectue des livraisons pour le compte des maisons : Deutsch, Desmarais, Fenaille et Despeaux. Il en est de même de la raffinerie du Midi, à Balaruc, et de l'établissement Bedford, à la Pallice.
Aubervilliers	Saint-Ouen.	Calais.	Aubervilliers.	″	Gimouille.	″	
Rouen	″	″	Rouen. (Chez Lille-Bonnières et Colombes.)	″	″	″	
Nantes	″	″	″	″	Tours.	″	
Bordeaux	″	″	″	Toulouse.	Limoges.	La Pallice.	
Montpellier	″	″	″	Nîmes. Agde.	″	″	
Marseille	″	″	″	Marseille. Antibes.	Avignon. La Seyne.	″	
Lyon	″	St-Jean-de-Losne.	″	Lyon.	Chalon-sur-Saône. Clermont-Ferrand.	″	

ARRÊTÉ DU 15 OCTOBRE 1917

instituant un service du matériel agricole.

(*Journal officiel* du 16 octobre 1917.)

LE MINISTRE DE L'AGRICULTURE,

Sur la proposition du Directeur de l'Agriculture,

ARRÊTE :

ARTICLE PREMIER. — Il est institué au Ministère de l'Agriculture (direction de l'agriculture, office de renseignements agricoles) un service du matériel agricole.

2. Ce service a pour objet l'approvisionnement de la culture en matériel, notamment en machines, instruments et produits nécessaires à leur fonctionnement.

Il provoque la création de groupements industriels, commerciaux et agricoles pour faciliter la production, l'importation, la répartition, la vente et l'achat, et met en rapport les groupements agricoles avec les constructeurs ou les consortiums industriels et commerciaux.

Il assure une répartition équitable des métaux entre les constructeurs et contrôle les prix pratiqués, en vue d'éviter des hausses excessives.

3. Le Chef de l'Office de renseignements agricoles, délégué du Ministre de l'Agriculture à la commission des métaux et des fabrications de guerre, dirige le service du matériel agricole. Il signe par délégation la correspondance du service, délivre les visas et autorisations. Les affaires préparées par le service, qui doivent être soumises à l'approbation du Ministre, sont présentées à sa signature par le Directeur de l'agriculture.

4. Le Directeur de l'agriculture est chargé de l'exécution du présent arrêté.

ORDONNANCE DU PRÉFET DE POLICE

DU 15 OCTOBRE 1917

relative à la répartition du sucre.

NOUS, PRÉFET DE POLICE,

Vu : 1° Nos Ordonnances des 24 février 1917 réglementant l'usage du carnet de sucre pour la consommation familiale dans le département de la Seine et 12 mars 1917 relative aux attributions supplémentaires de sucre;

2° Les Instructions de M. le Ministre du Ravitaillement général en dates des 3 et 12 octobre 1917 ;

3° L'Arrêté de M. le Préfet de la Seine en date du 5 octobre 1917 ;

Sur la proposition du Secrétaire général,

ORDONNONS CE QUI SUIT :

ARTICLE PREMIER. L'article 4 de notre Ordonnance du 24 février 1917 est modifié ainsi qu'il suit :

A partir du 1er octobre 1917 et jusqu'à nouvel avis, la quantité de sucre allouée, pour la consommation familiale, à Paris et dans le département de la Seine, aux titulaires de carnets est réduite d'un tiers.

En conséquence, chaque rationnaire, prenant chez lui tous ses repas, recevra pour les mois d'octobre, de novembre et de décembre 500 grammes par mois.

Cette quantité de sucre sera perçue par les ayants droit de la manière suivante :

Entre le 1er octobre et le 15 novembre, chaque titulaire de carnet pourra toucher 750 grammes de sucre contre remise des coupons d'octobre.

Entre le 15 novembre et le 31 décembre, la même quantité de 750 grammes de sucre sera délivrée contre remise des coupons de novembre.

Les coupons de décembre sont annulés et il est interdit aux détaillants de livrer ou de demander du sucre en échange de ces coupons.

Une réduction d'un tiers sera également appliquée dans les mêmes conditions aux rationnaires prenant ou un seul repas chez eux ou les deux repas au dehors.

2. Il n'est rien changé aux dispositions des articles 1er et 2 de notre Ordonnance du 12 mars 1917 attribuant une ration supplémentaire de 250 grammes par mois aux malades et aux enfants âgés de moins de trois ans.

3. Le paragraphe 2 de l'article 3 de notre Ordonnance du 12 mars 1917 est modifié ainsi qu'il suit :

« La ration spéciale de sucre accordée aux permissionnaires sera de 250 grammes pour les permissionnaires de quatre à quinze jours. Cette ration sera augmentée d'une ration égale de 250 grammes, par quinzaine ou par fraction de quinzaine, pour les permissions d'une durée supérieure à quinze jours. »

Les mêmes dispositions sont applicables aux élèves internes des lycées, collèges et maisons d'éducation venant passer au moins quatre jours dans leur famille.

4. La réduction d'un tiers sur les quantités de sucre attribuées à la population est étendue aux établissements d'enseignement, d'assistance, ainsi qu'aux communautés et établissements publics.

5. La réduction opérée sur les attributions faites aux établissements se rattachant au commerce de l'alimentation et à l'industrie hôtelière sera obtenue au moyen de l'annulation, sur les cartes d'attribution, des coupons représentatifs de la quantité allouée pour la troisième décade des mois de novembre et de décembre.
Il est interdit de se servir de ces coupons pour obtenir du sucre.

6. Exception faite pour les modifications indiquées ci-dessus, les dispositions des ordonnances des 24 février et 12 mars 1917 restent en vigueur.

7. La présente ordonnance sera publiée et affichée.

Ampliation en sera adressée à M. le Préfet de la Seine.

Le Secrétaire Général, les Maires des communes du département de la Seine et les Fonctionnaires et Agents de la Préfecture sont chargés, chacun en ce qui le concerne, de son exécution.

ORDONNANCE DU PRÉFET DE POLICE

DU 15 OCTOBRE 1917

relative à la vente et à la consommation de la viande à Paris et dans le département de la Seine.

NOUS, Préfet de Police,

Vu : 1° Notre ordonnance du 18 mai 1917, réglementant la vente et la consommation de la viande à Paris et dans le département de la Seine ;

2° Le décret du 14 avril 1917 (art. 1er), limitant au 15 octobre 1917 la période d'application du régime relatif à la vente et à la consommation de la viande ;

Sur la proposition du Secrétaire Général,

ORDONNONS ce qui suit :

Article premier. Sont abrogées les dispositions de notre ordonnance du 18 mai 1917, portant interdiction de la vente et de la consommation de la viande, les lundi et mardi de chaque semaine, à Paris et dans le département de la Seine.

2. Le Secrétaire Général est chargé de l'exécution de la présente ordonnance qui sera insérée au *Bulletin municipal officiel.*

AVIS DU MINISTÈRE DU RAVITAILLEMENT GÉNÉRAL

relatif aux nouveaux prix des huiles et essences de pétrole.

(*Journal officiel* du 16 octobre 1917.)

PRIX DES HUILES ET ESSENCES DE PÉTROLE.

A la suite de l'examen du Comité général du pétrole, présidé par M. Henry Bérenger, sénateur :

Le prix de l'huile de pétrole a été élevé à *48 francs* l'hectolitre (quai Rouen, en bidons de 50 litres), et le prix de l'essence fixé à *81 fr. 50* l'hectolitre (quai Rouen, en bidons de 50 litres).

En conséquence, les prix publiés au *Journal officiel* du 26 mai 1917 sont remplacés par les prix suivants, pratiqués et affichés dans les usines et dépôts départementaux des raffineries de pétrole, à compter du 2 octobre 1917 jusqu'au 31 octobre 1917.

PÉTROLE ET ESSENCE.

Hausse : 5 francs par hectolitre sur le pétrole, 5 francs par hectolitre sur l'essence à partir du 2 octobre 1917.

NOUVEAUX PRIX DE VENTE AU DÉTAIL.

(USINES ET DÉPÔTS).

(*Droits d'octroi non compris.*)

1° Pétrole de qualité courante en fûts ou bidons de 50 litres (moins remise de 1 franc par hectolitre au gros par wagon complet);

2° Essence d'éclairage en fûts ou bidons de 50 litres (moins remise de 1 franc par hectolitre au gros par wagon complet);

3° Essence pour automobiles en caisses de 50 litres (moins remise de 50 centimes à 2 francs par hectolitre au gros suivant quantités).

DÉPARTEMENTS.	VILLES.	PÉTROLE D'ÉCLAIRAGE en fûts ou bidons de 50 litres.	ESSENCES D'ÉCLAIRAGE en fûts ou bidons de 50 litres.	ESSENCES pour AUTOMOBILES en caisses.
		L'hectolitre.	L'hectolitre.	L'hectolitre.
Ain	Bourg	52f 50c	86f 00c	86f 50c
Aisne	Château-Thierry	50 50	84 00	85 00
Allier	Moulins	51 75	85 50	86 50
Alpes (Basses-)	Digne	52 00	87 50	86 50
Alpes (Hautes-)	Gap	54 00	87 00	88 50
Alpes-Maritimes	Nice	52 50	86 00	87 00
Ardèche	Privas	53 00	86 25	87 50
Ariège	Foix	52 50	86 00	87 00
Aube	Troyes	51 00	84 75	85 50
Aude	Carcassonne	51 00	84 50	85 50
Aveyron	Rodez	52 75	87 00	89 00
Bouches-du-Rhône	Marseille	50 25	83 75	84 50
Calvados	Caen	50 50	84 00	85 00
Cantal	Aurillac	52 75	87 00	88 50
Charente	Angoulême	50 75	85 25	86 50
Charente-Inférieure	La Rochelle	49 75	84 25	85 50
Cher	Bourges	51 75	85 50	86 50
Corrèze	Tulle	52 00	86 25	88 00
Côte-d'Or	Dijon	51 00	85 25	87 00
Côtes-du-Nord	Saint-Brieuc	51 50	85 00	86 00
Creuse	Guéret	52 25	86 50	88 00
Dordogne	Périgueux	50 75	85 25	86 50
Doubs	Besançon	51 50	84 75	86 00
Drôme	Valence	52 75	86 00	87 50
Eure	Évreux	49 75	83 50	84 50
Eure-et-Loir	Chartres	50 50	84 00	85 00
Finistère	Quimper	52 50	85 75	87 00
Gard	Nîmes	51 50	85 00	85 50
Garonne (Haute-)	Toulouse	51 25	85 50	87 00
Gers	Auch	51 75	86 00	87 50
Gironde	Bordeaux	49 75	84 25	85 50
Hérault	Montpellier	50 75	84 25	85 00
	Cette	50 25	83 75	84 50
Ille-et-Vilaine	Rennes	51 75	85 50	86 50
Indre	Châteauroux	52 00	86 00	87 50
Indre-et-Loire	Tours	51 00	85 00	86 50
Isère	Grenoble	53 75	87 00	88 00
Jura	Lons-le-Saunier	52 25	85 25	86 00
Landes	Mont-de-Marsan	51 50	85 75	87 50

DÉPARTEMENTS.	VILLES.	PÉTROLE D'ÉCLAIRAGE en fûts ou bidons de 50 litres.	ESSENCES D'ÉCLAIRAGE en fûts ou bidons de 50 litres.	ESSENCES pour AUTOMOBILES en caisses.
		L'hectolitre.	L'hectolitre.	L'hectolitre.
Loir-et-Cher	Blois	51f 50c	85f 25c	86f 00c
Loire	Saint-Étienne	53 00	86 25	87 50
Loire (Haute-)	Le Puy	53 00	86 75	88 00
Loire-Inférieure	Nantes	51 00	85 00	86 00
Loiret	Orléans	51 00	84 75	85 50
Lot	Cahors	51 50	85 75	87 50
Lot-et-Garonne	Agen	50 50	85 00	86 50
Lozère	Mende	53 25	86 50	87 50
Maine-et-Loire	Angers	51 25	85 50	86 50
Manche	Saint-Lô	51 00	84 50	85 50
Marne	Châlons-sur-Marne	51 25	84 75	85 50
Marne (Haute-)	Chaumont	51 50	84 75	86 00
Mayenne	Laval	51 25	85 00	86 00
Meurthe-et-Moselle	Nancy	51 00	84 25	85 00
Meuse	Bar-le-Duc	51 50	84 75	86 00
Morbihan	Vannes	52 25	86 50	87 50
Nièvre	Nevers	51 25	84 75	86 00
Nord	Dunkerque	50 25	83 75	84 50
Oise	Beauvais	50 25	83 75	84 50
Orne	Alençon	50 50	84 00	85 00
Pas-de-Calais	Calais	50 75	84 25	85 00
Puy-de-Dôme	Clermont-Ferrand	51 50	85 75	87 50
Pyrénées (Basses-)	Pau	53 00	87 25	89 00
Pyrénées (Hautes-)	Tarbes	53 00	87 25	89 00
Pyrénées-Orientales	Perpignan	51 75	85 00	86 00
Rhin (Haut-)	Belfort	52 00	85 00	86 50
Rhône	Lyon	52 25	85 50	86 50
Saône (Haute-)	Vesoul	52 00	85 25	86 00
Saône-et-Loire	Mâcon	52 00	85 50	86 00
Sarthe	Le Mans	51 00	84 50	85 50
Savoie	Chambéry	53 75	86 50	88 00
Savoie (Haute-)	Annecy	54 00	87 25	88 50
Seine	Paris	50 50	84 00	85 00
Seine-Inférieure	Rouen	49 00	82 50	83 50
Seine-et-Marne	Melun	50 00	83 75	84 50
Seine-et-Oise	Versailles	50 00	83 50	84 50
Sèvres (Deux-)	Niort	50 50	85 00	80 00
Somme	Amiens	50 25	83 75	84 50
Tarn	Albi	51 75	86 00	87 50
Tarn-et-Garonne	Montauban	50 75	85 00	86 50
Var	Draguignan	52 00	85 50	86 50
Vaucluse	Avignon	51 25	84 75	85 50
Vendée	La Roche-sur-Yon	50 75	84 50	85 50
Vienne	Poitiers	50 75	85 25	86 50
Vienne (Haute-)	Limoges	51 25	85 75	87 00
Vosges	Épinal	51 25	84 50	85 50
Yonne	Auxerre	51 25	84 75	85 50

Remarque. — Les emballages sont facturés et repris aux prix suivants :

Fûts pétroliers de 180 litres environ .... 15 fr. l'un.
Bidons métalliques de 50 litres .... 25 fr. l'un.
Caisses de 10 bidons de 5 litres ou de bidons de 10 litres... 25 fr. l'une.

ARRÊTÉ DU SOUS-SECRÉTAIRE D'ÉTAT DES TRANSPORTS MARITIMES ET DE LA MARINE MARCHANDE DU 17 OCTOBRE 1917

instituant une commission chargée d'étudier l'outillage frigorifique nécessaire soit à l'importation des viandes, soit à la conservation des produits de la pêche.

(*Journal officiel* du 19 octobre 1917.)

Le Sous-Secrétaire d'État des Transports maritimes et de la Marine marchande,

Arrête :

Article premier. Il est constitué au Sous-Secrétariat d'État des Transports maritimes et de la Marine marchande une commission en vue d'étudier l'outillage frigorifique nécessaire, soit à l'importation des viandes, soit à la conservation des produits de la pêche.

2. Cette commission sera présidée par M. Chapuis, sénateur de Meurthe-et-Moselle.

Elle sera composée de :

MM. le marquis de Baudry-d'Asson, député.
Kerzoncuf, chef du service des pêches maritimes au Sous-Secrétariat d'État des Transports maritimes et de la Marine marchande.
Breton, directeur de la compagnie des Chargeurs réunis.
E. Grosos, armateur.
Favareille, maître des requêtes au Conseil d'État.
Lambert, ingénieur.
Prunier, restaurateur à Paris.
Canu, armateur à Boulogne.
Bigenwald, armateur à la pêche à Lorient.
Albert-Leroux, boucher à Paris.
Salomon, négociant en bestiaux à Verdun.
Rabel, représentant du Ministère du Ravitaillement.
L'intendant Pierrot, représentant du Ministère du Ravitaillement.

ORDONNANCE DU PRÉFET DE POLICE DU 22 OCTOBRE 1917

relative à la consommation du lait dans tous les établissements ouverts au public.

NOUS, Préfet de Police,

Vu : 1° les arrêtés des Consuls des 12 messidor an VIII et 3 brumaire an IX ;

2° L'arrêté de M. le Ministre du Ravitaillement général en date du 3 septembre 1917 et la dépêche ministérielle du 4 octobre 1917 ;

Considérant qu'il y a lieu de supprimer temporairement toutes les consommations superflues de lait pour en réserver les plus grandes quantités possibles à l'alimentation familiale;

Sur la proposition du Secrétaire Général,

ORDONNONS ce qui suit :

Article premier. A Paris et dans le département de la Seine, la consommation du lait, frais ou condensé, et de la crème, purs ou mélangés avec une préparation quelconque, telle que thé, café ou cacao, est désormais interdite à partir de 9 heures du matin dans tous les cafés, brasseries, bars, restaurants, maisons de thé, débits de boissons ou autres établissements similaires.

Exception est faite pour les buffets de chemins de fer exclusivement.

2. Les contraventions à la présente ordonnance seront relevées par des procès-verbaux qui seront transmis aux tribunaux compétents.

3. La présente ordonnance sera publiée et affichée.

Le Secrétaire Général, les maires des communes du département de la Seine, les fonctionnaires et agents de la Préfecture de Police sont chargés, chacun en ce qui le concerne, de l'exécution de la présente ordonnance.

ARRÊTÉ DU MINISTRE DU RAVITAILLEMENT GÉNÉRAL

DU 24 OCTOBRE 1917

nommant des membres de l'Office central des céréales.

(*Journal officiel* du 26 octobre 1917.)

Le Ministre du Ravitaillement général,

Vu le décret du 31 juillet 1917 concernant les achats et les répartitions des céréales, et notamment l'article 2 qui institue auprès du Ministère du Ravitaillement général un Office central des céréales et un Comité central de la meunerie et de la boulangerie;

Vu l'arrêté du 1er août 1917 nommant les membres de l'Office central des céréales et du Comité central de la meunerie et de la boulangerie,

Arrête :

Article premier. Sont nommés membres de l'Office central des céréales les représentants de l'Administration centrale de l'Agriculture dont les noms suivent :

MM. Sagourin, directeur de l'Agriculture.

Lesage, Inspecteur général de l'agriculture, Chef de l'Office des renseignements agricoles.

René Berge, Vice-Président de la Société nationale d'Encouragement à l'agriculture, Président de la Société centrale d'Agriculture de la Seine-Inférieure, agriculteur à Saint-Maurice-d'Etelan (Seine-Inférieure).

Émile Pluchet, Président de la Société des Agriculteurs de France.

Henri Girard, correspondant de l'Académie d'Agriculture, Président de la Caisse de Crédit agricole, Vice-Président de la Société d'Agriculture de Senlis, agriculteur au domaine de Bertranfossé à Glailly (Oise).

2. Le Directeur du Ravitaillement est chargé de l'exécution du présent arrêté.

ARRÊTÉ DU MINISTRE DU RAVITAILLEMENT GÉNÉRAL

DU 26 OCTOBRE 1917

modifiant les groupements de départements formés pour la répartition du sucre raffiné.

Le Ministre du Ravitaillement général,

Vu les arrêtés des 2 janvier et 10 mars 1917 relatifs à la répartition du sucre raffiné ;

Vu la décision réduisant à 500 grammes la ration mensuelle attribuée pour la consommation familiale,

Arrête :

Article premier. A partir du 1er novembre 1917, les groupements de départements formés pour la répartition du sucre raffiné, et indiqués dans l'état annexé à l'arrêté du 2 janvier, sont modifiés ainsi qu'il suit :

Sont rattachés :

1° Au Bureau régional de Paris, l'Ain, la Loire, la Haute-Savoie et le Puy-de-Dôme pour partie;

2° A la raffinerie de Brienon, la Nièvre;

3° A la raffinerie de Chalon-sur-Saône, le Doubs,

4° Au Bureau régional de Bordeaux, l'Ariège, le Gers, le Lot-et-Garonne, les Hautes-Pyrénées.

2. Sont abrogés les arrêtés des 2 janvier et 10 mars 1917 en ce qu'ils ont de contraire aux dispositions du présent arrêté.

3. Le Directeur du Ravitaillement est chargé de l'exécution du présent arrêté,

---

ARRÊTÉ DU MINISTRE DU RAVITAILLEMENT GÉNÉRAL

DU 26 OCTOBRE 1917

complétant et modifiant les arrêtés des 22 et 26 août 1917 nommant des agents répartiteurs de céréales.

(*Journal officiel* du 30 octobre 1917.)

Le Ministre du Ravitaillement général,

Vu le décret du 31 juillet 1917 relatif au régime des céréales et au contrôle de la meunerie, et notamment l'article 7 qui institue des agents répartiteurs chargés dans chaque département de recueillir les offres de céréales et d'en assurer la répartition suivant les instructions de la direction du ravitaillement;

Vu les arrêtés des 22 et 26 août 1917 nommant les répartiteurs de céréales,

ARRÊTE;

ARTICLE PREMIER. Sont nommés agents répartiteurs les négociants en grains dont les noms suivent :

Ardèche. — M. SOULIER (Fernand), grains, Privas.

Ariège. — M. BARBE, grains, Pamiers.

Charente. — M. P. FILLOUX, grains, Angoulême; M. Al. REVEILLAUD, grains, Cognac.

Côte-d'Or. — M. TAINTURIER, grains, Dijon.

Creuse. — M. LARUE (Alfred), grains, Parsac; M. LAFONT, grains, Guéret.

Eure-et-Loir. — M. BOYEUX (T), négociant, Chartres.

Finistère. — M. CAM (F.), négociant, Morlaix.

Indre. — M. MERIOT (Gustave), grains, Benavent, commune de Pouligny-Saint-Pierre.

Isère. — M. CHAMPELAY, grains, Marcilloles.

Orne. — M. CUGU (Paul), grains, Merry.

Oise. — M. PULLEU, grains, Songeons; M. LÉROY, grains, Senlis; M. DUPETY, grains, Noailles.

Nord. — M. DUBOIS (Edmond), grains, Aubengheul-en-Bac, réfugié du Nord, 39, rue des Petits-Champs, Paris; M. LOYWICK, grains, Steenwerck.

Puy-de-Dôme. — M. GARNOT, grains, Clermont-Ferrand,

Savoie. — M. LACOSTE (Vincent), grains, Chambéry.

Seine-Inférieure. — Chambre syndicale de la graineterie de la Seine-Inférieure et de l'Eure, Rouen.

Seine-et-Marne. — M. LEROUX, grains, Montereau.

Tarn-et-Garonne. — M. BOUSQUET, grains, Montauban; M. DEBIA, grains, Montauban.

2. Sont rapportées les nominations de répartiteurs suivantes:

Aisne. — M. CORBIE-LAVET, grains, Château-Thierry, démissionnaire.

Ardèche. — M. LAURENT, grains, Andance, démissionnaire.

Charente. — M. PERILLAUD, grains, Ruffec, démissionnaire; M. CAILLAUD (Ulysse), grains, Barbezieux, démissionnaire.

Côtes-du-Nord. — M. MORVAN (Henri), grains, Lannion, démissionnaire; Mme veuve RAGOT, grains, Loudéac, démissionnaire.

Creuse. — M. Reuge, grains, Letrade, démissionnaire; M. Lausade, grains, Dun-le-Palleteau, démissionnaire.

Drôme. — M. Vallernaud, grains, Valence, démissionnaire; M. Rey-Mathieu Arbod, grains, Valence, démissionnaire.

Finistère. — Chambre de commerce de Brest.

Gard. — M. Augier, grains, Pont-Saint-Esprit, démissionnaire.

Gers. — M. Martres, grains, Auch, démissionnaire.

Hautes-Pyrénées. — M. Mournet, grains, Galan, démissionnaire.

Indre. — M. Paillir, grains, Le Blanc, démissionnaire.

Manche. — M. Bazin (Simon), grains, Soudeval, démissionnaire.

Meurthe-et-Moselle. — M. Couten, grains, Nancy, démissionnaire.

Nièvre. — M. Baron fils, grains, Clamecy, démissionnaire.

Pas-de-Calais. — M. A.-P. Crespel, grains, La Bassée, démissionnaire.

Puy-de-Dôme. — M. Faugères, grains, Thiers, démissionnaire.

Savoie. — M. Roux, grains, Cognin, démissionnaire.

Seine-et-Marne. — M. Marc, grains, Meaux, démissionnaire; M. Laborde, grains, Fontainebleau, démissionnaire; MM. Tourneur frères, grains, Coulommiers, démissionnaires; M. Deforges, grains, Tournan, démissionnaire.

Tarn-et-Garonne. — M. Monties, grains, Moissac, démissionnaire; M. Fley, grains, la Française, démissionnaire; M. Egenes, grains, Montauban, démissionnaire.

Vaucluse. — M. A. Frizet, grains, Carpentras, démissionnaire.

3. Le Directeur du Ravitaillement est chargé de l'exécution du présent arrêté.

ARRÊTÉ DU MINISTRE DU RAVITAILLEMENT GÉNÉRAL

DU 27 OCTOBRE 1917

modifiant l'arrêté du 5 septembre 1917 déterminant les conditions de circulation des semences de céréales et de tubercules.

(*Journal officiel* du 28 octobre 1917.)

Le Ministre du Ravitaillement général et le Ministre de l'Agriculture,

Vu le décret du 31 juillet 1917 relatif au régime des céréales et au contrôle de la meunerie;

Vu l'arrêté du 5 septembre 1917, déterminant les conditions de circulation des semences de céréales et de tubercules,

Arrêtent :

Article premier. L'article 4 de l'arrêté du 5 septembre 1917 susvisé est remplacé par les dispositions suivantes:

« L'office départemental des céréales assure la fourniture des semences nécessaires aux cultivateurs sous réserve de l'engagement pris par ceux-ci de restituer après battages de leurs récoltes 1917 ou 1918 à leur choix, une quantité de grains égale à celle qui leur aura été délivrée ou de payer la valeur de la semence fournie. »

2. Le Directeur du Ravitaillement et le Directeur de l'Agriculture sont chargés, chacun en ce qui le concerne, de l'exécution du présent arrêté.

DÉCRET DU 28 OCTOBRE 1917

complétant l'article 8 du décret du 13 juillet 1917 relatif à la taxation et à la déclaration des céréales.

(*Journal officiel* du 31 octobre 1917.)

Le Président de la République française,

Vu les lois des 16 octobre 1915 et 25 avril 1916, relatives au ravitaillement de la population civile en blé et en farine;

Vu la loi du 20 avril 1916 sur la taxation des denrées et substances;

Vu la loi du 29 juillet 1916, relative à la taxation et à la réquisition des céréales; la loi du 17 avril 1916 sur la taxation de l'avoine, du seigle, de l'orge, des sons et des issues, et la loi du 7 avril 1917 sur la taxation du blé;

Vu la loi du 8 avril 1917, relative à l'addition de farines de succédanés à la farine de froment et aux sanctions pénales applicables en cas d'inobservation des dispositions réglementant la vente et la consommation des denrées alimentaires;

Vu le décret du 27 octobre 1915, relatif à l'application de la loi du 16 octobre 1915; le décret du 27 juin 1916, relatif à l'application de la loi du 25 avril 1916; le décret du 30 juin 1916, relatif à l'application de la loi du 20 avril 1916; le décret du 8 avril 1917, relatif à l'application des lois relatives à la taxation du blé et à l'addition de farines de succédanés à la farine de froment; le décret du 3 mai 1917, relatif à la fabrication et au commerce de la farine, et le décret du 13 juillet 1917, relatif à la taxation et à la déclaration des céréales;

Sur le rapport du Ministre du Ravitaillement général et du Ministre des Finances,

Décrète :

Article premier. L'article 8 du décret du 13 juillet 1917 est complété ainsi qu'il suit :

« A titre exceptionnel, et en cas d'accord avec les intéressés, le Ministre du Ravitaillement général pourra autoriser les communes ou les minotiers à faire l'avance de la ristourne. Dans ce cas, le remboursement de la ristourne sera effectué directement au profit des communes ou des minotiers, dans des conditions qui seront fixées par arrêté ministériel. »

2. Le Ministre du Ravitaillement général et le Ministre des Finances sont chargés, chacun en ce qui le concerne, de l'exécution du présent décret.

ARRÊTÉ DU MINISTRE DU RAVITAILLEMENT GÉNÉRAL

DU 29 OCTOBRE 1917

organisant les services du Ministère.

LE MINISTRE DU RAVITAILLEMENT GÉNÉRAL,

Vu le décret du 31 décembre 1916 fixant les attributions du Ministre des Travaux publics, des Transports et du Ravitaillement en matière de ravitaillement;

Vu le décret du 7 avril 1917 fixant les attributions du Ministre du Ravitaillement général et des Transports maritimes;

Vu le décret du 10 avril 1917 fixant l'organisation des services dudit Ministère, et portant notamment qu'un arrêté ministériel fixera les attributions des services du cabinet du Ministre et ceux de l'administration centrale du Ministère du Ravitaillement général et des Transports maritimes;

Vu le décret du 3 juillet 1917 rattachant au Ministère de l'Armement et des Fabrications de guerre les services de l'importation des combustibles minéraux et du ravitaillement général en combustibles de toute nature;

Vu le décret du 4 juillet 1917 transférant au Ministère des Travaux publics et des Transports les attributions dévolues au Ministère du Ravitaillement général et des Transports maritimes en ce qui concerne les transports maritimes,

ARRÊTE :

ARTICLE PREMIER. Les attributions du cabinet du Ministre sont fixés comme suit:

1° *Services administratifs.*

1° Enregistrement et répartition du courrier;

2° Préparation de la signature du Ministre;

3° Transmission des projets de loi et décrets au Président de la République, au Sénat et à la Chambre des députés;

4° Enregistrement et conservation des décrets et arrêtés, ampliations;

5° Insertion au *Journal officiel* et au *Bulletin des Lois;*

6° Distinctions honorifiques françaises ou étrangères, préparation des projets de loi et promotions;

7° Préparation des audiences du Ministre;

8° Affaires réservées.

2° *Contrôle des dépenses engagées.*

2. L'administration centrale du Ministère du Ravitaillement général est dirigée par le directeur du ravitaillement qui a sous son autorité directe les services administratifs, le service financier et l'inspection générale du ravitaillement.

Il exerce également un contrôle général sur la direction des services commerciaux.

3. En vue d'assurer la coordination des services, il est constitué un conseil de direction, composé du directeur du ravitaillement, du chef du cabinet, du directeur et des sous-directeurs des services commerciaux, de l'inspecteur général du ravitaille-

ment et du chef du service financier. Les autres agents peuvent être convoqués à titre consultatif au conseil à l'occasion d'affaires intéressant particulièrement leur service.

Le conseil de direction se réunit au moins une fois par semaine; il est présidé par le Ministre, et en son absence par le directeur du ravitaillement.

Le conseil de direction délibère :

Sur les affaires qui présentent un intérêt général pour le Ministère ;

Sur celles qui relèvent de plusieurs services;

Et sur celles dont il est saisi soit par le Ministre, soit par le directeur du ravitaillement, soit par le directeur des services commerciaux.

4. Le directeur des services commerciaux fait connaître en fin de journée à la direction du ravitaillement et au cabinet du Ministre :

L'état des stocks ;

Les marchés passés;

Les livraisons effectuées;

La situation de la flotte ;

Et d'une manière générale tous les renseignements susceptibles de tenir la direction du ravitaillement et le cabinet du Ministre au courant des opérations.

5. Les services administratifs se divisent en plusieurs sections ayant les attributions suivantes :

1° Statistiques (production, importation, consommation);
Législations étrangères, documentation générale.

2° Études législatives : préparation des projets de loi;
Décrets, arrêtés, règlements, circulaires, correspondance générale, etc.

3° Propagande, économies et restrictions volontaires.

4° Questions relatives au blocus;
Prohibitions d'importation et d'exportation et dérogation.

5° Ravitaillement des régions envahies et des prisonniers.

6° Contentieux;
Répression des fraudes et de la spéculation.

7° Personnel de l'Administration centrale et des Services extérieurs en France et à l'étranger.

6. La correspondance adressée aux membres des deux Chambres, la correspondance avec les Ministères et les administrations départementales ou communales ou municipales, soulevant des questions de principe ou d'ordre général sont traitées de la façon suivante :

Le document qui provoque la question est transmis au service technique compétent.

Il est retourné avec une note contenant les éléments de la réponse à la Direction du Ravitaillement.

La Direction du Ravitaillement prépare la réponse suivant les éléments qui lui ont été adressés par le Service technique et envoie à celui-ci une copie après départ.

Les projets de loi, décrets, arrêtés, circulaires sont également rédigés à la Direction du Ravitaillement sur les rapports et les notes techniques qui lui sont adressés par la Direction des Services Commerciaux.

7. Les attributions du Service Financier sont les suivantes :

1° Préparation du budget ;
2° Ordonnancement ;
3° Caisse ;
4° Comptabilité budgétaire ;
5° Comptabilité du Compte spécial ;
6° Compte définitif des dépenses ;
7° Matériel (mobilier de l'hôtel et des bureaux, fournitures de bureau, chauffage, éclairage, lingerie).

8. L'inspection générale du Ravitaillement assure la répartition des denrées et produits mis à sa disposition pour les besoins de l'armée. Elle fait connaître à la Direction des Services Commerciaux les quantités de ces denrées ou produits qui lui sont nécessaires. L'achat, la réunion de ces produits et leur transport sont effectués par les soins et sous la responsabilité de la Direction des Services Commerciaux, sous réserve des opérations que l'Inspection Générale du Ravitaillement serait chargée d'effectuer directement.

En fin de journée, l'Inspection Générale du Ravitaillement adresse au Cabinet du Ministre, à la Direction du Ravitaillement et à la Direction des Services Commerciaux l'état des stocks par station-magasin, et dans les dépôts de l'intérieur.

9. La Direction des Services commerciaux est organisée de la manière suivante :

I. — Secrétariat général.

II. — Affaires réservées.

a) Missions à l'étranger et questions générales relatives aux opérations d'achat, de répartition et de transport en commun par les alliés ;

b) Statistiques générales.

III. — *Première Sous-Direction.* — Approvisionnements :

1° Céréales : céréales exotiques, céréales indigènes, répartition, transit et cabotage ;
2° Contrôle des moulins et des boulangeries. — Pâtes alimentaires. — Biscuiterie. — Dérogations ;
3° Sucres ;
4° Graines oléagineuses et corps gras ;
5° Transports maritimes.

IV. — *Deuxième Sous-Direction.* — Contrôle des vivres et répartition :

1° Liaison avec l'Inspection Générale du Ravitaillement ;
2° Organisations diverses relatives à la consommation (coopératives) ;
3° Viandes ;
4° Pommes de terre, légumes et denrées diverses ;
5° Répartition du sucre, chocolat, confiserie, pâtisserie ;
6° Liquides ;
7° Huiles et corps gras, pétrole et essence.

Services des transports terrestres.

10. En dehors des attributions qui lui sont confiées par le Directeur des Services commerciaux, le Secrétaire Général de cette Direction est spécialement chargé :

De la révision de la correspondance ;

De l'envoi à la Direction du Ravitaillement et au Cabinet du Ministre des états ou situations quotidiens ou périodiques ;

De la communication au Service de la Comptabilité de toute décision engageant les crédits budgétaires ou le Compte spécial ;

De la surveillance du personnel ;

Et, d'une manière générale, de toutes les questions administratives ressortissant à cette Direction.

11. Quel que soit le produit dont il s'agisse ou le Service intéressé, toutes les questions de transports maritimes sont traitées par la Section des Transports Maritimes ; toutes les questions de transports terrestres par la Section des Transports Terrestres. Il n'est fait d'exception que pour la flotte pétrolière qui est gérée par la Section du Pétrole et de l'Essence.

Toutes les questions de transit et de cabotage sont traitées par le Service du transit et du cabotage à la Section des Céréales.

12. Toutes les questions concernant le recrutement du personnel civil ou militaire de l'Administration centrale ou des Services extérieurs en France et à l'étranger, l'avancement, la discipline, toutes les demandes de sursis concernant le personnel de l'Administration ou le personnel d'industries ou de commerce intéressant le ravitaillement sont exclusivement traitées par le Chef de la Section du Personnel. Les autres Services ou Sections lui adressent leurs demandes ou propositions.

13. Le Directeur du Ravitaillement a la délégation générale de la signature du Ministre. Le Directeur des Services Commerciaux et le Chef du Service Financier ont cette délégation pour les affaires de leur service.

Le Directeur du Ravitaillement peut déléguer la signature à son adjoint pour les affaires des Services administratifs. Le Directeur des Services Commerciaux peut la déléguer aux Sous-Directeurs, au Chef des Services des Transports Terrestres et au Secrétaire Général. Le Sous-Directeur des Approvisionnements peut également la déléguer au Chef de la Section des Céréales et au Chef de la Section du Contrôle des Moulins et des Boulangeries pour les affaires courantes de leurs services.

Il ne peut être fait d'autre délégation de signature.

Toute décision comportant un engagement de dépense est soumise obligatoirement à la signature du Ministre, du Directeur et des Sous-Directeurs intéressés. Il en est de même des avis formulés sur les demandes de dérogation aux prohibitions d'importation ou d'exportation, et, d'une manière générale, des décisions individuelles qui ne seraient pas l'application d'une règle générale.

14. Toute décision engageant les crédits budgétaires ou le Compte spécial doit être soumise préalablement au visa du Contrôleur des dépenses engagées. Le Contrôleur des dépenses engagées vise également les ordres de payement sur le Compte spécial.

15. Toute décision susceptible d'avoir une répercussion sur les crédits budgétaires ou sur le Compte spécial doit être préalablement soumise pour avis au Service Financier. Une copie intégrale en est envoyée au Service après signature. Cette prescription s'applique également aux Services extérieurs et aux missions à l'étranger.

16. L'organisation de l'Administration centrale telle qu'elle résulte du présent arrêté ne comporte pour aucun fonctionnaire ou agent une augmentation des traitements ou indemnités qui lui sont alloués actuellement.

17. L'arrêté du 24 juillet 1917 fixant les attributions du Cabinet du Ministre et celles de l'Administration centrale du Ministère du Ravitaillement Général est abrogé.

18. Le Directeur du Ravitaillement est chargé de l'exécution du présent arrêté.

ARRÊTÉ DES MINISTRES DU RAVITAILLEMENT GÉNÉRAL ET DES FINANCES DU 29 OCTOBRE 1917

fixant les conditions dans lesquelles est effectué le remboursement de la ristourne aux communes ou aux minotiers autorisés à en faire l'avance par application du décret du 28 octobre 1917.

(*Journal officiel* du 31 octobre 1917.)

Le Ministre du ravitaillement général et le Ministre des finances,

Vu les lois des 16 octobre 1915 et 25 avril 1916, relatives au ravitaillement de la population civile en blé et en farine;

Vu la loi du 20 avril 1916 sur la taxation des denrées et substances ;

Vu la loi du 29 juillet 1916, relative à la taxation et à la réquisition des céréales; la loi du 17 avril 1916 sur la taxation de l'avoine, du seigle, de l'orge, des sons et des issues, et la loi du 7 avril 1917 sur la taxation du blé ;

Vu la loi du 8 avril 1917, relative à l'addition de farines de succédanés à la farine de froment et aux sanctions pénales applicables en cas d'inobservation des dispositions réglementant la vente et la consommation des denrées alimentaires ;

Vu le décret du 27 octobre 1915, relatif à l'application de la loi du 16 octobre 1915; le décret du 27 juin 1916, relatif à l'application de la loi du 25 avril 1916 ; le décret du 30 juin 1916, relatif à l'application de la loi du 20 avril 1916, le décret du 8 avril 1917, relatif à l'application des lois relatives à la taxation du blé et à l'addition de farines de succédanés à la farine de froment, et le décret du 3 mai 1917, relatif à la fabrication et au commerce de la farine;

Vu le décret du 13 juillet 1917, relatif à la taxation et à la déclaration des céréales, et le décret du 28 octobre complétant le décret du 13 juillet 1917 relatif à la taxation et à la déclaration des céréales,

Arrêtent :

Article premier. Lorsque les meuniers ou les communes sont autorisés à faire l'avance de la ristourne conformément aux dispositions du décret du 28 octobre 1917, ils doivent établir tous les 15 jours les décomptes des quantités de farine livrées par eux aux boulangers.

2. Ces décomptes doivent faire apparaître distinctement la date et le mode des livraisons, le nom du boulanger destinataire, son adresse, les quantités livrées, le prix du quintal facturé, le montant de la ristourne due pour chaque livraison et le montant global de la ristourne.

3. Les décomptes prévus à l'article 2, dûment signés et certifiés suivant le cas par les minotiers ou par les maires des communes, sont remis ou transmis par eux au chef du service des contributions indirectes de la circonscription, accompagnés des copies des factures délivrées aux boulangers et, s'il y a lieu, des pièces de transport (récépissés de chemin de fer, etc.). Les agents des contributions indirectes s'assurent de la corrélation, d'une part, entre les décomptes et les pièces à l'appui, et, d'autre part, entre les décomptes et les états hebdomadaires des livraisons faites à chaque boulanger, états qui leur sont remis par le contrôleur des moulins. Les agents des contributions indirectes adressent, s'il y a lieu, les copies des factures à leurs collègues chargés sur place du contrôle des boulangeries qui les leur renvoient après avoir certifiées conformes aux factures elles-mêmes et, s'il y a lieu, aux lettres de voiture ou bulletins de camionnage que les boulangers sont tenus de leur communiquer.

Leur contrôle effectué, les agents des contributions indirectes visent les décomptes en mentionnant la nature des vérifications opérées (rapprochement avec les pièces justificatives des expéditions ou rapprochement avec les états du contrôle des moulins).

4. Les décomptes établis, conformément aux prescriptions ci-dessus, sont centralisés et payés aux minotiers ou aux communes dans les conditions fixées par les articles 3, 4 et 5 de l'arrêté interministériel du 21 août 1917 pour les ristournes payées aux boulangers.

ARRÊTÉ DU MINISTRE DU RAVITAILLEMENT GÉNÉRAL DU 29 OCTOBRE 1917

réglementant le commerce des pommes de terre et des haricots.

(*Journal officiel* du 31 octobre 1917.)

Le Ministre du ravitaillement général,

Vu les arrêtés des 3 et 12 septembre 1917, relatifs à la vente et à la circulation des pommes de terre et des haricots,

Arrête :

I. — POMMES DE TERRE.

Article premier. A partir du 1er novembre 1917, et jusqu'à la récolte 1918, les prix d'achat à la culture sont fixés par 100 kilogrammes pour les diverses catégories de pommes de terre aux taux maxima suivants :

Catégorie supérieure : 27 francs — Types de hollande à chair jaune.

1re catégorie : 22 francs — Saucisse rouge, royale Kidney, géante Fluck, ronde jaune et leurs variétés.

2e catégorie : 20 francs — Early rose, magnum bonum, fin de siècle ou up to date et leurs variétés.

3e catégorie : 18 francs — Institut de Beauvais, vosgienne, chardon à chair jaune et leurs variétés.

4e catégorie : 16 francs — Professeur Woltman, merveille d'Amérique, chardon à chair blanche, géante bleue et autres variétés fourragères.

A dater du 1er janvier 1918 il est alloué, en sus des prix ci-dessus fixés, pour frais de conservation et pour déchet, une prime de 50 centimes par 100 kilogrammes et par mois.

2. Indépendamment des frais de transport, la rémunération des marchands grossistes, y compris tous les frais, est ramenée par 100 kilogrammes à 3 francs etcelle du marchand détaillant y compris tous les frais à 6 francs.

II. — HARICOTS.

3. A partir du 1er novembre 1917 et jusqu'à la récolte 1918, les prix d'achat à la culture sont fixés par 100 kilogrammes pour les diverses catégories de haricots récoltés en 1917, aux taux maxima suivants :

1° Haricots supérieurs, flageolets verts, chevriers, 180 francs;

2° Rognons de coq, plats extrats, flageolets blancs, lingots, suisses blancs : 160 francs;

3° Haricots nains, brézins, gros pieds, cocos blancs, plats nature, petits plats et haricots couleur sauf les rognons de coq : 140 franc.

4. Indépendamment des frais de transport, la rémunération des commerçants intermédiaires, y compris les frais de courtage et tous autres frais, ne pourra être supérieure :

a) Pour les ventes effectuées par le marchand grossiste dans la région productrice avec le commerce de gros de la région consommatrice à plus de 3 pour 100 du prix d'achat à la culture.

b) Pour les ventes effectuées par le marchand grossiste au commerce de détail : à plus de 3 pour 100 du prix payé par ce marchand grossiste, pour les ventes de 5.000 kilogrammes et au-dessus; à plus de 5 pour 100 pour celles inférieures à 5.000 kilogrammes.

Ces prix ne pourront pas être augmentés de plus de 15 pour 100 pour la rémunération des commerçants détaillants vendant à la consommation. Cette rémunération comprend tous les frais.

5. Les articles 1 et 2 du présent arrêté sont applicables à partir du 1er novembre 1917 aux haricots indigènes récoltés antérieurement à 1917.

6. A partir de la même date, les haricots provenant de nos colonies ou de l'étranger ne pourront être vendus à la consommation à des prix supérieurs à ceux résultant des dispositions des articles 1 et 2 ci-dessus pour les haricots indigènes de catégories similaires.

III. — DISPOSITIONS GÉNÉRALES.

7. A partir du 1er novembre 1917, aucune expédition de pommes de terre et de haricots ne pourra être autorisée que pour les expéditeurs qui affirmeront, dans les conditions fixées par l'arrêté du 3 septembre 1917, que les prix d'achat de ces denrées à la culture ne sont pas supérieurs à ceux établis par les articles 1er et 3 du présent arrêté.

8. Cesseront d'avoir effet à dater du 1er novembre 1917 les dispositions de l'arrêté du 12 septembre. Sont abrogés les paragraphes 3 et 4 de l'article 2 de l'arrêté du 3 septembre 1917.

9. Le Préfet de police dans le département de la Seine et les préfets dans les autres départements sont chargés de l'exécution du présent arrêté.

DÉCRET DU 30 OCTOBRE 1917

relatif à la répartition de l'avoine dans le département de la Seine.

(*Journal officiel* du 1er novembre 1917.)

LE PRÉSIDENT DE LA RÉPUBLIQUE FRANÇAISE,

Vu les lois des 17 avril, 20 avril et 29 juillet 1916 sur la taxation des céréales, des denrées et substances et sur la réquisition des céréales;

Vu le décret du 13 juillet 1917 relatif à la taxation et à la déclaration des céréales, et le décret du 31 juillet suivant relatif aux achats et aux répartitions des céréales;

Sur le rapport du Ministre du Ravitaillement général,

DÉCRÈTE :

ARTICLE PREMIER. Dans le département de la Seine, l'attribution de l'avoine aux possesseurs de chevaux et de mulets est placée sous le contrôle du Ministre du Ravitaillement général, qui réglera la répartition de cette céréale, selon les exigences de la défense nationale et d'après les rations fixées à l'article 7 ci-après :

2. Le contingent attribué à chaque possesseur lui est fourni par l'intermédiaire d'un comité central de répartition.

Ce comité, nommé par arrêté ministériel, est composé d'un président, de six membres choisis parmi les marchands grainetiers et de six membres choisis parmi les entrepreneurs de transports.

3. L'Office central des céréales, institué au Ministère du Ravitaillement général par le décret du 31 juillet 1917, assure seul au comité central de répartition la fourniture des avoines nécessaires à la nourriture des chevaux et des mulets.

4. Avant le 5 novembre 1917, chaque possesseur doit faire connaître à la Préfecture de police pour Paris, et à la mairie de sa commune pour le reste du département de la Seine, le nombre des chevaux et des mulets dont il doit assurer l'alimentation, en spécifiant le nombre des chevaux de trait léger, c'est-à-dire d'un poids

inférieur à 500 kilogrammes, et celui des chevaux de gros trait, c'est-à-dire d'un poids supérieur à 500 kilogrammes.

Une déclaration devra également être faite aux mêmes autorités lorsque l'effectif des animaux déclarés viendra à être modifié.

Toute déclaration inexacte entraînera les sanctions prévues à l'article 11 du présent décret.

5. Le possesseur devra mentionner dans sa déclaration, en même temps que le nombre des chevaux et des mulets, le nom et l'adresse du fournisseur qu'il aura choisi.

Il adressera un double de sa déclaration à ce fournisseur.

6. A la date du 8 novembre 1917 au plus tard, chaque fournisseur devra envoyer à l'Office central des céréales la liste des possesseurs de chevaux et de mulets qui l'auront désigné.

De leur côté, le préfet de police et les maires des communes du département de la Seine feront parvenir à l'Office central des céréales, le 8 novembre au plus tard, le relevé des déclarations qu'ils auront reçues.

7. La ration journalière est fixée d'après les bases suivantes :

4 kilogr. 750 pour les chevaux de trait léger et les mulets;

8 kilogrammes pour les chevaux de gros trait.

8. Demeurent applicables aux attributions d'avoine réglementées par le présent décret les dispositions de l'article 10 du décret du 31 juillet 1917.

9. Le transport des avoines sur charrettes, camions automobiles et autres véhicules n'est autorisé, dans le département de la Seine, que pour les avoines transportées à destination de l'Office central des céréales et pour celles transportées avec une autorisation du comité central de répartition institué à l'article 2.

10. La réglementation établie par le présent décret pour le département de la Seine pourra être étendue dans les centres importants des autres départements par arrêté préfectoral approuvé par le Ministre du Ravitaillement général.

11. Toute inobservation des dispositions du présent décret sera passible des sanctions prévues à l'article 15 du décret du 31 juillet 1917 relatif au régime des céréales.

12. Les dispositions du présent décret entreront en application à partir du 15 novembre 1917.

13. Sont abrogées toutes dispositions contraires au présent décret.

14. Le Ministre du Ravitaillement général est chargé de l'exécution du présent décret.

ARRÊTÉ DU MINISTRE DU RAVITAILLEMENT GÉNÉRAL DU 30 OCTOBRE 1917

désignant les membres du comité central de la répartition de l'avoine dans le département de la Seine.

(*Journal officiel* du 1er novembre 1917.)

Le Ministre du Ravitaillement général,

Vu le décret du 30 octobre 1917 relatif à la répartition de l'avoine dans le département de la Seine,

Arrête :

Article premier. Le comité central institué par l'article 2 du décret du 30 octobre 1917 relatif à la répartition de l'avoine dans le département de la Seine est composé comme il suit :

Président.

M. Benedic (Léon), vice-président de la Chambre syndicale des entrepreneurs de subsistances militaires.

Membres.

MM. Belhomme (H.), membre du comité de la Chambre syndicale des grains et farines de Paris.

Beugnot (H.), syndic de la Chambre syndicale des grains et fourrages.

Fournier (P.), syndic de la Chambre syndicale des grains et fourrages.

Grandin (Maurice), vice-président de la Chambre syndicale des grains et farines.

Denis, président de l'Union commerciale et industrielle de Levallois-Perret.

Faraut, secrétaire de la Chambre syndicale des entrepreneurs de voitures de commerce, à Paris.

Gillet (A.), syndic de la Chambre syndicale des grains et fourrages.

Ameline, vice-président du Syndicat des transports.

Gabreau, président de la Chambre syndicale des transports et camionnages.

Gourdon, chef des approvisionnements de la Compagnie générale des voitures, à Paris.

Paul (V.), président du Syndicat des entrepreneurs des voitures de commerce.

Remy, conseiller prud'homme, entrepreneur de transports

2. Le directeur du ravitaillement est chargé de l'exécution du présent arrêté.

CIRCULAIRE DU MINISTRE DU RAVITAILLEMENT GÉNÉRAL

DU 30 OCTOBRE 1917

modifiant les groupements de départements formés pour la répartition du sucre raffiné.

(*Journal officiel* du 1er novembre 1917.)

Par arrêté en date du 26 octobre 1917, le Ministre du Ravitaillement général a modifié ainsi qu'il suit, à dater du 1er novembre 1917, les groupements de départements formés pour la répartition du sucre raffiné :

Sont rattachés :

1° Au bureau régional de Paris : l'Ain, la Loire, la Haute-Savoie et le Puy-de-Dôme pour partie ;

2° A la raffinerie de Brienon : la Nièvre ;

3° A la raffinerie de Chalon-sur-Saône : le Doubs ;

4° Au bureau régional de Bordeaux : l'Ariège, le Gers, le Lot-et-Garonne, les Hautes-Pyrénées.

INSTRUCTION INTERMINISTÉRIELLE

DU 30 OCTOBRE 1917

relative à la constitution et au fonctionnement des diverses commissions d'évaluation et de la Commission centrale des réquisitions.

(*Journal officiel* du 31 octobre 1917.)

CHAPITRE PREMIER.

COMMISSIONS DÉPARTEMENTALES.

---

§ 1er. — *Organisation.*

Les commissions départementales d'évaluation dont la création est prévue à l'article 24 de la loi du 3 juillet 1877 sont composées suivant les règles fixées aux articles 45, 46, 47 du décret du 2 août 1877, modifié par celui du 2 avril 1916.

Le président, le secrétaire et les membres militaires sont nommés par les gouverneurs militaires ou les généraux commandants de région : les préfets désignent les membres civils à la nomination de ces officiers généraux.

Parmi les membres civils devront se trouver au moins un agriculteur et un commerçant ou industriel. Le directeur des services agricoles, s'il n'est pas membre de la commission, assiste aux séances tenues par elle et y a voix consultative.

Les officiers appelés à faire partie des commissions départementales doivent être choisis parmi ceux qui sont dégagés de toute obligation militaire ou inaptes à servir aux armées et reconnus aptes à remplir des fonctions sédentaires.

La liste des membres de chaque commission est constamment tenue à jour, de concert avec le préfet du département; cette liste comprend des membres suppléants en nombre suffisant pour parer aux besoins.

Les commissions départementales fonctionnent dans les conditions indiquées aux articles 24 de la loi du 3 juillet 1877, 47, 49 et 50 du décret du 2 août suivant.

Il y a intérêt, toutes les fois que le nombre des réquisitions exercées est important, à ce que la commission départementale soit divisée en sections, ainsi qu'il est prévu au deuxième alinéa de l'article 47 du décret du 2 août 1877, modifié par celui du 2 avril 1916.

En ce qui concerne leurs délibérations et leurs décisions, les commissions départementales jouissent d'un pouvoir propre et d'une pleine indépendance.

Elles sont sous l'autorité du Ministre de la Guerre. En ce qui touche à leur discipline et à leur administration, cette autorité s'exerce par l'intermédiaire des généraux commandant les régions.

Les relations des commissions départementales avec la commission centrale des réquisitions ont lieu par l'intermédiaire des préfets.

§ 2. — *Établissement des tarifs de base des indemnités de réquisition.*

Les commissions départementales d'évaluation déterminent, suivant la situation économique du département, les catégories de prestations pour lesquelles il y a lieu d'établir des tarifs. Elles peuvent être invitées à les étendre à d'autres catégories de prestations, elles dressent les projets de tarifs départementaux et les soumettent à l'approbation du Ministre.

Pour certaines prestations, il y a intérêt à ce que le tarif ministériel soit le même dans tous les départements; pour d'autres, à ce que les tarifs uniformes soient arrêtés par région agricole. Il s'ensuit que, tout en tenant compte des propositions des diverses commissions départementales, le Ministre est souvent obligé de s'en écarter par raison d'uniformité.

Les commissions d'évaluation ne doivent pas perdre de vue que les réquisitions dépendent de la volonté seule de l'État, agissant pour cause de nécessité publique, qu'elles n'ont pas, par suite, le caractère d'un achat commercial et que les indemnités à allouer, en représentation de la valeur des prestations, conformément au principe posé à l'article 2 de la loi du 3 juillet 1877, ne sauraient, en temps de guerre, être basées exclusivement sur les mercuriales ou les prix du commerce. Elles doivent être calculées en tenant compte uniquement de la « perte que la dépossession de sa chose impose au prestataire, abstraction faite du gain qu'aurait pu lui procurer la hausse des prix faussés, soit par la spéculation ou l'accaparement, soit par toutes autres circonstances imputables à l'état de guerre et notamment par l'exercice même du droit de réquisition » (Arrêt de la Cour de Cassation en date du 6 mars 1917. — Aff. Erichsen, Rothe et Ce.)

Lorsque les tarifs ont été approuvés par le Ministre, ils sont notifiés confidentiellement par l'autorité militaire régionale aux autorités civiles et militaires qui sont appelées à en faire usage.

Les modifications qu'il y aurait lieu d'apporter aux tarifs départementaux, soit au point de vue des prix, soit à celui des catégories de prestations, sont étudiées, proposées, approuvées et notifiées dans les mêmes conditions que pour le premier établissement de ces tarifs. Les propositions de ces commissions sont formulées d'après un modèle uniforme arrêté par le Ministre.

Les rapports des commissions départementales avec la commission centrale sont indiqués dans la partie de la présente instruction qui traite de cette assemblée.

§ 3. — *Avis sur la fixation des indemnités.*

Les commissions départementales sont appelées à donner leur avis sur les prix de chaque prestation et sur les différences qui peuvent se produire entre les quantités réclamées et celles qui résultent des reçus de réquisition. (Art. 50 du décret du 2 août 1877.)

Elles basent cette évaluation sur les tarifs, arrêtés par le Ministre, qui étaient en vigueur à la date de la réquisition, en observant que les prix à appliquer aux réquisitions ne doivent jamais être supérieurs à ceux pratiqués, à la même date, pour les achats à caisse ouverte.

Lorsque l'évaluation faite par une commission départementale aboutit à une indemnité importante pour laquelle il ne peut être fait usage d'aucun tarif préétabli, elle soumet au Ministre, en projet, ses propositions détaillées avant de transmettre le dossier au sous-intendant militaire compétent.

Pour un certain nombre de prestations dont l'évaluation est particulièrement délicate et nécessite des compétences spéciales (hôtels ou établissements transformés en hôpitaux temporaires, exploitations agricoles, terrains cultivés ou boisés, matériel de chemins de fer, machines-outils, etc...), le Ministre peut recourir tout d'abord à des commissions spéciales, de composition analogue à celles légalement prévues pour évaluer les indemnités de réquisition des établissements industriels. Il fixe alors le montant de l'indemnité à offrir amiablement au prestataire. Si celui-ci accepte, la commission départementale n'a pas à intervenir ; s'il refuse, la commission départementale est saisie du dossier de l'affaire, y compris l'avis de la commission spéciale et l'offre amiable faite par le Ministre après avis de la commission centrale. La procédure prévue au titre 5 de la loi du 3 juillet 1877 reprend alors son cours.

Les commissions départementales d'évaluation sont appelées à jouer éventuellement dans le règlement des indemnités dues pour les réquisitions exercées en vertu de la loi du 20 avril 1916 sur la taxation des denrées et substances (art. 5 et 6) le même rôle que pour celles qui sont exercées en vertu de la loi du 3 juillet 1877.

Elles peuvent aussi être appelées à proposer au Ministre compétent les tarifs à appliquer pour les achats à caisse ouverte, dans les conditions qui leur sont indiquées sous le timbre du service du ravitaillement.

Enfin, sur l'ordre du Ministre, elles peuvent avoir à donner leur avis sur toute autre question concernant l'exercice de la réquisition ou le règlement des indemnités.

CHAPITRE II

COMMISSIONS D'ÉVALUATION DES RÉQUISITIONS RELATIVES AUX VOIES NAVIGABLES ET DES RÉQUISITIONS DE COMBUSTIBLES ET MINES DE COMBUSTIBLES.

Les commissions chargées de l'évaluation des indemnités dues pour réquisitions exercées par les ingénieurs du service de la navigation, d'une part, et, d'autre part, pour réquisition de combustibles et mines de combustibles exercées par l'autorité militaire avec le concours et sous la surveillance des ingénieurs des mines, fonctionnent dans les conditions prévues aux titres X et XI de la loi du 3 juillet 1877, modifiée par la loi du 27 mars 1906, et des décrets du 2 août 1877, modifiés par celui du 13 novembre 1907.

Pour permettre au Ministre d'intervenir dans la fixation des prix, les commissions dont il s'agit doivent lui soumettre les projets de tarifs qu'elles proposent d'appliquer à l'évaluation des indemnités rentrant dans leur compétence.

Lorsqu'elles ont à évaluer une indemnité importante pour laquelle il ne peut être fait usage d'aucun tarif préétabli, elles soumettent au Ministre en projet leurs propositions détaillées avant de transmettre les dossiers au sous-intendant militaire compétent.

Les propositions visées dans les deux alinéas précédents sont adressées à la Commission centrale des réquisitions (Ministère de la Guerre). Celle-ci les soumet, avec son avis, à la décision du Ministre ou du Sous-Secrétaire d'État compétent.

CHAPITRE III

COMMISSIONS SPÉCIALES D'ÉVALUATION.

Les commissions d'évaluation prévues au titre XII de la loi du 3 juillet et du décret du 2 août 1877 modifiés par la loi du 23 juillet 1911 et le décret du 2 août 1914 ont la composition prévue par lesdites lois et décrets et fonctionnent suivant les instructions ministérielles spéciales à chaque nature de prestation (1).

Les commissions spéciales visées au paragraphe 3, chapitre 1 ci-dessus, fonctionnent dans les conditions fixées par des instructions ministérielles particulières (1).

Les propositions des commissions dont il s'agit, accompagnées des dossiers contenant tous les éléments d'appréciation, sont transmises à la commission centrale des réquisitions (ministère de la guerre).

CHAPITRE IV.

§ 3. — *Composition.*

COMMISSION CENTRALE DES RÉQUISITIONS.

La Commission centrale prévue à l'article 44 du décret du 2 août 1877 comprend, sous la présidence d'un contrôleur général de l'administration de l'armée :

1° Des membres civils appartenant à des administrations publiques étrangères à l'armée ;

2° Un agriculteur et deux membres de la chambre de commerce de Paris;

3° Des membres appartenant à des services militaires.

Le nombre de ces derniers doit être tel que la majorité appartienne aux membres des deux premières catégories (2).

Outre les membres ayant voix délibérative, la Commission peut comprendre, à

(1) 5 septembre 1915; 27 mars, 9 mai, 22 juin, 20 juillet et 20 novembre 1916.

(2) La composition actuelle de la Commission est la suivante :

Un Contrôleur général de l'administration de l'Armée, président;

Un Délégué de chacun des Ministres de l'Intérieur, des Finances, des Travaux Publics, du Commerce, de l'Agriculture;

Un Inspecteur des Finances, un Agriculteur;

Deux Membres de la Chambre de Commerce de Paris;

Un Contrôleur de l'Administration de l'Armée, rapporteur;

Un Sous-Intendant militaire;

Un Délégué du Ministre de l'Armement, un Délégué du Sous-Secrétaire d'État des fabrications de guerre, un Délégué du Ministre du Ravitaillement général, un Délégué du Sous-Secrétaire d'État du Service de Santé;

Un Sous-Intendant militaire du cadre auxiliaire, secrétaire.

titre consultatif, des membres spécialement désignés par le Ministre en raison de leur compétence spéciale, et s'adjoindre toute autre personne jugée apte à éclairer ses travaux.

Le président et les membres de la Commission appartenant à l'armée ou aux administrations publiques sont nommés par le Ministre de la Guerre, sur la proposition des Ministres, Sous-Secrétaires d'État ou directeurs dont relèvent les services auxquels ils appartiennent.

Les membres de la chambre de commerce de Paris et l'agriculteur sont nommés par le Ministre de la Guerre, les premiers sur la proposition du président de cette chambre, le dernier sur la proposition du Ministre de l'Agriculture.

Le fonctionnement des services de la Commission centrale est rattaché à la direction du contrôle du ministère de la guerre.

§ 2. — *Attributions.*

Les attributions de la Commission centrale des réquisitions ont été définies sommairement à l'article 44 du décret du 2 août 1877. L'arrêté interministériel du 5 mars 1917 les a étendues aux réquisitions exercées pour le compte des départements ministériels dont relèvent les services de l'armement et des fabrications de guerre, des travaux publics, des transports et du ravitaillement, aussi bien pour ce qui concerne le ravitaillement de la population civile (lois des 20 et 22 avril 1916) que pour l'approvisionnement des divers services de l'Armée.

Ces attributions embrassent principalement :

1° Les rapports avec les Commissions départementales et les Commissions spéciales d'évaluation ;

2° Les mesures à prescrire pour assurer l'uniformité et la régularité des liquidations ;

3° Les avis à émettre sur toutes les difficultés auxquelles peut donner lieu le règlement des indemnités de réquisition, quel que soit le département ministériel au budget duquel elles sont imputables.

§ 3. — *Rapports avec les commissions départementales et les commissions spéciales d'évaluation.*

Les tarifs établis par les commissions départementales et qui doivent être arrêtés par le Ministre de la guerre (article 48 du décret du 2 août 1877), par les autres Ministres intéressés chacun en ce qui le concerne, ou par les Sous-Secrétaires d'État ayant délégation à cet effet, sont transmis à la Commission centrale des réquisitions qui est pour cet objet le conseil de chacun des Ministres.

Il en est de même, le cas échéant, pour les propositions de tarif établies par les commissions d'évaluation des réquisitions exercées sur les voies navigables ainsi que par les commissions d'évaluation des réquisitions de combustibles ou mines de combustibles.

La Commission centrale provoque, au besoin, les explications des diverses commissions d'évaluation et se fait communiquer les éléments qui ont servi à la détermination des prix.

Il lui appartient de choisir le mode de tarification uniforme qui devra être mis en pratique pour les divers objets susceptibles d'être réquisitionnés, dans chaque département ou dans chaque circonscription de commission d'évaluation, d'en préparer ou d'en contrôler l'application.

Les propositions des commissions spéciales concernant l'évaluation des indemnités de réquisition applicables aux établissements industriels, immeubles employés comme hôpitaux complémentaires, établissements agricoles, terrains, bois, etc., sont également soumises à l'examen de la Commission centrale des réquisitions qui établit les projets des décisions à prendre, dans chaque cas d'espèce, par les Ministres ou Sous-Secrétaires d'État intéressés.

§ 4. — *Liquidation et règlement des indemnités.*

Toutes les mesures à prendre, toutes les instructions à donner touchant le mode d'évaluation, de liquidation et de règlement des indemnités de réquisition doivent être centralisées par la Commission centrale des réquisitions de manière à assurer d'une façon rigoureuse, non seulement pour les divers services de la guerre, mais aussi pour tous les départements ministériels ayant à exercer des réquisitions, l'unité de doctrine et de forme indispensable pour éviter qu'un prestataire puisse se considérer comme lésé par rapport aux autres.

D'une manière générale, la Commission doit s'attacher à sauvegarder les intérêts du Trésor tout en respectant les droits des prestataires.

Lorsque la procédure légale de règlement d'une réquisition est remplacée par une convention amiable et que, en raison de son importance, l'approbation de cette convention est réservée au Ministre, le dossier doit, au préalable, en être communiqué pour avis à la Commission centrale des réquisitions.

Il en est de même pour les conventions transactionnelles autorisées au cours de la procédure.

Après leur examen par les divers bureaux de l'administration de la guerre, les rapports de liquidation spéciaux aux dépenses de réquisition sont communiqués à la Commission centrale avec les feuilles de vérification auxquelles elles ont pu donner lieu; la Commission s'assure que les pièces justificatives des dépenses sont régulières, que les indemnités ont été payées sur la base des tarifs légaux ou des tarifs arrêtés par le Ministre et, d'une façon générale, que toutes les prescriptions légales et réglementaires ont été observées; le cas échéant, elle propose au Ministre les sanctions qui lui paraissent nécessaires.

Lorsqu'elle constate que les tarifs légaux ont été dépassés, elle propose au Ministre de prendre des arrêtés de débet pour faire rentrer dans les caisses du Trésor les sommes indûment payées.

§ 5. — *Difficultés contentieuses.*

Les demandes ou réclamations adressées au Ministre par les prestataires relativement à l'évaluation ou au règlement des réquisitions doivent être examinées par la Commission centrale qui propose aux Ministres ou Sous-Secrétaires d'État les suites à y donner.

Les dossiers relatifs aux difficultés rencontrées, soit par les commissions d'évaluation, soit par les sous-intendants militaires, à l'occasion du règlement des indemnités, sont transmis pour examen à la Commissien centrale.

Les conditions dans lesquelles les sous-intendants militaires ont le pouvoir de transiger sont fixées par une instruction spéciale du Ministre de la Guerre.

Si le tribunal saisi de la contestation ne statue qu'en premier ressort (art. 26 de la loi du 3 juillet 1877), il appartient au Ministre de décider qu'il sera fait appel, sauf pour ce qui concerne les jugements de paix, pour lesquels un décret spécial a délégué aux Directeurs régionaux de l'intendance le droit de statuer (décret du 4 décembre 1916).

Pour les jugements rendus en dernier ressort, le Ministre aura à examiner s'ils ne sont pas susceptibles d'être déférés à la Cour de cassation pour vice de forme ou violation de la loi.

Dans chacune de ces diverses éventualités, la Commission centrale préparera un projet de décision qui sera soumis au Ministre ou Sous-Secrétaire d'État intéressé, en même temps que l'avis du service compétent de l'Administration centrale.

Pour lui permettre de remplir ce mandat, il est nécessaire qu'elle soit saisie de toutes les réclamations et qu'en outre toutes les décisions judiciaires intervenues soient portées à sa connaissance, de manière à ce qu'il puisse être donné aux autorités locales les indications utiles à la défense des intérêts de l'État.

§ 6. — *Section du contentieux des réquisitions.*

Avant d'être soumise à la Commission centrale, les affaires litigieuses et contentieuses seront étudiées par une « section du contentieux des réquisitions » comprenant :

Un membre civil de la Commission centrale, président ;

Un contrôleur de l'Administration de l'armée faisant partie de la Commission ;

Un représentant permanent de chacun des services intéressés désigné par le Sous-Secrétaire d'État ou directeur de ce service ;

L'avocat de l'Administration de la guerre au Conseil d'État et à la Cour de cassation ;

Enfin, toute autre personne apte à éclairer ses travaux.

Les avis et projets de décision préparés par cette section seront soumis à l'homologation de la Commission centrale des réquisitions.

§ 7. — *Attributions diverses.*

La Commission centrale pourra encore être consultée par les Ministres compétents :

1° Sur l'opportunité de la réquisition totale de certains établissements industriels prévue au quatrième alinéa de l'article 58 de la loi du 3 juillet 1877 modifiée par celle du 23 juillet 1911 ;

2° Sur toutes les difficultés auxquelles donnerait lieu l'interprétation des lois concernant les réquisitions, même en dehors de l'évaluation et du règlement des indemnités.

Enfin, il est nécessaire que la Commission centrale soit tenue au courant, par chacun des départements ministériels et des services compétents, des ordres donnés au nom des Ministres, tant pour les réquisitions d'établissements industriels que pour les réquisitions générales frappant, en totalité ou en partie, tel ou tel produit agricole ou industriel. La Commission sera ainsi en mesure de donner aux Commissions d'évaluation les instructions relatives au règlement de ces réquisitions.

La présente instruction annule et remplace celle du 10 mai 1894 ainsi que les divers documents qui ont modifié le texte.

ARRÊTÉ DU 30 OCTOBRE 1917

nommant des membres et un secrétaire de la Commission chargée d'étudier l'outillage frigorifique nécessaire, soit à l'importation des viandes, soit à la conservation des produits de pêche.

(*Journal officiel* du 31 octobre 1917.)

LE SOUS-SECRÉTAIRE D'ÉTAT DES TRANSPORTS MARITIMES ET DE LA MARINE MARCHANDE

ARRÊTE :

Sont nommés Membres de la Commission instituée par l'arrêté du 17 octobre 1917 en vue d'étudier l'outillage frigorifique nécessaire, soit à l'importation des viandes, soit à la conservation des produits de pêche :

MM. DE DIANOUS, ingénieur en chef de la Compagnie française du froid sec.

BARRIER, ingénieur du Service administratif de la guerre, chef de la Section du matériel frigorifique du camp retranché de Paris.

BOUTARIC (Edouard), vétérinaire-major de 2me classe,

CABS (Maurice), publiciste.

ROLDES (Maxence), directeur de *l'Économiste Parlementaire.*

RIVELLI, Président de la Fédération des Syndicats maritimes.

M. POLIDOR, chef de la Section des pêches, au Sous-Secrétariat d'État des transports maritimes et de la marine marchande, est nommé secrétaire dudit comité.

ORDONNANCE DU PRÉFET DE POLICE

DU 31 OCTOBRE 1917

concernant la vente des Pâtes alimentaires.

NOUS, PRÉFET DE POLICE,

Vu : 1° Les arrêtés des 12 messidor an VIII et 3 brumaire an IX ;

2° La loi du 20 avril 1916 sur la taxation des denrées et substances ;

3° L'arrêté ministériel du 21 août 1917, notamment dans son article 4 disposant que « par mesure transitoire les stocks de pâtes alimentaires..... pourront être vendus à des prix supérieurs à ceux établis par l'article 1er, sous condition que ces stocks auront été déclarés avant le 1er septembre, au Préfet de Police pour le département de la Seine.... » et en outre que « ces stocks de pâtes alimentaires devront être écoulés avant le 15 octobre » ;

4° Les instructions de M. le Ministre du Ravitaillement général prorogeant le délai de vente de ces stocks jusqu'au 31 octobre ;

Considérant que dans l'intérêt du consommateur il importe que ce délai ne soit pas prolongé, afin de lui permettre de se procurer des pâtes alimentaires dans les conditions prévues par l'arrêté ministériel survisé ;

Sur la proposition du Secrétaire général,

ORDONNONS CE QUI SUIT :

ARTICLE PREMIER. A partir du 1er novembre, à Paris et dans le département de la Seine, les prix de vente au détail des pâtes alimentaires sont fixés ainsi qu'il suit :

Pâtes en vrac.....................................	Le kilogr.	1 fr. 70
— en paquets de 500 grammes..............	Le paquet	1 fr. »
— — 250 grammes..............	—	0 fr. 55

2. Les infractions à la présente ordonnance seront relevées par des procès-verbaux qui seront transmis aux tribunaux compétents.

3. La présente ordonnance sera publiée et affichée.

Le Secrétaire général, les Maires des communes du département de la Seine, les fonctionnaires et agents de la Préfecture de police sont chargés, chacun en ce qui le concerne, de son exécution.

CIRCULAIRE DU MINISTRE DE L'AGRICULTURE AUX PRÉFETS

DU 3 NOVEMBRE 1917

relative aux attributions des Directeurs des Services agricoles et des Professeurs d'agriculture

(*Journal officiel* du 4 novembre 1917.)

Les instructions que je vous ai adressées récemment en vue de l'intensification des semailles ne pourront produire leur effet que si les directeurs des services agricoles et les professeurs d'agriculture ont le temps de se consacrer à cette tâche essentielle. Or mon attention a été souvent appelée sur le fait que ces fonctionnaires ne peuvent plus s'occuper utilement de l'agriculture dans leurs circonscriptions parce qu'ils sont absorbés par une besogne de bureau étrangère à leurs attributions normales.

On leur confie souvent tout le service du ravitaillement qui pourrait être assuré par d'autres fonctionnaires ou personnalités qualifiées du département. Ils sont chargés de la répartition du sucre, du charbon, de la farine, du blé, du cuir, de l'essence, etc., non seulement aux agriculteurs, mais aussi aux populations des villes. Il leur est, par suite, matériellement impossible de parcourir les campagnes et d'apporter au Ministère de l'agriculture une collaboration efficace en agissant auprès des agriculteurs.

Cette situation anormale, contraire aux intérêts généraux du pays et qui a d'ailleurs été condamnée à diverses reprises par des membres du Parlement, ne doit pas se prolonger davantage. J'ai décidé que dorénavant les directeurs des services agricoles et les professeurs d'agriculture cesseront de prêter leur concours à d'autres administrations que celle de l'agriculture. Ils continueront, bien entendu, à représenter les intérêts agricoles dans les commissions, comités ou offices, dont ils ont été nommés membres sur ma demande ou avec mon autorisation et qui dépendent d'autres départements ministériels.

CIRCULAIRE DU MINISTRE DE L'AGRICULTURE AUX DIRECTEURS DES SERVICES AGRICOLES

DU 3 NOVEMBRE 1917

relative aux attributions de ces fonctionnaires et des professeurs d'agriculture.

(*Journal officiel* du 4 novembre 1917.)

La situation économique de notre pays exige impérieusement que vous consacriez tous vos efforts à l'intensification de la production agricole et en particulier de la production des céréales. Je vous invite, en conséquence, ainsi que les professeurs d'agriculture placés sous votre autorité, à cesser dorénavant de prêter votre concours à d'autres administrations, qui vous surchargent d'un travail de bureau incompatible avec votre rôle essentiel. Vous continuerez, bien entendu, à représenter les intérêts agricoles dans les commissions, comités ou offices dont vous avez été nommés membres sur ma demande ou avec mon autorisation et qui dépendent de départements ministériels autres que celui de l'agriculture.

Je vous prie de vouloir bien, dès la réception de la présente circulaire, entreprendre des tournées d'inspection et de propagande, à la suite desquelles vous m'adresserez des rapports sur vos observations et sur les mesures que vous aurez prises ou provoquées.

Vous voudrez bien donner communication de la présente circulaire aux professeurs d'agriculture de votre département et les charger d'effectuer dans leurs circonscriptions des tournées semblables, à la suite desquelles ils vous adresseront des rapports, que vous me transmettrez avec votre avis.

Je désire recevoir vos rapports et ceux de vos collaborateurs périodiquement tous les deux mois. Les premiers devront me parvenir dans la deuxième quinzaine de décembre.

Je ne doute pas que, grâce à votre dévouement et à votre connaissance des conditions de l'agriculture dans votre département, l'action directe que vous exercerez ainsi sur les cultivateurs n'ait le plus heureux effet pour l'accroissement de nos récoltes. Je tiendrai d'ailleurs un compte tout particulier de la façon dont vous et vos collaborateurs vous serez acquittés de cette tâche, dans l'appréciation de vos titres à l'avancement.

CIRCULAIRE DU MINISTRE DE L'AGRICULTURE AUX PRÉFETS

DU 3 NOVEMBRE 1917

relative aux semences de blé de Manitoba.

Je vous ai invité à prendre toutes les mesures en votre pouvoir pour étendre le plus largement possible la culture du blé, et je suis persuadé que les efforts que vous ferez dans ce sens donneront des résultats importants.

Il y a lieu, toutefois, d'envisager le cas où des circonstances particulières empêcheraient d'ensemencer en blé d'automne toutes les terres préparées à cette fin.

Il convient donc d'examiner, dès à présent, les dispositions propres à assurer les semences nécessaires aux cultures de printemps et particulièrement de blé.

Les variétés indigènes peuvent être insuffisantes et j'ai demandé à M. le Ministre du Ravitaillement général de vouloir bien mettre à la disposition de l'agriculture, comme l'an dernier, des semences de blé de Manitoba dont la culture a donné dans la plupart des cas des résultats excellents.

Je vous serais donc obligé de faire examiner par le directeur des services agricoles de votre département quelles sont les quantités de semence de blé de Manitoba qui lui paraissent nécessaires en dehors de celles qui s'y trouveraient déjà pour assurer, à défaut de variétés locales de printemps, l'ensemencement de la plus grande étendue de terre possible.

Je vous prie de m'adresser ce renseignement dans le plus bref délai.

ARRÊTÉ DU MINISTRE DU RAVITAILLEMENT GÉNÉRAL DU 7 NOVEMBRE 1917

instituant un Office central des fourrages.

(*Journal officiel* du 8 novembre 1917.)

LE MINISTRE DU RAVITAILLEMENT GÉNÉRAL,

Vu le décret du 8 septembre 1914, instituant le service du ravitaillement civil,

ARRÊTE :

ARTICLE PREMIER. Il est institué auprès du Ministère du Ravitaillement général un Office central des fourrages chargé de préparer les mesures propres à faciliter le ravitaillement national en fourrages et en paille et de concourir à leur exécution.

2. Les membres de l'Office central sont choisis parmi les techniciens de l'alimentation animale, les producteurs de fourrages et les représentants du commerce ; ils sont nommés par arrêté.

3. Le directeur du ravitaillement est chargé de l'exécution du présent arrêté.

DÉCRET DU 7 NOVEMBRE 1917

élevant à 500,000 francs, le maximum des avances à faire aux régisseurs du service du ravitaillement civil.

(*Journal officiel* du 10 novembre 1917.)

LE PRÉSIDENT DE LA RÉPUBLIQUE FRANÇAISE,

Sur le rapport du Ministre du Ravitaillement général et du Ministre des Finances ;

Vu le décret du 8 septembre 1914 qui a créé, sous l'autorité du Ministre du Commerce, de l'industrie, des Postes et des Télégraphes, un service chargé de concourir au ravitaillement de la population civile en facilitant l'importation et la répartition des denrées essentielles à son alimentation ;

Vu les lois des 16 octobre 1915 et 25 avril 1916 relatives au ravitaillement de la population civile en blé et en farine ;

Vu la loi du 20 avril 1916 sur la taxation des denrées et substances ;

Vu la loi du 29 juillet 1916 relative à la taxation et à la réquisition des céréales; la loi du 17 avril 1916 sur la taxation de l'avoine, du seigle, de l'orge, des sons et des issues, et la loi du 7 avril 1917 sur la taxation du blé;

Vu la loi du 8 avril 1917 relative à l'addition de farines de succédanés à la farine de froment et aux sanctions pénales applicables en cas d'inobservation des dispositions réglementant la vente et la consommation des denrées alimentaires;

Vu le décret du 27 octobre 1915 relatif à l'application de la loi du 16 octobre 1915; le décret du 27 juin 1916 relatif à l'application de la loi du 25 avril 1916; le décret du 30 juin 1916 relatif à l'application de la loi du 20 avril 1916; le décret du 8 avril 1917 relatif à l'application des lois relatives à la taxation du blé et à l'addition des farines de succédanés à la farine de froment; le décret du 3 mai 1917 relatif à la fabrication et au commerce de la farine; le décret du 13 juillet 1917 relatif à la taxation et à la déclaration des céréales; le décret du 31 juillet 1917 relatif au régime des céréales et au contrôle de la meunerie; le décret du 3 août 1917 relatif à la réglementation de la consommation du pain;

Vu l'article 94 du décret du 31 mai 1862 relatif aux avances qui peuvent être faites aux agents spéciaux des services administratifs régis par économie,

DÉCRÈTE :

ARTICLE PREMIER. L'article 1er du décret du 2 juin 1915 est modifié ainsi qu'il suit :

« Le maximum des avances qui peuvent être faites aux agents destinées par le Ministre du Ravitaillement général pour le payement des dépenses d'achat, de transport, de chargement, de déchargement, de réception, de manutention, de magasinage, de conservation et de répartition des denrées est porté à 500,000 francs.

« Aucune nouvelle avance ne pourra, dans cette limite de 500,000 francs, être faite qu'autant que toutes les pièces justificatives de l'emploi de l'avance précédente auront été fournies ou que la portion de cette avance dont il resterait à justifier aurait moins d'un mois de date. »

2. Le Ministre du Ravitaillement général et le Ministre des Finances sont chargés, chacun en ce qui le concerne, de l'exécution du présent décret.

CIRCULAIRE DU MINISTRE DE L'AGRICULTURE

DU 9 NOVEMBRE 1917

relative à l'approvisionnement des agriculteurs en machines agricoles.

(*Journal officiel* du 11 novembre 1917.)

L'importance des besoins de l'agriculture en instruments agricoles et en matières premières pour leur réparation m'a conduit à réaliser une entente avec le Ministère de l'armement et des fabrications de guerre pour faciliter dans la plus large mesure possible l'approvisionnement des constructeurs.

Je viens également, dans ce but, de créer, au Ministère de l'agriculture, le service du matériel agricole dont le rôle est précisé par l'arrêté du 15 octobre 1917 (inséré au *Journal officiel* du même mois).

J'ai l'intention d'ailleurs, pour prévenir les hausses exagérées, d'établir, d'accord avec les chambres syndicales intéressées, une tarification des machines et des instruments d'agriculture indispensables et de ne faire bénéficier des facilités d'approvisionnement que les constructeurs importateurs qui se seront engagés à se conformer à cette tarification.

Dans le cas où les agriculteurs de votre département éprouveraient des difficultés pour se procurer les machines et le matériel dont ils ont besoin pour leur exploitation, il vous appartiendrait d'encourager la création de groupements qui centraliseraient les commandes des intéressés et les feraient parvenir au Ministère de l'agriculture.

La chambre syndicale des constructeurs de machines et instruments d'agriculture et la chambre syndicale du commerce des machines agricoles de France, dont le siège est situé, 10, rue de Lancry, à Paris, en attendant le fonctionnement de ces groupements, recevront, directement, les commandes individuelles des agriculteurs qui n'auraient pas pu trouver de fournisseurs et s'efforceront d'y donner satisfaction.

Je vous serais obligé de me signaler les difficultés d'approvisionnement des cultivateurs de votre département en machines agricoles et de porter à la connaissance des intéressés les dispositions indiquées dans la présente circulaire.

ARRÊTÉ DU MINISTRE DU RAVITAILLEMENT GÉNÉRAL
DU 10 NOVEMBRE 1917
instituant un office central des vivres.

(*Journal officiel* du 11 novembre 1917.)

Le Ministre du Ravitaillement général,

Vu le décret du 8 septembre 1914 instituant le service du ravitaillement civil,

Arrête :

Article premier. Il est institué auprès du Ministère du ravitaillement général un office central des vivres appelés à donner son avis et à présenter des propositions sur les mesures propres à faciliter l'approvisionnement des organisations municipales, coopératives ou syndicales et des groupements commerciaux en denrées alimentaires de première nécessité.

Cet office central recherchera spécialement le moyen de lutter contre la hausse des prix dans les grandes agglomérations en s'efforçant de rapprocher la consommation de la production; il donnera son concours à la répartition des ressources provenant du territoire et de l'extérieur, en veillant à ce que dans les attributions il soit tenu compte de l'ordre de priorité des besoins.

2. Les membres de l'office central des vivres sont choisis parmi les membres des assemblées départementales et communales, des chambres de commerce, des groupements de producteurs et de commerçants, des associations ouvrières et des sociétés coopératives; ils sont nommés par arrêté.

3. Le directeur du ravitaillement est chargé de l'exécution du présent arrêté.

ARRÊTÉ DU MINISTRE DU RAVITAILLEMENT GÉNÉRAL

DU 12 NOVEMBRE 1917

complétant les dispositions de l'arrêté du 18 août 1917, relatif à la fabrication et à la vente du chocolat.

(*Journal officiel* du 16 novembre 1917.)

Le Ministre du Ravitaillement général et le Ministre du Commerce, de l'Industrie, des Postes et des Télégraphes,

Vu la loi du 3 août 1917;

Vu l'arrêté du 18 août 1917, relatif à la fabrication et à la vente du chocolat;

Vu l'arrêté du 12 novembre, instituant la commission technique du chocolat,

Arrêtent :

§ 1er. — *Produits alimentaires à base de cacao sucrés ou non. — Chocolats additionnés.*

Article premier. Les produits constitués par des mélanges de cacaos sucrés ou non et de matières premières alimentaires diverses, à l'exception des chocolats à base de lait régis par le paragraphe 2 du présent arrêté, sont soumis aux dispositions de l'article 3 de l'arrêté du 18 août 1917. En conséquence, lorsque ces produits auront une teneur en cacao de 32 p. 100 et au-dessus, leurs prix de vente au kilogramme par les fabricants aux commerçants ne pourront être supérieurs aux prix fixés par l'article 1er dudit arrêté.

Lorsqu'ils auront une teneur en cacao inférieure à 32 p. 100 leurs prix de vente en gros seront fixés suivant une échelle dégressive partant des prix admis par l'article 1er pour les produits contenant de 32 à 36 p. 100, avec un taux de dégression de 20 centimes pour 4 p. 100 de cacao.

2. L'écart des prix de vente aux consommateurs des produits spécifiés à l'article précédent, par rapport aux prix de vente aux commerçants, ne pourra dépasser l'écart fixé par l'arrêté du 18 août 1917, pour les cacaos sucrés de teneur variant de 32 à 36 p. 100, soit 70 centimes par kilogramme.

3. Les fabricants des produits alimentaires mentionnés à l'article 1er seront tenus de déclarer au Ministère du ravitaillement général la teneur en cacao du mélange qu'ils mettent en vente.

4. Les chocolats additionnés et les sucres au cacao visés par le décret du 19 décembre 1910 sont régis par les dispositions des articles 1er et 2 du présent arrêté.

§ 2. — *Confiseries de chocolat. — Chocolats fondants. — Chocolats à base de lait. — Produits de fantaisie à base de chocolat.*

5. Les fabricants de confiseries de chocolat, de chocolats fondants ou à base de lait et de tous produits de fantaisie à base de chocolat, devront inscrire quotidiennement, sur un registre spécial, les quantités de ces articles livrées par leurs usines et en adresser mensuellement un relevé à la commission technique du chocolat, instituée par l'article 5 de l'arrêté du 18 août 1917.

Cette commission est chargée de contrôler les déclarations.

En outre, les fabricants seront tenus de lui faire connaître, dans leur demande d'attribution de sucre, les quantités destinées soit à la fabrication des chocolats, des cacaos sucrés et des produits régis par le paragraphe 1er du présent arrêté, soit à celle des produits spécifiés au présent article.

6. Afin de faciliter l'application d'une réduction de 50 p. 100 des quantités de sucre employées pour fabriquer les produits mentionnés à l'article précédent, la commission technique du chocolat établira, pour les répartitions ultérieures, le contingent de sucre destiné à la fabrication de ces produits.

§ 3. — *Dispositions générales.*

7. Pour tenir compte de certaines coutumes locales antérieures à la guerre, il est permis de mettre en vente des tablettes de chocolat d'un moulage différent du moulage prévu à l'article 1er de l'arrêté du 18 août 1917.

Les prix de vente de ces tablettes sont fixés proportionnellement à ceux des tablettes réglementaires, tels qu'ils sont déterminés aux articles 1er et 2 de l'article précité.

8. Toute infraction aux dispositions du présent arrêté sera soumise à l'examen de la commission technique du chocolat et les fabricants ou commerçants qui seront reconnus avoir contrevenu à la présente réglementation seront passibles des sanctions prévues par l'article 5 de l'arrêté du 18 août 1917.

9. Le directeur du ravitaillement est chargé de l'exécution du présent arrêté.

ARRÊTÉ DES MINISTRES DU RAVITAILLEMENT GÉNÉRAL ET DU COMMERCE, DE L'INDUSTRIE, DES POSTES ET TÉLÉGRAPHES DU 12 NOVEMBRE 1917

nommant les membres de la commission du chocolat.

(*Journal officiel* du 16 novembre 1917.)

Le Ministre du Ravitaillement général et le Ministre du Commerce, de l'Industrie, des Postes et des Télégraphes,

Vu l'arrêté en date du 18 août 1917 relatif à la fabrication et à la vente du chocolat,

Arrêtent :

Article premier. La Commission spéciale prévue par l'article 5 de l'arrêté du 18 août 1917, relatif à la fabrication et à la vente du chocolat, est composée ainsi qu'il suit :

MM. Gaston Menier, *président*.
Maurice Guérin,
Louis Gérard,
Julien Potin,
Thomas,
Dufresne,

de la Chambre syndicale des chocolatiers de France.

2. Le Directeur du Ravitaillement est chargé de l'exécution du présent arrêté.

DÉCRET DU 12 NOVEMBRE 1917

relatif aux fonds à mettre à la disposition de l'Algérie pour la fourniture de céréales faite par la colonie au service métropolitain du ravitaillement et à l'emploi de ces fonds.

(*Journal officiel* du 13 novembre 1917.)

Le Président de la République française,

Sur le rapport des Ministres de l'Intérieur, des Finances et du Ravitaillement général;

Vu la loi du 24 avril 1833, article 25;

Vu l'ordonnance du 22 juillet 1834, article 4;

Vu le décret du 23 août 1898 sur le gouvernement et la haute administration de l'Algérie;

Vu la loi du 19 décembre 1908, portant création d'un budget spécial pour l'Algérie;

Vu le décret du 16 janvier 1902, sur le régime financier en Algérie;

Vu le décret du 13 février 1912, sur les attributions du contrôle des dépenses engagées du gouvernement général de l'Algérie et des territoires du Sud;

Vu les décrets des 4 janvier et 19 décembre 1916 concernant le ravitaillement en grains et en farines de la population civile en Algérie;

Vu le décret du 13 juillet 1917, relatif à la taxation et à la déclaration des céréales;

Vu l'avis du conseil de gouvernement de l'Algérie;

Vu l'avis du Gouverneur général de l'Algérie,

Décrète :

Article premier. Les blés, orges et avoines cédés par l'Algérie aux services du Ravitaillement général métropolitain seront payés aux prix maxima fixés pour les céréales de le métropole par l'article 1er du décret du 13 juillet 1917.

Les sommes représentant la différence intégrale, sans déduction des frais de transport par mer ou autres frais, entre ces prix et les prix maxima fixés pour l'Algérie par le gouvernement général, le conseil de gouvernement entendu, en exécution de l'article 79 de l'Instruction du Ministre de la Guerre du 20 mars 1905 sur l'utilisation méthodique des ressources de l'Algérie en temps de guerre par le service du Ravitaillement, seront laissées à la disposition de la colonie pour être utilisées avec telles autres ressources dont elle pourrait disposer, pour pallier aux conséquences de la guerre en ce qui concerne le renchérissement de la vie, dans des conditions qui seront soumises à l'approbation du Ministre de l'Intérieur.

Les prélèvements seront opérés par arrêté du gouverneur général, pris en conseil de gouvernement.

Tous les prix visés ci-dessus sont considérés comme moyens et forfaitaires. Ils s'entendent par conséquent sans modifications résultant du poids spécifique et de la teneur en matières étrangères, et en ce qui concerne les prix en Algérie sans déduction des primes de célérité et des frais de transport à quai d'embarquement.

Ces prix s'appliqueront à tous les grains qui seraient exportés d'Algérie, sur les instructions des services du ravitaillement général, quelle qu'en soit la destination, ainsi que pour le blé correspondant aux quantités de farines ou semoules qui seraient exportées par la colonie dans les mêmes conditions.

L'équivalence entre le blé et les farines ou semoules sera calculé d'après le taux d'extraction qui sert de base aux préfets pour la taxation de ces denrées dans la colonie.

2. Les opérations de recettes et de dépenses effectuées en conformité de l'article précédent seront constatées dans un compte spécial hors budget ouvert dans les écritures du Trésorier général de l'Algérie, sous la rubrique :

« Fonds provenant de la fourniture de céréales par l'Algérie au Service métropolitain du Ravitaillement et autres ressources devant recevoir l'affectation prévue par le décret du. . . »

Seront portées au crédit de ce compte :

1° Les sommes ordonnancées sur le budget de la métropole par le Ministre du Ravitaillement général, par application du présent décret ;

2° Toutes autres recettes devant recevoir la même affectation en vertu de décisions spéciales.

Seront inscrites au débit :

Les dépenses effectuées par application de l'article 1er, paragraphe 2, en vue de pallier aux conséquences du renchérissement de la vie.

3. Le montant des sommes dues par les services du Ravitaillement de la métropole sera déterminé d'après les quantités acquises pour le compte de ce ravitaillement.

Les états dressés dans ce but par le gouvernement général de l'Algérie seront appuyés des justifications fournies, selon le cas, par le Service de l'Intendance, le Service du Ravitaillement général ou le Service des Douanes. Ils seront établis à la fin de chaque mois et transmis au Ministre du Ravitaillement général, qui en ordonnancera aussitôt le montant au nom du Trésorier général de l'Algérie, à charge par ce dernier de porter les sommes ainsi ordonnancées au crédit du compte spécial hors budget prévu à l'article 2.

Les dépenses au titre du même compte feront l'objet d'ordres de payement délivrés par le Gouverneur général ou ses délégués.

4. Le Ministre du Ravitaillement général pourra, sur la proposition du Gouverneur général, et si les circonstances les justifient, consentir des provisions sur les sommes à verser par le budget métropolitain au compte spécial hors budget. Ces provisions seront déterminées d'après l'importance des fournitures effectuées, c'est-à-dire de céréales livrées à l'Intendance ou au Ministre du Ravitaillement, qu'elles soient stockées à l'intérieur de l'Algérie ou dans les ports algériens ou déjà expédiées hors d'Algérie, sur l'ordre du gouvernement métropolitain.

Les sommes destinées à être portées au crédit du compte spécial prévu à l'article 2 ci-dessus seront prélevées, en premier lieu, sur le montant de ces provisions.

5. Les dispositions réglementaires concernant le contrôle des dépenses engagées seront applicables aux dépenses à porter au compte spécial visé à l'article 2.

6. Une situation du compte spécial hors budget sera établie à la fin de chaque trimestre par le Service de la Trésorerie générale et adressée au Gouverneur général pour lui permettre de déterminer l'emploi des prélèvements opérés en conformité du paragraphe 2 de l'article 1er.

7. Les conditions dans lesquelles se fera la répartition des sommes destinées à parer au renchérissement de la vie seront fixées, après approbation du Ministre de l'Intérieur, par le Gouvernement général de l'Algérie, le conseil de Gouvernement entendu.

8. Le présent décret aura effet pour toutes les céréales provenant de la récolte de 1917 et acquises dans les conditions ci-dessus précisées.

9. Les Ministres de l'Intérieur, des Finances et du Ravitaillement général sont chargés, chacun en ce qui le concerne, de l'exécution du présent décret, qui sera publié au *Journal officiel* de la République française et inséré au *Bulletin des lois* ainsi qu'au *Bulletin officiel* du Gouvernement général de l'Algérie.

ARRÊTÉ DU MINISTRE DU RAVITAILLEMENT GÉNÉRAL

DU 13 NOVEMBRE 1917

désignant des membres de l'Office national des vivres.

(*Journal officiel* du 15 novembre 1917.)

LE MINISTRE DU RAVITAILLEMENT GÉNÉRAL,

Vu l'arrêté du 11 novembre 1917 instituant un Office central des vivres au Ministère du Ravitaillement général,

ARRÊTE :

ARTICLE PREMIER. Sont nommés Membres de l'Office central des vivres :

MM. BOUAT, président de l'Office technique du ravitaillement de Paris.

BERGE, vice-président de la Société nationale d'encouragement à l'agriculture.

BELLAMY, maire de Nantes.

CITROEN, chef du groupement n° 1 des coopératives des usines de guerre.

FETTU, président de la Chambre syndicale de l'épicerie française.

FIANCETTE, conseiller municipal de Paris.

DE FONTGALLAND, président de l'Union du Sud-Est des syndicats agricoles.

GATECLOUT, vice-président de la Chambre de commerce de Paris, président de la Commission centrale des réquisitions.

LALOU, conseiller municipal de Paris.

LAMY, président de la Chambre de commerce de Limoges.

LEVY, représentant des groupements ouvriers des coopératives des usines de guerre.

POISSON, secrétaire général de la Fédération nationale des coopératives de France.

PLUCHET, président de la Société des agriculteurs de France.

PREVET, président de l'Union des syndicats de l'alimentation de France.

ROLLIN, secrétaire honoraire de la Chambre syndicale des commissionnaires en bestiaux.

SELLIER, conseiller général de Paris.

WASEIGE, membre du comité, directeur du magasin en-gros des coopératives de France.

Le représentant des coopératives des armées.

2. Un représentant de la préfecture de la Seine;

Un représentant de la préfecture de police;

Un représentant du Ministère de l'Armement (Office de l'alimentation du personnel des usines de guerre),

Et les représentants du Ministère du Ravitaillement général font partie de droit de l'Office central des vivres.

3. Le directeur du Ravitaillement est chargé de l'exécution du présent arrêté.

INSTRUCTIONS DU MINISTRE DE L'AGRICULTURE

DU 13 NOVEMBRE 1917

aux Commissions départementales de la main-d'œuvre agricole relatives à la répartition de cette main-d'œuvre.

(*Journal officiel* du 15 novembre 1917.)

L'effort des cultivateurs français doit plus particulièrement porter:

1° Sur la production des aliments nécessaire à la vie de l'homme.

2° Sur la production des aliments nécessaires à l'entretien des animaux de trait et de boucherie, et sur la production de ces animaux eux-mêmes.

3° Sur la production des matières premières agricoles indispensables aux industries de guerre.

Ce leur est un devoir auquel nul d'entre eux n'a le droit de se soustraire et pour l'exécution duquel il ne faut rien ménager des forces et de l'énergie disponibles.

Et c'est à la production de ces denrées que doit être d'abord et avant tout employée la main-d'œuvre agricole dont dispose la Nation.

1° ALIMENTATION HUMAINE.

Au premier rang des aliments nécessaires à l'homme figure le blé qui constitue le fonds même de notre nourriture.

Étant donné que les soles sur lesquelles il est cultivé sont déjà tombées de 6 millions et demi d'hectares à 4 millions seulement, que, sous l'influence du manque d'engrais et de soins culturaux, les rendements moyens à l'hectare qui approchaient de 14 quintaux avant la guerre sont aujourd'hui de 10 quintaux à peine, tout doit concourir à ramener la production du blé aux anciens chiffres de 85 à 90 millions de quintaux, alors qu'elle n'est plus en 1917 que de 40 millions de quintaux environ.

Après le blé, il faut mettre sur le même plan les autres céréales panifiables:

Seigle, avoine, orge, maïs, sarrasin, millet.

Toutes ces céréales acquièrent une importance considérable du fait qu'elles entrent actuellement dans la composition du pain et permettent de faire l'économie de l'achat aux nations alliées, d'une partie des 40 à 45 millions de quintaux de blé qui nous manquent. Les produire, c'est limiter l'exportation de l'or français, c'est ménager le crédit de la France et rendre du fret disponible.

Le seigle vient en première ligne parce que dans des sols pauvres ou appauvris en raison des circonstances actuelles il donne à moindres frais un rendement supérieur à celui du blé.

L'avoine sert pour les chevaux de l'armée, de l'industrie et de l'agriculture elle-même, plus encore que pour l'homme, elle n'en doit pas moins être cultivée dans la plus large mesure possible, parce que si nous ne l'avions pas il faudrait la remplacar par d'autres céréales, notamment le maïs dont l'aire de production est plus limitée.

Le sarrasin, qui a servi longtemps à faire le pain de plusieurs de nos départements, reprend un rang honorable aujourd'hui qu'il est prouvé que, sans en altérer les qualités, il peut s'allier dans la proportion de 12 à 15 p. 100 à la farine de froment.

Le millet lui-même ne doit pas être négligé dans certains départements méridionaux; l'opportunité de sa culture est liée à des conditions locales qu'il appartiendra aux services agricoles de préciser.

A côté des céréales prennent rang les pommes de terre et les légumes verts ou secs; haricots, pois et lentilles.

Par la multiplicité de ses usages, la pomme de terre mérite la préséance; elle sert largement à l'alimentation humaine, et, avec la rareté des tourteaux, devient un facteur de plus en plus nécessaire à l'entretien des porcs dont l'élevage périclite gravement en face des besoins des consommateurs; si on avait d'assez grandes quantités, elle donnerait également de l'alcool dont les multiples usages n'échappent aujourd'hui à personne. Enfin, c'est une plante de grande culture pour laquelle il est possible de limiter jusqu'à un certain point la main-d'œuvre par l'emploi des instruments attelés.

Le topinambour est la pomme de terre des sols pauvres.

Haricots, pois et lentilles doivent retenir tout particulièrement l'attention; ces farineux sont des aliments riches en azote, susceptibles de remplacer la viande dans l'alimentation humaine: 10 à 12 quintaux de haricots secs à l'hectare fournissent un stock alimentaire du plus haut intérêt.

Immédiatement après la culture des pommes de terre et des haricots, celle des betteraves de sucrerie et de distillerie doit bénéficier de la main-d'œuvre d'État. Si l'on peut réduire le sucre dans l'alimentation, il faut cependant en prévoir une quantité minimum. Quant à l'alcool industriel, les fabrications de guerre n'en auront jamais assez.

A côté de l'alcool industriel et du sucre de betteraves viennent les oléagineux: colza, navette, œillette, ricin.

La vigne garde une place à part et la main-d'œuvre d'État doit lui être également réservée.

2° ALIMENTATION SPÉCIALE DES ANIMAUX.

Pour les animaux doivent être prévues les cultures suivantes:

Céréales: avoine, orge, sarrasin, déjà étudiées plus haut.

Plantes racines: pommes de terre et topinambours; betteraves à sucre et de distillerie (pulpes); betteraves fourragères; carottes fourragères; choux-navets, rutabagas et navets.

Choux-fourragers;

Graminées et légumineuses annuelles semées seules ou en mélanges sur des sols spécialement préparés à leur intention (vesces, pois, trèfle incarnat, alpiste), etc...

Légumineuses ou mélanges de graminées et de légumineuses semés dans une céréale, occupant les soles une année (trèfle minette), ou plusieurs années (luzerne, sainfoin, prairies temporaires).

Fourrages obtenus en culture dérobés entre deux récoltes principales (moutarde blanche, etc...).

Prairies naturelles fauchables.

Herbages.

La main-d'œuvre d'État sera utilement appliquée à toutes ces cultures. Aux unes, parce qu'elles demandent pour elles-mêmes un travail presque continu, tant pour la préparation du sol que pour la récolte des produits ; aux autres, parce qu'elles exigent des interventions de moins longue durée mais très actives (fenaison), qui prennent place entre les travaux nécessités par les plantes céréales et complètent ainsi l'emploi rationnel des détachés à la terre, des équipes agricoles et des prisonniers de guerre. — Toutes les plantes citées fournissent, d'ailleurs, soit des stocks importants de fourrages indispensables, soit des engrais verts qui gardent les nitrates du sol à la disposition du cultivateur, ou même apportent de nouvelles provisions d'azote.

L'expérience montre que sur presque tous les points de notre territoire la main-d'œuvre de secours est, depuis la guerre, absolument nécessaire pour assurer la récolte des fourrages ; son intervention se justifie aussi dans certains cas pour l'entretien des herbages. Toutefois, dans ce dernier cas, aussi bien que pour les soins à donner aux animaux eux-mêmes, il appartiendra aux organisations locales de main-d'œuvre agricole de décider dans quelle mesure la main-d'œuvre d'État pourra être employée; celle-ci devra être, autant que faire se pourra, réservée aux travaux où femmes, vieillards ou enfants ne sauraient la suppléer. Il y a lieu de signaler pour mémoire l'entretien proprement dit du bétail et l'élevage.

3° PLANTES INDUSTRIELLES.

La production de moins en moins grande de la laine par suite de la réduction progressive du troupeau ovin, les besoins des constructeurs d'aéroplanes, des aéronefs et de matériel de campement obligent à concentrer sur les cultures de plantes textiles, lin et chanvre, en particulier, une partie de la main-d'œuvre agricole nationale.

Les plantes énumérées plus haut forment une liste à peu près complète des végétaux dont la culture présente, dans les circonstances actuelles, un caractère de réelle nécessité, et pour l'obtention desquels la main-d'œuvre restée à l'arrière serait à elle seule à peu près impuissante.

Ceci posé, comme c'est le ravitaillement de la Nation qui est en jeu, la Nation doit mettre la main-d'œuvre dont elle dispose, et qui est sienne, uniquement à la disposition des cultivateurs qui accepteront de produire les denrées auxquelles est reconnu, par le Ministre de l'Agriculture, le caractère de première nécessité qui vient d'être déterminé.

Certes, cette manière de faire suppose une méthode nouvelle, différente de ce à quoi nos agriculteurs ont été habitués jusqu'ici, et cette méthode tranche avec le caractère d'individualisme profond de notre agriculture ; mais il faut se soumettre à une discipline imposée par les circonstances, et qui, en fondant tous les efforts pour une action commune, permettra d'en obtenir un maximum de résultats avec un minimum de dépenses.

L'exemple doit être donné par les fonctionnaires de l'État chargés de l'exécution du programme; il faut que ces fonctionnaires soient bien convaincus de la gravité de la situation et qu'ils apportent au Ministre, leur chef, tout leur concours pour l'application de ces directives générales.

Des sanctions administratives, il n'y faut guère songer ; mais les sanctions de fait sont largement permises. Une seule suffira : enlever pour un temps ou pour toujours la main-d'œuvre agricole d'État aux individus ou aux collectivités qui refuseront de se conformer aux instructions reçues.

Voici, d'ailleurs, comment la sanction pourra s'appliquer, selon qu'il s'agira de l'une ou de l'autre des catégories de travailleurs mis par l'État à la disposition de l'agriculture.

a) *Militaires détachés aux travaux agricoles.*

Catégorie A. — Le travail collectif doit, le cas échéant, être imposé aux hommes de la catégorie A. Ceux qui ne se conformeront pas aux indications ci-dessus, pour leurs cultures personnelles, seront mis par les maires à la disposition des cultivateurs qui s'y conformeront.

Catégorie B. — Ce sera à la disposition de ces mêmes agriculteurs, appliquant les règles de culture qui viennent d'être tracées, que seront mis par les commissions départementales de la main-d'œuvre agricole les hommes de la catégorie B. Les commissions départementales de la main-d'œuvre agricole n'auront à tenir compte, en effet, que des demandes provenant de ces agriculteurs.

Si les commissions ne se conforment pas à cette discipline, les hommes d la catégorie B irrégulièrement utilisés seront considérés comme disponibles et dirigés sur un autre département.

b) *Prisonniers de guerre. — Travailleurs coloniaux.*

Les prisonniers de guerre et les travailleurs coloniaux ne seront attribués par les commissions départementales de la main-d'œuvre agricole qu'aux collectivités qui s'engageront à les répartir entre les cultivateurs, conformément au programme indiqué.

En cas d'inexécution de ces engagements, ils seront retirés au département défaillant.

c) *Équipes militaires.*

Les équipes militaires mises à la disposition des commissions départementales seront affectées suivant les mêmes principes et sous les mêmes sanctions.

EXÉCUTION.

Les officiers contrôleurs départementaux de la main-d'œuvre agricole et leurs adjoints, qui sont sous l'autorité directe du Ministre de l'Agriculture, auront à vérifier si les commissions départementales et les collectivités attributaires de main-d'œuvre se conforment aux prescriptions indiquées.

En cas d'inobservation ils en référeront directement par rapport au Ministre de l'Agriculture, qui prendra immédiatement les sanctions de fait qui se résument, en somme, dans le retrait de la main-d'œuvre qui ne serait pas utilisée selon les présentes instructions.

ARRÊTÉ DU MINISTRE DU RAVITAILLEMENT GÉNÉRAL

DU 13 NOVEMBRE 1917

nommant les membres de l'Office central des fourrages.

(*Journal officiel* du 16 novembre 1917.)

Le Ministre du Ravitaillement général,

Vu le décret du 8 septembre 1914, instituant le service du ravitaillement civil;

Vu l'arrêté du 7 novembre 1917, instituant auprès du Ministère du Ravitaillement général un Office central des fourrages,

Arrête :

Article premier. Sont nommés membres de l'Office central des fourrages en dehors des représentants de l'administration :

MM. Bachelier, agriculteur (Seine-et-Marne).
Belhomme, négociant à Paris.
Bessereau, membre de l'Office central des céréales.
René Berge, agriculteur (Seine-Inférieure).
Couton fils, négociant à Paris.
Fournier, négociant à Paris.
Favot, négociant (Isère).
Gourdon, directeur de la Compagnie des petites voitures.
Henry Girard, agriculteur (Oise).
Conthier, agriculteur, négociant (Seine-et-Marne).
Halouse, négociant à Paris.
Jaffeux, négociant à Paris.
Kinziger, membre de l'Office central des céréales.
Lucien Lévy, négociant à Paris.
Léonard, négociant (Charente).
Maurice Martin, négociant (Doubs).
Razat, négociant (Haute-Garonne).
Michel Robert, adjoint au maire de Senlis (Oise), agriculteur.
Savet, négociant (Jura).
Warcolier, propriétaire.

2. Le Directeur du ravitaillement est chargé de l'exécution du présent arrêté.

ARRÊTÉ DU MINISTRE DE L'AGRICULTURE
DU 15 NOVEMBRE 1917

fixant, pour l'exercice 1917, le taux de la prime à la culture de l'olivier.

(*Journal officiel* du 17 novembre 1917.)

LE MINISTRE DE L'AGRICULTURE,

Vu la loi du 13 avril 1910 instituant des primes et encouragements à la culture de l'olivier;

Vu les articles 129 et 136 inclus de la loi de finances du 13 juillet 1911 relatifs au mode d'attribution de ces primes et encouragements;

Vu le décret du 20 septembre 1911 rendu pour l'application des lois susvisées;

Vu les relevés fournis par les préfets des départements intéressés;

Sur le rapport du Directeur de l'Agriculture,

ARRÊTE :

ARTICLE PREMIER. Le taux de la prime à la culture de l'olivier est fixé, pour l'exercice 1917, à 14 fr. 50 par hectare.

2. Le Directeur de l'Agriculture et les préfets sont chargés, chacun en ce qui le concerne, de l'exécution du présent arrêté.

DÉCRET DU 16 NOVEMBRE 1917

portant nomination du Ministre de l'Agriculture et du Ravitaillement.

(*Journal officiel* du 17 novembre 1917.)

ARTICLE PREMIER. M. Victor BORET, député, est nommé Ministre de l'Agriculture et du Ravitaillement.

2. Les démissions de MM. Fernand DAVID et Maurice LONG sont acceptées.

3. Le Président du Conseil, Ministre de la Guerre, est chargé de l'exécution du présent décret.

DÉCRET DU 17 NOVEMBRE 1917

portant nomination du Sous-Secrétaire d'État au Ministère de l'Agriculture et du Ravitaillement, chargé du ravitaillement.

(*Journal officiel* du 18 novembre 1917.)

LE PRÉSIDENT DE LA RÉPUBLIQUE FRANÇAISE,

Sur la proposition du Ministre de l'Agriculture et du Ravitaillement,

DÉCRÈTE :

ARTICLE PREMIER. M. Ernest VILGRAIN est nommé sous-secrétaire d'État au ministère de l'Agriculture et du Ravitaillement, chargé du ravitaillement.

2. Le Ministre de l'Agriculture et du Ravitaillement est chargé de l'exécution du présent décret.

---

18 NOVEMBRE 1917.

Liste supplémentaire des entrepôts de vrac d'essence contrôlés.

(*Journal officiel* du 18 novembre 1917.)

Par décision du Ministre du Ravitaillement général, sont ajoutés à la liste des entrepôts de vrac d'essence contrôlés, publiée au *Journal officiel* du 15 octobre 1917, p. 8149 :

1° L'entrepôt de MM. Desmarais frères à Brest, qui sera rattaché au centre de ravitaillement en essence de Nantes ;

2° L'entrepôt de MM. Desmarais frères à Bordeaux, qui sera rattaché au centre de ravitaillement de Bordeaux,

D'autre part, les entrepôts d'Antibes et de Nîmes, de la Compagnie générale des pétroles, cesseront d'être soumis au contrôle à partir du 1er décembre 1917.

Par décision du Ministre du Ravitaillement général, les arrondissements du Havre et de Toulouse sont ajoutés à la liste (*Journal Officiel* du 15 octobre 1917, p. 8148, 3e colonne, dernier alinéa) des arrondissements dans lesquels est autorisée la livraison directe de l'essence par les entrepôts de vrac sur présentation de bons de consommation.

CIRCULAIRE DU 18 NOVEMBRE 1917

sur la réglementation de la fabrication et de la vente du chocolat.

LE MINISTRE DE L'AGRICULTURE ET DU RAVITAILLEMENT

à Messieurs les Préfets.

Dans le but d'empêcher les spéculations qui, à la faveur de la hausse du cacao et du sucre, s'étaient manifestées sur les chocolats, l'arrêté interministériel du 18 août 1917 a réglementé la fabrication et fixé les prix des produits chocolatiers de vente courante.

En outre, il a institué une Commission technique du chocolat, chargée d'examiner les infractions à cette réglementation et de fixer les quantités laissées pour la fabrication des chocolats de qualité extra.

Toutefois, la fabrication et la vente de certains produits à base de cacao pouvaient échapper aux prescriptions de cet arrêté et donner lieu à des spéculations au détriment de la consommation. D'autre part, en raison de la décision du Gouvernement de réduire dans la proportion de 50 p. 0/0 les attributions de sucre pour les fabrications de luxe, il a paru nécessaire d'établir des règles précises pour l'application de cette décision à l'industrie des chocolats de luxe.

En conséquence, d'accord avec M. le Ministre du Commerce, le Ministre du Ravitaillement a été amené à compléter la réglementation de la fabrication et de la vente des chocolats.

Tel est l'objet des arrêtés interministériels du 12 novembre 1917 parus au *Journal officiel* du 16 novembre 1917.

Mon Administration a cru devoir attirer votre attention sur les dispositions principales de ces arrêtés.

I.

Commission technique du chocolat. — Par le premier arrêté, est fixée la composition de la Commission spéciale du chocolat, créée par l'article 5 de l'arrêté du 10 août 1917 et chargée de contrôler avec le concours de l'Administration l'application stricte de la réglementation établie.

Cette Commission comprend six membres faisant partie de la Chambre Syndicale des chocolatiers de France, et dont la moitié a été présentée par la Chambre Syndicale elle-même. Le Président de cette Commission technique est M. Gaston Menier, sénateur, Président de la Chambre Syndicale.

Outre des attributions qui lui ont été conférées par l'arrêté du 18 août, cette Commission est appelée à exercer le contrôle de la fabrication des produits de luxe à base de chocolat, et à déterminer le contingent de sucre destiné à fabriquer ces produits.

Elle examinera également les infractions aux prescriptions sur la fabrication et la vente des chocolats, et les fabricants ou les commerçants qui seront reconnus y avoir contrevenu seront passibles des sanctions prévues par l'article 5 de l'arrêté du 18 août 1917.

II.

Le second arrêté du 12 novembre 1917 réglemente la fabrication et la vente: 1° des produits alimentaires à base de cacaos sucrés ou non, des chocolats additionnés et des sucres au cacao; 2° des confiseries de chocolat, chocolats fondants, chocolats à base de lait et produits de fantaisie à base de chocolat.

1° *Produits alimentaires à base de cacaos sucrés ou non, chocolats additionnés et sucres au cacao.*

Les produits constitués par les mélanges de cacaos sucrés ou non et de matières premières alimentaires diverses à l'exception des chocolats à base de lait, régis par le paragraphe 2 de l'arrêté du 12 novembre 1917, sont soumis aux dispositions de l'article 3 de l'arrêté du 18 août 1917. En conséquence, lorsque ces produits auront une teneur en cacao de 32 p. o/o et au-dessus, leurs prix de vente au kilog. par les fabricants aux commerçants ne pourront être supérieurs aux prix fixés par l'article 1er de cet artêté. Lorsqu'ils auront une teneur en cacao inférieure à 32 p. o/o, leurs prix de vente en gros seront fixés suivant une échelle dégressive portant des prix admis par l'article 1er pour les produits contenant 32 à 36 p. o/o avec un taux de dégression de 0 fr. 20 pour 4 p. o/o de cacao.

En ce qui concerne les prix de vente aux consommateurs, l'écart de ces prix par rapport aux prix de vente aux commerçants ne pourra dépasser l'écart fixé par l'arrêté du 18 août 1917 pour les cacaos sucrés de teneur variant de 32 à 36 p. o/o, soit 0 fr. 70 par kilog.

Les fabricants des produits ci-dessus mentionnés seront tenus de déclarer au Ministère du Ravitaillement général la teneur en cacao du mélange qu'ils mettent en vente.

Les chocolats additionnés et les sucres au cacao visés par le décret du 19 décembre 1910 sont soumis aux mêmes règles, sauf en ce qui concerne la déclaration au Ministère du Ravitaillement de la teneur en cacao du mélange qu'ils mettent en vente.

2° *Confiseries de chocolat. Chocolats fondants, chocolats à base de lait. Produits de fantaisie à base de chocolat.*

Les fabricants de confiseries de chocolat, de chocolats fondants ou à base de lait, et de tous produits de fantaisie à base de chocolat, devront inscrire quotidiennement sur un registre spécial les quantités de ces articles, livrées par leurs usines, et en adresser mensuellement un relevé à la Commission technique du chocolat, qui est chargée de contrôler les déclarations.

En outre, les fabricants sont tenus de lui faire connaître, dans leur demande d'attribution de sucre, les quantités destinées soit à la fabrication des chocolats, des cacaos sucrés et des produits spécifiés au paragraphe 1 des présentes instructions, soit à celle des produits dont s'occupe le présent paragraphe.

Afin de faciliter l'application d'une réduction de 50 p. o/o des quantités de sucre employées pour fabriquer les produits soumis aux règles indiquées dans le présent paragraphe, la Commission technique établira, pour les répartitions ultérieures, le contingent de sucre destiné à la fabrication de ces produits.

III.

L'arrêté du 12 novembre 1917 contient enfin une disposition spéciale relative à certaines coutumes locales antérieures à la guerre. A cet effet son article 7 permet de mettre en vente des tablettes de chocolat d'un moulage différent du moulage prévu à l'article 1 de l'arrêté du 18 août 1917. Les prix de vente de ces tablettes sont fixés proportionnellement à ceux des tablettes réglementaires tels qu'ils sont déterminés aux articles 1 et 2 de l'arrêté précité.

Telles sont les mesures élaborées avec le concours des représentants de la chocolaterie : tout en respectant les intérêts légitimes de cette industrie, elles semblent de nature à protéger efficacement les consommateurs contre toute spéculation éventuelle, et l'économie nationale contre tous abus inutiles dans l'utilisation de denrées de première nécessité.

J'estime que vous répondrez aux vues du Gouvernement en veillant avec la plus grande vigilance à l'exécution de l'ensemble de ces prescriptions relatives à la fabrication et à la vente des chocolats et produits chocolatiers.

RAPPORT DU 19 NOVEMBRE 1917

à Monsieur le Sous-Secrétaire d'État du Ravitaillement.

Le Service des Assurances, après avoir examiné les différents contrats passés, suivant des modalités diverses, tant à Paris qu'à Londres et dans les ports, pour le compte du Ravitaillement, estime qu'une importante économie pourrait être réalisée par la centralisation de ce Service qui serait placé sous un contrôle unique et soumis à une règle uniforme.

Passant en revue les différentes catégories d'assurances qui intéressent nos transports par voies fluviales et maritimes, il expose ainsi, pour chacune d'elles, la réforme qui lui paraît nécessaire, et les motifs de sa proposition.

1° *Suppression de toutes assurances fluviales.*

Les chargements de sucre, blé et farine importés d'outremer et réexpédiés à l'intérieur par voie fluviale représentent, pour le département sur chaque chaland, péniche ou gabare, un capital flottant de 200,000 à 300,000 francs. Les transports par la Seine sont actuellement assurés par le Ministère à Paris; les expéditions par les autres voies fluviales sont assurées par les Régisseurs à Nantes ou à Bordeaux.

Il a été ainsi assuré à Paris 560 cargaisons, qui ont payé 130,000 francs de primes et qui ont donné 10,000 francs d'avaries à la charge des assureurs.

Il est vrai qu'il n'y a eu à déplorer aucune perte totale. Mais à supposer que le Ravitaillement perde 2 ou 3 cargaisons par an, le compte des assurances ne se solderait que par un déficit maximum de 500,000 francs; cette somme est infime si on la compare au découvert de 1,000,000 francs par navire, actuellement accepté sur chaque cargaison pour chaque traversée maritime.

2° *Suppression de toutes assurances maritimes (fortune de mer et de guerre) sur frets et débours.*

Les frets et débours représentent pour le département, sur chaque navire et à chaque voyage, un capital flottant qui varie entre 250,000 et 500,000 francs.

L'assurance de ce capital est toujours effectuée à Londres.

Bien qu'il ait été impossible d'établir une statistique exacte de ces assurances, on peut conclure à leur inutilité. Le Ravitaillement a reçu du Bureau de Londres environ 700 contrats anglais garantissant de £ 10.000 à £ 20.000 par navire. Le simple raisonnement conduit à juger que, sur un nombre aussi grand de capitaux flottants qui sont de valeurs faibles et sensiblement uniformes, il y aurait intérêt à ce que le Ravitaillement restât son propre assureur.

L'expérience démontre que le risque ne justifie pas le paiement de primes à des assureurs particuliers.

3° *Généralisation du système de découvert uniforme à toutes les autres assurances maritimes.*

Un raisonnement analogue à celui qui est exposé ci-dessus avait amené précédemment le Service des Assurances à proposer l'adoption d'un découvert uniforme de 1,000,000 francs sur toutes les assurances maritimes contractées à Paris. Ce système, mis à l'essai depuis 8 mois environ, a donné d'heureux résultats qui sont les suivants, arrêtés au 15 août dernier :

Primes économisées	6,750,000 fr.
Sinistres supportés	1,260,000
Profit	5,490,000 fr.

Il semble donc que ce système doive être généralisé et appliqué à toutes les assurances effectuées, tant à Paris que dans les ports et à Londres.

4° *Élévation à 3,000,000 francs du chiffre du découvert.*

En faisant contribuer à la masse des découverts du Ravitaillement, comme il est logique, tous les chargements et tous les corps de vapeurs assurés jusqu'à présent à Londres, on constate que le capital flottant aux risques du Ravitaillement représente le plus fréquemment sur chaque navire de 2,000,000 à 3,000,000 francs. On peut donc tenir pour certain que si l'on adopte ce dernier chiffre pour fixer le découvert, les résultats seront aussi satisfaisants qu'ils l'ont été lorsque le découvert a été fixé à 1,000,000 francs pour les assurances de Paris seulement. Sur 4,000,000 francs, e résultat serait douteux. Enfin, sur un chiffre plus élevé, le total des pertes éprouvées dépasserait le total des primes économisées, ainsi que le fait ressortir l'exposé ci-dessous, d'après les chiffres établis au 15 août dernier.

En effet, si à cette date, la *totalité* des capitaux soumis à l'assurance par le Bureau de Paris avait été conservée à découvert, les résultats eussent été les suivants :

Sinistres	44,778,493	fr.
Primes qui auraient été économisées	29,398,848	
Perte	15,379,645	fr.

Ces résultats s'expliquent par le fait que les sinistres ont atteint généralement les plus gros capitaux flottants, tandis que les primes, sur la masse de capitaux plus faibles, ne suffisent pas pour compenser les pertes résultant des gros risques.

Nous avons perdu ainsi :

Cargaison	*Élisabeth IV*	8,340,000 fr.
—	*Bayhall*	4,316,000
—	*Baycraig*	4,510,000
—	*Baynesk*	3,783,000
—	*Baynaen*	4,102,000
—	*Neath*	5,451,000
—	*Rio Sorocaba*	4,906,000
—	*Tuddal*	4,223,000
—	*Grelhalme*	5,324,000
Corps	*Député Pierre Goujon*	6,800,000
—	*Despina Michalinos*	3,300,000

5° *Pour l'assurance de la fortune de mer, adoption de polices couvrant seulement les événements majeurs au lieu de contrats « à tous risques ».*

Les blés et farines sont assurés seulement contre les événements majeurs ; les sucres sont garantis « à tous risques ».

Or nos chargements de blés et farines, aussi bien que nos cargaisons de sucre, n'ont jamais éprouvé d'avaries importantes que dans les cas d'abordage, d'échouement et d'incendie.

L'assurance de ces événements seuls devrait donc être généralisée.

ORDONNANCE DU PRÉFET DE POLICE
DU 21 NOVEMBRE 1917

réglementant le mode de vente des veaux au Marché aux bestiaux de La Villette.

NOUS, Préfet de Police,

Vu l'arrêté du 12 messidor an VIII ;

Vu le décret du 22 janvier 1878 ;

Vu les ordonnances de police du 30 novembre 1904 et du 14 avril 1914, portant règlement du Marché aux bestiaux;

Attendu que le cours du veau sur pied a atteint dans ces derniers mois des prix qui ne sont justifiés ni par l'insuffisance des arrivages, ni par la cherté à la production;

Qu'il résulte des renseignements qui nous ont été fournis, que les prix pratiqués sur le marché sont parfois faussés par suite de l'incertitude dans laquelle acheteurs et vendeurs se trouvent sur le poids réel de la viande nette des veaux mis en vente;

Qu'il convient de prendre toutes mesures qui peuvent faciliter les transactions et en assurer la loyauté;

Sur la proposition du Secrétaire général,

Ordonnons ce qui suit :

Article premier. Lorsque, au cours d'une transaction relative aux veaux amenés sur le Marché, l'acheteur ne sera pas d'accord avec le vendeur sur le poids de viande nette de l'animal, objet de la transaction, il pourra exiger du vendeur qu'il soit procédé à la pesée de cet animal sur les bascules mises à la disposition du public sur le Marché de la Villette.

Exception est faite pour le cas où le vendeur acceptera de vendre au poids mort (viande nette).

Si ce mode de vente est accepté de part et d'autre, les veaux devront être abattus et pesés dans les vingt-quatre heures.

Il sera tenu compte, dans l'estimation du poids mort, d'une décharge de 1 kil. 500, l'animal devant être pesé avec sa toile.

Si le vendeur refuse soit de faire procéder à la pesée, soit de vendre au poids mort; ou s'il refuse de continuer la transaction sous un prétexte quelconque, après qu'il aura été averti de l'intention de l'acheteur, l'animal ne pourra plus être mis en vente au cours du même marché.

2. Dans les cas prévus au dernier paragraphe de l'article précédent, l'acheteur fera prévenir le service vétérinaire du refus de pesée qui lui aura été opposé et ce service procédera à l'apposition d'une marque indélébile et inchangeable sur l'animal.

3. Si le vendeur, malgré l'apposition de cette marque, vend l'animal marché tenant à une autre personne que le premier acheteur, son exclusion à titre temporaire ou définitif sera prononcée.

4. Le rendement de la viande nette des animaux qui auront été l'objet d'une pesée ne pourra être calculé sur un taux supérieur à 60 p. 100.

5. La présente ordonnance sera publiée et affichée. Elle sera exécutoire à partir du 22 novembre courant.

Ampliation en sera adressée à M. le Préfet de la Seine.

Le Secrétaire général, les fonctionnaires et agents placés sous ses ordres sont chargés, chacun en ce qui le concerne, de l'exécution de la présente ordonnance.

DÉCRET DU 23 NOVEMBRE 1917

donnant autorité au Ministre de l'Agriculture et du Ravitaillement sur le personnel de l'intendance militaire chargé du ravitaillement pour l'exécution de ce service.

(*Journal officiel* du 23 novembre 1917.)

Le Président de la République française,

Vu la loi du 16 mars 1882,

Vu le décret du 21 novembre 1917, portant attributions des Sous-Secrétaires d'État à la Guerre;

Sur le rapport des Ministres de la Guerre et de l'Agriculture et du Ravitaillement,

Décrète :

Article premier. Le Ministre de l'Agriculture et du Ravitaillement est chargé du ravitaillement des troupes en denrées et en matières de toute nature, jusqu'au moment où les approvisionnements sont mis à la disposition des armées et, dans la zone de l'intérieur, jusqu'au moment où ils doivent être distribués.

2. Des ordres concernant les opérations du ravitaillement sont donnés par ses soins exclusifs ou en son nom à toutes les autorités militaires qui en sont chargées.

3. Pour tout ce qui concerne les opérations du ravitaillement, il a sous son autorité les services de l'intendance du Ministère de la Guerre et il correspond avec toutes les autorités militaires chargées du service du ravitaillement.

Le directeur de l'intendance peut recevoir du Ministre de l'Agriculture et du Ravitaillement et du Sous-Secrétaire d'État du Ravitaillement délégation de la signature.

4. L'inspection générale du ravitaillement relève de son autorité exclusive.

5. Le Ministre de la Guerre met à la disposition du Ministre de l'Agriculture et du Ravitaillement tous les personnels nécessaires.

6. Pendant tout le temps où ces personnels sont mis à sa disposition, le Ministre de l'Agriculture et du Ravitaillement a sur eux tous pouvoirs d'affectation, de mutation et de discipline, sous la seule réserve des droits et prérogatives concédés par le Code de justice militaire au Ministre de la Guerre. Il a également le pouvoir de discipline à l'égard des autres personnels chargés du ravitaillement et à l'occasion de ce service.

7. Les propositions concernant l'avancement du personnel mis à sa disposition, ainsi que les décorations à lui attribuer sont établies et arrêtées par le Ministre de l'Agriculture et du Ravitaillement. Les décrets sont contresignés par le Ministre de la Guerre.

Les propositions concernant les autres personnels chargés du service du ravitaillement sont établies et arrêtées d'un commun accord entre le Ministre de la Guerre et le Ministre de l'Agriculture et du Ravitaillement.

8. Comme conséquence de sa responsabilité personnelle en matière d'utilisation des ressources générales du pays, le Ministre du Ravitaillement général conserve un droit de regard sur l'emploi des approvisionnements.

Il l'exerce à l'intérieur dans les conditions ci-après :

Le droit de regard est uniquement un droit de vue et de constat, exercé par le personnel, officiers ou assimilés, dont dispose le Ministère du Ravitaillement général ou par toute autre personne qu'il pourra désigner à cet effet.

Les délégués de ce Ministère se présentent, munis de leur lettre de service, au commandant de la région dans la zone de laquelle ils sont chargés de porter leurs investigations. Ces officiers généraux leur feront donner toutes facilités pour tout voir, sous réserve qu'ils n'interviendront en aucune façon dans la marche du service.

Les constatations faites feront l'objet de rapports adressés simultanément aux deux Ministères.

9. Le Ministre de l'Agriculture et du Ravitaillement est obligatoirement consulté sur toutes les questions concernant le régime alimentaire des troupes, la détermination du taux des rations.

10. Les Ministres de la Guerre et du Ravitaillement sont chargés de l'exécution du présent décret.

ARRÊTÉ DU MINISTRE DE L'AGRICULTURE ET DU RAVITAILLEMENT DU 26 NOVEMBRE 1917

relatif aux attributions de la direction de l'Intendance.

(*Journal officiel* du 27 novembre 1917.)

Le Ministre de l'Agriculture et du Ravitaillement,

Vu le décret du 23 novembre 1917, réglant les attributions du Ministre de l'Agriculture et du Ravitaillement, en ce qui concerne le ravitaillement de l'armée,

Arrête :

Article premier. La Direction de l'Intendance a, dans ses attributions, tout ce qui concerne le ravitaillement des armées et des troupes de l'intérieur en effets d'habillement et d'équipement, combustibles de chauffage et d'éclairage, essence et ingrédients pour automobile, à l'exclusion du ravitaillement en denrées alimentaires, lequel est assuré par le Sous-Secrétaire d'État du Ravitaillement.

2. La Direction de l'Intendance centralise et transmet au Sous-Secrétaire d'État du Ravitaillement les prévisions de besoins et les demandes afférentes aux armées et aux troupes de l'intérieur. Elle étudie, de concert avec le Sous-Secrétaire d'État du Ravitaillement, toutes les questions concernant le taux des rations, l'emploi de denrées de substitution.

3. Les questions afférentes au ravitaillement en effets et objets d'habillement, d'équipement, de campement, aux fabrications de ces effets et objets et à l'approvisionnement des matières premières nécessaires à ces fabrications sont traitées, au nom du Ministre de l'Agriculture et du Ravitaillement, par la Direction de l'Intendance qui dispose de l'inspection générale de l'habillement.

4. Les questions d'ordre technique concernant :

a) Les fabrications de produits alimentaires pour l'armée (conserves de viande, fruits et légumes, viandes frigorifiques, pain de guerre, produits comprimés ou concentrés, etc.);

b) L'outillage mécanique des établissements des subsistances militaires;

c) L'organisation du travail dans les établissements;

d) L'utilisation rationnelle des sous-produits, restent dans les attributions de la Direction de l'Intendance qui relève, à cet égard, du Sous-Secrétaire d'État du Ravitaillement et dispose de l'inspection technique des subsistances.

Cette inspection peut être chargée également, par le Sous-Secrétaire d'État du Ravitaillement, des études techniques afférentes aux diverses industries intéressant l'alimentation du pays.

5. Le Directeur de l'intendance a la délégation de la signature :

a) Du Ministre de l'Agriculture et du Ravitaillement pour toutes les affaires visées à l'article 3 que le Ministre ne réserve pas à sa décision personnelle;

b) Du Sous-Secrétaire d'État du Ravitaillement, pour toutes les affaires visées à l'article 4 que le Sous-Secrétaire d'État ne réserve pas à sa décision personnelle.

DÉCRET DU 27 NOVEMBRE 1917

relatif à la réquisition et à la déclaration des féculeries, des objets, matières ou produits employés pour la production de la fécule et de toutes fécules ou produits féculents fabriqués.

(*Journal officiel* du 28 novembre 1917.)

LE PRÉSIDENT DE LA RÉPUBLIQUE FRANÇAISE,

Sur le rapport du Président du Conseil, Ministre de la Guerre; du Garde des Sceaux, Ministre de la Justice; du Ministre du Commerce, de l'Industrie, des Postes et des Télégraphes, des Transports maritimes et de la Marine marchande; du Ministre de l'Agriculture et du Ravitaillement, et du Ministre de l'Intérieur,

Vu l'article 419 du Code pénal, livre III, titre II;

Vu les articles 10 et 11 de la loi du 20 avril 1916;

Vu la loi du 3 août 1917 dans ses dispositions spéciales, et par application des articles 2 et 3 de ladite loi,

DÉCRÈTE :

ARTICLE PREMIER. Seront soumis à la réquisition, suivant les besoins de la population civile, dans les conditions prévues par la loi du 3 août 1917 :

1° Tous établissements industriels servant à l'extraction et à la production de la fécule;

2° Toutes machines et outillages utilisés ou utilisables dans ces établissements;

3° Tous objets, matières premières (pommes de terre, manioc ou autres) ou produits employés pour l'extraction ou la préparation de la fécule, sous quelque forme que ce soit;

4° Toutes fécules ou produits féculents fabriqués.

2. Tous les établissements industriels servant à l'extraction ou à la production de la fécule devront faire l'objet d'une déclaration contenant les nom et prénoms du propriétaire, du locataire ou de l'exploitant à un titre quelconque, et, pour les sociétés, la raison sociale et le lieu du siège social, les autres usines leur appartenant,

la situation de l'usine et l'état actuel de son activité, le nombre d'ouvriers et d'ouvrières employés pendant le mois de novembre 1917, ainsi que la puissance de la force motrice.

Ces déclarations, portant les renseignements pour la date du 15 décembre 1917, devront être adressées avant le 1er janvier 1918.

3. Tout établissement industriel devra, de plus, et aux mêmes dates, faire une déclaration contenant la spécification, la quantité et la situation de tous objets, matières premièresou produits employés pour l'extraction ou la préparation de la fécule sous quelque forme que ce soit, ainsi que toutes fécules ou produits féculents fabriqués.

4. La déclaration de toute machine, de tout outillage, de tout objet, de toutes matières ou tous produits servant à l'extraction ou à la production de la fécule et qui seraient en dépôt chez un tiers incombera à celui-ci qui devra également faire connaître le nom du propriétaire.

5. Tout propriétaire, importateur, dépositaire ou détenteur à quelque titre que ce soit d'un stock de fécule ou produits féculents fabriqués, existant en France et en Algérie, est tenu de faire, avant le 1er janvier 1918, une déclaration contenant la situation de ces matières à la date du 15 décembre 1917, lorsque la quantité du stock sera supérieure à 300 kilogrammes.

6. La déclaration, datée et signée, est faite conformément aux modèles annexés au présent décret, en deux exemplaires, qui sont envoyés par la poste, sous pli recommandé, à l'adresse suivante : « Monsieur le Ministre du Commerce (Services techniques), 101, rue de Grenelle, Paris. »

Les propriétaires, locataires ou exploitants à un titre quelconque de l'usine, ainsi que les propriétaires, importateurs, dépositaires ou détenteurs à quelque titre que ce soit de stocks de fécule, sont tenus de justifier, à toute réquisition, des machines, outillage, objets, matières ou produits déclarés ou de leur emploi.

7. Tout défaut de déclaration ou fausse déclaration, contrevenant aux articles 2, 3, 4 et 5 du présent décret, toute résistance aux ordres de réquisition légalement donnés et exercés conformément aux articles 4, 5 et 6 de la loi du 3 août 1917, seront relevés par procès-verbaux et le délinquant sera puni des peines prévues aux articles 8 et 10 de la loi du 3 août 1917.

8. Le Président du Conseil, Ministre de la Guerre; le Garde des Sceaux, Ministre de la Justice; le Ministre du Commerce, de l'Industrie, des Postes et des Télégraphes, des Transports maritimes et de la Marine marchande; le Ministre de l'Agriculture et du Ravitaillement; le Ministre de l'Intérieur, sont chargés, chacun en ce qui le concerne, de l'exécution du présent décret.

DÉPARTEMENT

d

ARRONDISSEMENT

d

COMMUNE

d

DÉCLARATION

relative aux établissements industriels servant à l'extraction et à la production de la fécule.

Je soussigné :
(Nom)
(Prénoms)
(Profession)
(Domicile)
Société :
Siège social :

déclare être { propriétaire / locataire (1) / exploitant (2) } d'une féculerie sise à :

(Biffer les mentions inutiles.)

Commune
Département
Établissement en activité
Nombre d'ouvriers et d'ouvrières employés pendant le mois de novembre 1917
Puissance de la force motrice
Autres établissements

(1) Indiquer les nom, prénoms et domicile du propriétaire.
(2) Indiquer à quel titre et donner les nom, prénoms et domicile du propriétaire.
N. B. — Si le propriétaire est une société, indiquer la raison sociale et le lieu du siège social.

Machines et outillage utilisés.

SPÉCIFICATION.	QUANTITÉ.	PUISSANCE.	SITUATION.	OBSERVATIONS.

Objets, matières premières ou produits employés, fécules ou produits féculents employés.

SPÉCIFICATION.	QUANTITÉ.	SITUATION.	OBSERVATIONS.

Je certifie l'exactitude, à la date du 15 décembre 1917, de la présente déclaration

A , le 19 .

(Signature.)

ERRATUM.

Dans le tableau de déclaration relative aux établissements industriels servant à l'extraction et à la production de la fécule (*Journal officiel* du 28 novembre 1917, page 9588), au lieu de : « objets, matières premières ou produits employés, fécules ou produits féculents employés » titre du 2e tableau de cette déclaration, lire : « objets, matières premières ou produits employés, fécules ou produits féculents fabriqués ».

DÉPARTEMENT

d

ARRONDISSEMENT

d

COMMUNE

d

DÉCLARATION DES STOCKS DE FÉCULES ET PRODUITS FÉCULENTS FABRIQUÉS.

Je soussigné :
(Nom)
(Prénoms)
(Profession)
Demeurant à
Société :
Siège social :

déclare être { propriétaire / dépositaire (1) / détenteur (2) } d'une quantité des matières suivantes :

(Biffer les mentions inutiles.)

Fécules et produits féculents fabriqués.

SPÉCIFICATION.	POIDS.	SITUATION.	OBSERVATIONS.

Je certifie l'exactitude, à la date du 15 décembre 1917, de la présente déclaration.

A , le 1917.

(Signature.)

---

(1) Indiquer les nom, prénoms et domicile du propriétaire.

(2) Indiquer à quel titre et donner les nom, prénoms et domicile du propriétaire.

N. B. — Si le propriétaire est une société, indiquer la raison sociale et le lieu du siège social.

DÉCRET DU 27 NOVEMBRE 1917

fixant les attributions du Sous-Secrétaire d'État au Ministère de l'Agriculture et du Ravitaillement.

(*Journal officiel* du 29 novembre 1917.)

Le Président de la République française,

Sur le rapport du Ministre de l'Agriculture et du Ravitaillement;

Vu le décret du 19 novembre 1917,

Décrète :

Article premier. Le Sous-Secrétaire d'État au Ministère de l'Agriculture et du Ravitaillement dirige, au nom et sous l'autorité du Ministre, l'ensemble des services du ravitaillement.

Il traite, au nom et sous l'autorité du Ministre, toutes les questions intéressant le ravitaillement; il passe les marchés et en suit l'exécution; il procède à la vérification et à la liquidation des dépenses de toute nature; il délivre les ordonnances directes de payement, les ordonnances secondaires et les ordres de payement sur le compte spécial créé par la loi du 16 octobre 1915.

Il a, dans la limite de ses attributions, la délégation permanente de la signature du Ministre.

2. Le Sous-Secrétaire d'État négocie au nom du Ministre les accords internationaux relatifs à l'acquisition des denrées ou produits nécessaires au ravitaillement, à la mise en commun et à la répartition des ressources alimentaires des pays alliés et à l'affectation du tonnage disponible pour leur transport; il peut être délégué par lui pour les signer.

3. Le Sous-Secrétaire d'Etat en réfère au Ministre pour les questions de principe ou d'ordre général.

Il soumet également à son approbation les propositions concernant la nomination, l'affectation et les mutations du personnel non militaire, ainsi que les mutations du personnel militaire affecté à ses services.

Il prépare les projets de loi ou de décret concernant le ravitaillement.

4. Le Ministre de l'Agriculture et du Ravitaillement est chargé de l'exécution du présent décret.

CIRCULAIRE DU 28 NOVEMBRE 1917

relative au ravitaillement en foin pendant la campagne 1917-1918.

Le Ministre de l'Agriculture et du Ravitaillement

à Messieurs les Généraux commandant les Régions de l'intérieur,
les Préfets des départements de l'Intérieur,
les Directeurs de l'Intendance des Régions de l'Intérieur,
les Sous-Intendants chargés du Ravitaillement des départements de l'Intérieur.

La circulaire n° 2421-B/M du 31 mai dernier avait fixé les impositions de foin pour chaque département au prorata des ressources escomptées de la prochaine récolte. Ainsi que l'avait fait connaître la circulaire n° 3327-B/M du 21 juillet, les contingents fixés avant la récolte devaient être revisés lorsque les résultats définitifs en seraient connus.

Cette revision a été effectuée après un examen approfondi des ressources de chaque département et avec le souci de gêner le moins possible la culture tout en réservant ce qui est nécessaire à la cavalerie civile.

Le contingent définitif imposé au département de
est de · quintaux métriques.

La réalisation doit en être poursuivie avec le maximum de célérité dans les conditions qui ont fait l'objet de la circulaire du 31 mai.

Une nouvelle répartition est à faire d'extrême urgence entre les circonscriptions de groupement et finalement entre les communes.

Il est rappelé que dans chaque commune, pendant la campagne agricole 1917-18 il ne sera rien exigé en sus des quantités fixées; par suite tout le reliquat des disponibilités sera laissé libre pour la nourriture du cheptel et pour le commerce.

Les ordres de réquisition adressés aux communes au début de la campagne seront rectifiés dans le plus bref délai et les répartitions effectuées par les Commissions municipales en vertu de l'article 20 de la loi du 3 juillet 1877 et de l'article 39 du décret du 2 août 1877 seront mises à jour dès réception des ordres rectifiés.

Il est essentiel que les Commissions municipales n'apportent aucun retard dans les opérations afin de faciliter la circulation du foin demeuré libre de toute réquisition et d'éviter des entraves au commerce. Un appel pressant devra être adressé aux Maires dans ce but, car c'est de la circulation judicieuse des fourrages que dépend la solution de la crise dans les gros centres de consommation.

Toutes les répartitions entre les prestataires d'une commune devront être terminées pour le 31 décembre prochain dernier délai. Partout où l'autorité municipale n'aura pas effectué elle-même le travail, l'autorité militaire secondée par les Présidents de Commission de Réception l'effectuera de suite, de façon à ce que, sous aucun prétexte, on ne dépasse la date fixée comme terme de l'opération.

Afin que chaque prestataire connaisse bien les obligations qui lui incombent et les sanctions auxquelles il s'expose s'il ne conserve pas à la disposition du Service du Ravitaillement les fourrages qu'il doit fournir, un avis individuel avec souche et talon du modèle ci-joint lui sera remis par le Maire. Des formules seront imprimées dans le département à la diligence du Service local de l'Intendance. Les frais d'impression seront imputés au chapitre 31 *bis* du budget de l'exercice 1917.

L'attention est appelée d'une façon toute spéciale sur le nota figurant au bas de l'avis et notamment sur la fixité de l'imposition, et sur l'obligation imcombant aux Maires de délivrer les certificats d'autorisation de transport lorsque le contingent global imposé à la commune a été réparti entre les habitants, et que la quantité imposée à l'expéditeur est tenue à la disposition du Service du Ravitaillement.

La responsabilité des Maires cesse lorsque la répartition est effectuée et qu'ils ont fait remettre aux intéressés les avis individuels en même temps qu'ils ont retiré le talon de cet avis revêtu de leur signature.

Les Maires ne sont donc pas fondés à se retrancher derrière les réquisitions pour refuser le certificat d'autorisation de transport lorsque les conditions exigées ont été remplies.

Comme ces dispositions doivent être strictement observées, il y aura lieu de leur donner la plus large publicité.

DÉPARTEMENT

d

COMMUNE

d

SERVICE DU RAVITAILLEMENT.

CERTIFICAT

COMPORTANT AUTORISATION DE TRANSPORT DE FOURRAGES.

Le Maire de la commune d certifie, sous sa responsabilité, que la quantité de quintaux métriques de (1) provenant de la récolte de M. (2), propriétaire habitant ladite commune et présentée par M. (2), pour être expédié en gare de à l'adresse de M (2), à est libre de toute réquisition.

A , le 191 .

Le Maire,

Cachet
de
la Mairie

(1) Foin ou paille.

(2) Nom et prénoms.

NOTA. — Le présent certificat ne peut être délivré par le Maire qu'autant : 1° que le contingent global imposé à la commune a été réparti intégralement entre les habitants; 2° que la quantité imposée à l'expéditeur dans cette répartition est tenue à la disposition du Service du Ravitaillement (ou a déjà été livrée au Service du Ravitaillement).

DÉPARTEMENT

COMMUNE

AVIS INDIVIDUEL DE RÉQUISITION.

M..................

ussigné, reconnaît avoir reçu l'ordre de fournir à la réquisition...... quintaux métriques de foin de sa récolte 1917.

........, le.......

Le Prestataire,

Talon à conserver par le Maire.

SERVICE DU RAVITAILLEMENT.

DÉPARTEMENT D

COMMUNE D

AVIS INDIVIDUEL

portant extrait de l'État de répartition établi, en exécution de l'article 20 de la loi du 5 juillet 1877, pour la réquisition des fourrages de la récolte 1917.

Le Maire de la commune de
informe M. qu'en exécution de l'ordre de réquisition notifié à la commune pour un contingent global de le et de l'arrêté municipal en date du , il est tenu de fournir quintaux métriques de foin loyal et marchand de la récolte 1917.

Cette quantité représente la quote-part imposée à M.
pour satisfaire à l'ordre de réquisition susvisé.

A , le 191 .

Le Maire,

Cachet de la Mairie.

NOTA IMPORTANT. — La disparition des fourrages requis expose le récoltant à des poursuites. (Art. 21 de la loi du 3 juillet 1877.)

Il ne sera rien exigé en sus des quantités indiquées sur le présent avis; par suite, tout le reliquat des disponibilités est laissé libre pour la nourriture du cheptel et pour le commerce.

Les transports de fourrages par fer ou par eau peuvent s'effectuer sur présentation aux Chefs de gare ou aux Inspecteurs principaux de l'exploitation commerciale des voies navigables de certificats délivrés par les Maires des communes d'origine. Ces certificats ne peuvent être refusés si le contingent global imposé à la commune a été réparti intégralement entre les habitants et si la quantité imposée à l'expéditeur est tenue à la disposition du service du ravitaillement, ou a déjà été livrée au service du ravitaillement.

DATES DES LIVRAISONS À LA COMMISSION DE RÉCEPTION du service du ravitaillement.	QUANTITÉS LIVRÉES.	ÉMARGEMENT DU PRÉSIDENT DE LA COMMISSION.

CIRCULAIRE

DU SOUS-SECRÉTAIRE D'ÉTAT DU RAVITAILLEMENT.

DU 29 NOVEMBRE 1917

relative à l'application des arrêtés concernant le contrôle du marché des pommes de terre et des haricots.

Monsieur le Préfet,

Je vous invite à prendre pour votre département un arrêté réglementant le commerce des pommes de terre et des haricots, et fixant les prix limites d'achat en culture et de vente au détail calculés selon les termes de l'arrêté ministériel du 29 octobre 1917.

Les prix limites d'achat à la culture s'entendent pour marchandise saine et loyale, livrée sur wagon départ.

J'appelle tout particulièrement votre attention sur l'article 7 de l'arrêté du 29 octobre en ce qui concerne la délivrance, par le Maire, des autorisations d'expédition.

Ces autorisations ne doivent être délivrées que sur la certification que la denrée n'a pas été vendue, en culture, au-dessus du prix limite fixé par l'arrêté et suivant la catégorie.

Le permis d'expédition délivré pour les semences n'exige pas de déclaration de prix limite; il est indispensable d'attirer l'attention des Maires sur la nécessité de ne délivrer ces certificats que pour des denrées sélectionnées et cultivées dans ce but et aux seuls expéditeurs faisant habituellement de la semence.

Je vous invite à réprimer de la façon la plus rigoureuse les infractions qui seront portées à votre connaissance ou à celle de vos sous-préfets, et à procéder à la répartition des pommes de terre ou des haricots qui auraient fait l'objet de fausses déclarations.

Enfin, il serait nécessaire de porter cette réglementation à la connaissance du public non seulement par l'affichage de votre arrêté dans certaines communes, mais encore par les insertions dans les journaux de votre département.

DÉCISION

DU SOUS-SECRÉTAIRE D'ÉTAT DES TRANSPORTS MARITIMES ET DE LA MARINE MARCHANDE

DU 29 NOVEMBRE 1917

nommant des membres de la Commission instituée en vue de l'étude de l'outillage frigorifique.

(*Journal officiel* du 2 décembre 1917.)

Par décision du Sous-Secrétaire d'État des transports maritimes et de la marine marchande en date du 29 novembre 1917, ont été nommés membres de la Commission instituée le 17 octobre 1917 en vue de l'étude de l'outillage frigorifique nécessaire, soit au transport des viandes, soit à la conservation du poisson :

M. Diagne, député du Sénégal.

M. de Chanaud, président de la Société française d'alimentation au Havre.

ARRÊTÉ DU MINISTRE DE L'AGRICULTURE ET DU RAVITAILLEMENT DU 30 NOVEMBRE 1917

prohibant l'importation en France et le transit d'animaux provenant de l'Afrique occidentale française.

(*Journal officiel* du 1er décembre 1917.)

LE MINISTRE DE L'AGRICULTURE,

Vu la loi sur le code rural du 21 juin 1898 et notamment l'article 57 de ladite loi;

Vu le décret portant règlement d'administration publique du 6 octobre 1904;

Vu le décret du 11 juin 1905, relatif à l'importation et au transit des animaux et notamment à l'article 11 dudit décret;

Considérant que la peste bovine existe dans certaines parties du Sénégal et de la Mauritanie;

Vu l'avis du Comité consultatif des épizooties;

Sur le rapport du directeur des services sanitaires et scientifiques et de la répression des fraudes,

ARRÊTE :

ARTICLE PREMIER. Sont prohibés l'importation en France et le transit de tous animaux vivants des espèces bovine, ovine, caprine et autres ruminants ainsi que des porcs, en provenance de l'Afrique occidentale française.

2. La même prohibition s'applique aux viandes, à l'exception des conserves stérilisées par la chaleur, aux peaux et à tous autres produits frais ou conservés, provenant des animaux visés à l'article 1er.

3. Le directeur général des douanes, les préfets des départements et les agents du service sanitaire vétérinaire sont chargés, chacun en ce qui le concerne, de l'exécution du présent arrêté.

DÉCRET DU 30 NOVEMBRE 1917

relatif à la consommation du pain, à la réquisition des céréales et à la fabrication de la farine.

(*Journal officiel* du 5 décembre 1917.)

RAPPORT

AU PRÉSIDENT DE LA RÉPUBLIQUE FRANÇAISE.

MONSIEUR LE PRÉSIDENT,

Le pays sait que notre production en céréales, particulièrement en blé, a donné un rendement inférieur et que force nous est de recourir plus que jamais à des apports d'outre-mer pour pourvoir à notre alimentation.

Mais le tonnage dont dispose le Gouvernement est limité et doit être réparti entre les services publics qui participent étroitement à la lutte contre l'ennemi; or leurs besoins ne peuvent pas être tous satisfaits; chacun doit donc renoncer à ce qui n'est pas de nécessité absolue.

C'est ce qui fait que nos importations de céréales, en tenant compte des risques qui pèsent sur les transports maritimes, ne parviendront pas à combler l'insuffisance de la récolte indigène.

En présence d'une telle situation, le devoir du Gouvernement apparaît nettement : il doit proportionner la consommation aux disponibilités, en maintenant tout l'essentiel, mais en supprimant résolument tout ce qui ne l'est pas.

Tel est l'objet des mesures que contient le projet de décret que j'ai l'honneur de soumettre à votre haute sanction.

Par ses premières dispositions est institué un régime qui permet de réserver à chaque habitant une ration de pain établie selon sa condition sociale, mais sans qu'elle puisse être supérieure à celle attribuée aux soldats du front.

Sa distribution peut en être régularisée, dans les centres populeux, par une carte individuelle établie après consultation des autorités locales.

D'autres dispositions sont consacrées à la fabrication, à la vente et à la consommation du pain afin d'éviter les pertes et les abus.

Pour la farine, des mesures sont édictées en vue de garantir sa composition contre l'introduction du son et des impuretés et de la constituer uniquement avec les éléments nutritifs du blé. Son prix est fixé au même taux pour l'ensemble du territoire, ce qui rendra d'autant plus facile l'unification du prix du pain.

Les produits de valeur alimentaire accessoire, comme les pâtisseries, sont assujetties à des règles plus restrictives, prohibant toute consommation sur place dans les magasins et même toute vente dans les restaurants, maisons de thé et autres établissements d'alimentation.

Ces mesures qui ne constituent qu'un aspect de la question alimentaire, sont complétées par des prescriptious mettant à la disposition de la nation l'ensemble de nos ressources en céréales. Toutes, en effet, doivent être utilisées au mieux de ses intérêts; toutes doivent être livrées à l'amiable par les producteurs aux divers acheteurs agissant pour le compte de l'État.

Il n'est fait d'exception que pour les quantités destinées aux semences, à la nourriture du cultivateur et de sa famille et à celle des animaux de la ferme.

Sauf ces exceptions, chacun doit apporter de lui-même son disponible, sinon l'État est en droit de recourir aux mesures coercitives dont la loi l'a armé pour assurer le ravitaillement militaire et civil.

Enfin, des règles sont prévues pour garantir l'équitable répartition des ressources et contrôler leur emploi.

Mais ces dispositions ne peuvent avoir de réelle efficacité que si nos concitoyens collaborent à leur exécution : une œuvre de cette portée n'est appelée à réussir que si chacun en sent la nécessité et supporte patriotiquement les sacrifices exigés pour gagner la guerre.

L'esprit qui anime nos populations depuis l'ouverture des hostilités nous donne confiance qu'elles sauront se plier aux restrictions qu'impose cette quatrième année de guerre et accomplir les actes d'abnégation qui les solidariseront davantage avec les héroïques défenseurs du sol national.

Si vous approuvez les dispositions de ce projet de décret, je vous prie de vouloir bien le revêtir de votre signature.

Veuillez agréer, Monsieur le Président, l'hommage de mon respectueux dévouement.

Le Ministre de l'Agriculture et du Ravitaillement,

VICTOR BORET.

LE PRÉSIDENT DE LA RÉPUBLIQUE FRANÇAISE,

Vu les lois des 16 octobre 1915 et 25 avril 1916, relatives au ravitaillement de la population civile en blé et en farine;

Vu les lois des 20 avril 1916 sur la taxation des denrées et substances; 29 juillet 1916 relative à la taxation et à la réquisition des céréales, 17 avril 1916 sur la taxation de l'avoine, du seigle, de l'orge, du son et des issues; 7 avril 1917 sur la taxation du blé;

Vu la loi du 8 avril 1917 relative à l'addition de farines de succédanés à la farine de froment et aux sanctions pénales applicables en cas d'inobservation des dispositions réglementant la vente et la consommation des denrées alimentaires;

Vu le décret du 27 octobre 1915, relatif à l'application de la loi du 16 avril 1915; du 27 juin 1916, relatif à l'application de la loi du 25 avril 1916; du 30 juin 1916, relatif à l'application de la loi du 20 avril 1916; du 9 février 1917, relatif à la fabrication et à la vente du pain; du 8 avril 1917, relatif à l'application de la loi concernant la taxation du blé et à l'addition de farines de succédanés à la farine de froment; du 19 avril 1917, réglementant la fabrication et la vente de la pâtisserie et de la biscuiterie; des 3 et 8 mai, relatifs à la fabrication et au commerce de la farine de froment et des farines de succédanés; du 13 juillet 1917, relatif à la taxation et à la déclaration des céréales; du 31 juillet 1917, relatif au régime des céréales et au contrôle de la meunerie, et du 3 août 1917, réglementant le régime de la boulangerie et la consommation du pain;

Sur le rapport du Ministre de l'Agriculture et du Ravitaillement,

DÉCRÈTE :

ARTICLE PREMIER. En vue de ménager nos ressources en céréales jusqu'à la moisson prochaine et de réserver pour chacun la part correspondant à ses besoins essentiels, la consommation du pain, la réquisition des céréales et la fabrication de la farine sont soumises à la réglementation édictée par les articles du présent décret.

CHAPITRE PREMIER.

CONSOMMATION DU PAIN. — OFFICE COMMUNAL.

2. Pour chaque département, un contingent de céréales, pour la fabrication du pain, est proposé au Ministre de l'Agriculture et du Ravitaillement par le préfet, après avis de l'office départemental.

Ce contingent est établi en tenant compte du nombre des habitants, du taux des rations maxima journalières de pain fixé par arrêté ministériel, et déduction faite des quantités de céréales panifiables laissées à la disposition des producteurs pour leur consommation familiale.

Le contingent fixé par le Ministre est réparti par l'office départemental entre les meuniers chargés d'approvisionner le département.

3. Dans les communes et agglomérations de communes dont la population atteint au moins 20,000 habitants, il peut être établi, après avis des conseils municipaux intéressés et du préfet, par décision ministérielle, une carte individuelle permettant aux consommateurs d'acheter leur ration journalière de pain.

Les règles auxquelles est assujettie la mise en application de cette carte de pain sont établies par un arrêté du Ministre de l'Agriculture et du Ravitaillement.

4. Dans les communes et agglomérations de communes où est autorisé le régime de la carte, il est créé un ou plusieurs offices du pain ayant pour mission de veiller à l'exécution des mesures prises par les autorités centrales ou locales pour assurer le fonctionnement de ce régime.

5. L'office communal du pain se compose, sous la présidence du maire, d'un ou plusieurs conseillers municipaux et, en nombre égal, d'un ou plusieurs patrons ou ouvriers boulangers, et d'un ou plusieurs consommateurs.

Les membres de l'office sont désignés par le maire.

Les conseillers municipaux peuvent être remplacés par des membres du bureau de bienfaisance ou d'assistance.

CHAPITRE II.

BUREAU PERMANENT DE L'OFFICE DÉPARTEMENTAL DES CÉRÉALES. COMITÉ CONSULTATIF DU BLÉ, DE LA FARINE ET DU PAIN.

6. Dans chaque office départemental des céréales, institué par le décret du 31 juillet 1917, il est formé, sous l'autorité du préfet, un bureau permanent composé du sous-intendant militaire chargé du ravitaillement dans le département, du ou des contrôleurs des moulins et de quatre membres choisis par le préfet parmi les présidents des commissions de réception, les agriculteurs et les personnes faisant partie de l'office départemental.

En l'absence du préfet, le sous-intendant ou son délégué préside le bureau permanent.

Tous les membres du bureau permanent font partie de droit de l'office départemental.

7. Le bureau permanent est chargé d'assurer, suivant les instructions qu'il reçoit du Ministre de l'Agriculture et du Ravitaillement, la répartition des céréales et farines achetées pour le compte de l'État.

En outre, il a compétence pour suppléer l'office départemental dans ses attributions.

8. Il est institué, au Ministère de l'Agriculture et du Ravitaillement, un comité consultatif du blé, de la farine et du pain, composé de personnes choisies par le Ministre parmi les membres de l'office central des céréales et le comité central de la meunerie et de la boulangerie.

Ce comité est appelé à fournir au Ministre son avis sur le taux des rations de pain, sur les questions relatives au régime de la meunerie et de la boulangerie, sur les prix des céréales et farines cédées par l'État, et sur le prix du pain.

CHAPITRE III.

FABRICATION, VENTE ET PRIX DU PAIN.

9. Le pain, quelle que soit la dénomination qui lui est donnée, doit être fabriqué avec de la farine entière de froment mélangée ou non avec de la farine des succédanés autorisés par l'article 1er de la loi du 8 avril 1917.

Son poids et sa longueur sont réglés d'après les usages locaux.

10. La vente du pain de consommation courante, entier ou par morceau, se fait au poids. En conséquence le vendeur doit ou ajouter l'appoint ou n'exiger que le prix correspondant au poids du pain.

11. Sont autorisées la fabrication et la vente des pains de régime ou de santé et des pains de fantaisie.

La vente de ces pains a lieu à la pièce ou au poids, d'après les usages locaux.

Toutefois, le pain de fantaisie ne peut être vendu à la pièce qu'à la condition que la boulangerie soit approvisionnée en pain de consommation courante.

En cas d'épuisement de la provision de pain de consommation courante, le boulanger est tenu de vendre au poids le pain de fantaisie.

Demeurent également autorisées, d'après les usages locaux, la fabrication et la vente des pains briés et des pains dits à soupe.

12. Il est interdit :

1° De fabriquer les pains visés à l'article 11 avec des farines autres que celles servant à la fabrication du pain de consommation courante;

2° De fabriquer des pains avec de la farine additionnée de lait, lactose, sucre ou beurre et des pains farinés.

13. Dans les hôtels, restaurants et autres établissements d'alimentation ouverts au public, il est interdit de servir par repas et par consommateur :

1° Plus de 100 grammes de pain si le prix du repas est supérieur à 4 francs;

2° Plus de 200 grammes de pain si le prix du repas ne dépasse pas cette somme.

14. Dans chaque département le taux que ne peut dépasser la taxe du pain arrêtée par le maire est fixé par le préfet, en tenant compte de la taxe des farines établie par l'article 38 ci-après, les dépenses nécessitées pour transporter la farine du moulin à la boulangerie et des frais habituels de panification.

15. La surveillance des boulangeries est exercée dans les conditions prévues à l'article 31 ci-après :

Tout manquement par les boulangers aux obligations qui leur sont imposées par le présent décret peut entraîner la suppression de toute allocation de farine pendant un certain nombre de jours, sans préjudice des peines prévues par les lois et règlements. La décision est prise par le préfet, après avis du bureau permanent.

CHAPITRE IV.

PÂTISSERIE. — BISCUITERIE.

16. Il est interdit de fabriquer de la pâtisserie ou biscuiterie avec des farines de froment, méteil, seigle, maïs, orge, sarrasin, avoine et riz.

En conséquence, les pâtissiers et fabricants de biscuits ne peuvent acheter, détenir ou employer aucune quantité de farine dans la composition de laquelle entre une des denrées ci-dessus énumérées, en quelque proportion que ce soit.

17. Les pâtisseries, pâtisseries-confiseries, pâtisseries-glaceries, chocolateries, les magasins vendant de la biscuiterie, de la confiserie, des glaces ou des pâtés en croûte, ainsi que les rayons existant pour la vente de ces mêmes articles dans les épiceries et autres maisons d'alimentation, demeurent fermés, dans chaque département, les deux jours consécutifs fixés par arrêté préfectoral, à l'exception des jours fériés.

Les jours de fermeture indiqués à l'alinéa précédent peuvent être modifiés dans les communes où le marché ou la foire a lieu un de ces jours. Cette modification est autorisée par arrêté préfectoral, sous la condition que le jour de remplacement désigné soit groupé avec l'autre jour, de telle sorte que les deux jours de fermeture se suivent.

18. Il est interdit :

1° De consommer sur place, dans les magasins de vente et leurs annexes visés à l'article 17, de la pâtisserie, biscuiterie, confiserie et tous autres aliments ou boissons les jours où la vente reste libre dans ces locaux;

2° De fabriquer, mettre en vente ou vendre de la pâtisserie, biscuiterie ou confiserie dans les boulangeries; toutefois, sur la demande du conseil municipal, le préfet peut autoriser les boulangers à fabriquer et à vendre, les dimanches et jours fériés, de la pâtisserie et biscuiterie, mais ils ne peuvent fabriquer cet article qu'avec des denrées autres que celles interdites par l'article 16;

3° De fabriquer, mettre en vente, vendre ou servir de la pâtisserie, biscuiterie ou confiserie dans les restaurants, hôtels, cafés, maisons de thé, buffets, buvettes, cantines, crémeries, magasins de nouveautés et, d'une façon générale, dans tous les établissements ouverts au public, à l'exception des pâtisseries et autres magasins visés à l'article 17;

4° D'utiliser, durant les deux jours de fermeture, les fours des pâtisseries et des fabriques de biscuits pour la cuisson de la pâtisserie ou biscuiterie fabriquée par des clients.

19. Les fabriques de biscuits demeurent régies par les articles 7 du décret du 19 avril et 3 du décret du 3 mai 1917.

CHAPITRE V.

RÉQUISITION ET PRIX DES CÉRÉALES.

20. A dater du 1er janvier 1918, sont réquisitionnées pour le compte de l'État, qu'elles soient détenues par un producteur, par un commerçant ou par tout autre détenteur, toutes les céréales en grains ou en gerbes ci-après énumérées :

Blé froment, seigle, méteil, orge (y compris escourgeon et paumelle), maïs, sarrasin, sorgho et avoine.

La réquisition s'applique également aux fèves ou féveroles.

Les céréales, fèves ou féveroles en cours de transport à la date fixée au premier alinéa sont également réquisitionnées et considérées comme détenues par le destinataire.

21. Cette réquisition comprend toutes les céréales, fèves ou féveroles existantes, à l'exception :

1° Des quantités nécessaires soit aux ensemencements des producteurs, soit aux ensemencements d'autres cultivateurs dépourvus de semences, soit à des marchands grainetiers dans les conditions fixées par l'arrêté interministériel du 5 septembre 1917;

2° Des quantités nécessaires à la consommation des familles attachées à l'exploitation agricole;

3° Des quantités de céréales autres que le blé, nécessaires à la nourriture des animaux appartenant au producteur.

Dans chaque département, les quantités de céréales mentionnées aux trois alinéas précédents comme non susceptibles d'être réquisitionnées sont fixées par un arrêté préfectoral qui est soumis à l'approbation du Ministre de l'Agriculture et du Ravitaillement.

Cet arrêté prescrit, le cas échéant, les mesures destinées à assurer le contrôle des déclarations de récolte et le recensement des stocks disponibles chez les producteurs, les meuniers, les commerçants et autres détenteurs, à la date arrêtée pour la mise en application du régime institué par le présent décret.

22. La réalisation des céréales soumises à la réquisition est effectuée dans chaque commune par l'un des modes ci-après :

1° Livraison des producteurs à la commission de réception;

2° Livraison des producteurs aux meuniers;

3° Livraison des producteurs aux commerçants et courtiers en grains, patentés avant le 1er janvier 1917.

Les présidents des commissions de réception, les meuniers, les négociants et les courtiers agissent pour le compte de l'État, notifient les quantités achetées au bureau permanent et les tiennent à sa disposition.

Toutefois, les céréales provenant des achats d'un meunier sont utilisées, à moins d'instructions contraires et dans des cas exceptionnels, à alimenter son moulin.

23. Les céréales, fèves ou féveroles achetées à l'amiable, suivant l'un des modes prévus à l'article 22, sont payées au producteur par les commissions de réception, les meuniers, les commerçants et courtiers, pour les 100 kilogrammes nets et nus, aux prix suivants :

Blé froment	50 fr.
Orge	42
Maïs	42
Seigle	42
Sarrasin	42
Méteil	45
Sorgho	35
Fèves ou féveroles	45
Avoine	42

Tous ces prix s'entendent de denrées prises chez le producteur et de qualité saine, loyale et marchande.

Pour le transport de la ferme au moulin, aux gares de départ ou aux ports d'embarquement, sont applicables les tarifs en vigueur pour les transports par réquisition des marchandises réquisitionnées achetées à caisse ouverte.

24. Les céréales achetées à l'amiable par les commissions de réception sont payées au producteur, suivant la procédure des achats à caisse ouverte.

Les céréales qui ont été achetées par les meuniers et qu'ils sont autorisés à conserver pour l'alimentation de leur moulin leur sont remboursées sur production de leurs factures accompagnées du permis de circulation sur route prévu à l'article 26.

Les céréales achetées par les commerçants ou courtiers, ainsi que celles qu'exceptionnellement les meuniers ne sont pas autorisés à conserver pour l'alimentation de leur moulin, leur sont remboursées sur production de factures accompagnées soit du reçu du réceptionnaire désigné par le bureau permanent lorsque la marchandise a voyagé sur route, soit du récépissé délivré par la compagnie du chemin de fer ou de navigation.

Dans les cas visés par les deux alinéas précédents, le remboursement est effectué, au titre du compte spécial du ravitaillement, par un agent désigné par le Ministre de l'Agriculture et du Ravitaillement.

25. A défaut par un détenteur de livrer amiablement ses céréales suivant l'un des modes fixés à l'article 22, les opérations de réquisition sont poursuivies conformément aux prescriptions réglementaires, et les prix offerts pour payement des marchandises réquisitionnées ne peuvent être supérieurs à ceux indiqués à l'article 23, sous réserve de répondre à la qualité type.

En ce qui concerne le blé, il doit être d'un poids spécifique de 77 kilogrammes à l'hectolitre et ne pas contenir plus de 2 p. 100 d'impuretés ou de corps étrangers. Lorsque cette double condition n'est pas remplie, le prix subit une réfaction suivant la base de 1/2 p. 100 par kilogramme manquant sur le poids spécifique et de 1/2 p. 100 par unité d'impuretés ou de corps étrangers en plus des 2 p. 100 tolérés.

Des réfactions analogues pour défaut de poids spécifique et pour excédent d'impuretés ou de corps étrangers sont appliquées aux autres céréales et aux fèves ou féveroles.

26. Les céréales et fèves ou féveroles, sauf dans le cas de rentrée des récoltes en granges ou à la suite de battages, ne peuvent circuler sur route qu'avec un permis délivré par le maire et portant les noms et adresses du producteur et du destinataire ainsi que les quantités et la nature des denrées.

27. Les permis de circulation sur route sont extraits d'un carnet à souches délivré par le Ministère du Ravitaillement. Ils sont divisés en deux feuillets détachables : le premier est remis à l'expéditeur par le maire et doit accompagner la marchandise dans ses déplacements; le livreur, après l'avoir signé, le remet à son tour au destinataire, une fois la livraison effectuée.

Le deuxième feuillet, qui reproduit exactement le premier, est envoyé par le maire au bureau permanent.

Il est alloué aux agents de la mairie une indemnité de 25 centimes par permis délivré.

28. Toutes céréales et fèves ou féveroles circulant sur route sans le permis exigé par l'article 26 du présent décret sont assimilées à des céréales non déclarées : en conséquence, elles sont réquisitionnées et payées avec la réduction de 7 francs par 100 kilogrammes établie par l'article 2 du décret du 13 juillet 1917.

29. Les expéditions de céréales et fèves ou féveroles par voie ferrée ou navigable ne sont autorisées que sur présentation aux chefs de gare ou aux inspecteurs principaux de l'exploitation commerciale des chemins de fer, aux mariniers ou compagnies de navigation, de permis d'expéditions de grains. Ces permis sont détachés de carnets spéciaux à souches délivrés au bureau permanent par le Ministère de l'Agriculture et du Ravitaillement.

Le bureau permanent peut charger un ou plusieurs agents de délivrer en son nom ces permis aux parties intéressées à charge de lui en rendre compte.

30. L'allocation de 1 fr. 50 dont les négociants et autres intermédiaires ont été autorisés à majorer le prix des céréales, en vertu de l'article 5 du décret du 13 juillet 1917, est réduite à 0 fr. 85 par 100 kilogrammes.

CHAPITRE VI.

RÉGIME DE LA MEUNERIE. — LIVRAISON ET PRIX DES FARINES.

31. Tous les moulins sont placés sous le contrôle du Ministère de l'Agriculture et du Ravitaillement.

Leur surveillance est exercée concurremment par les agents du service de la répression des fraudes, par les fonctionnaires de l'intendance ou les officiers délégués par eux, et par le ou les contrôleurs départementaux.

32. Les moulins sont alimentés en céréales et fèves ou féveroles, soit par les achats que les meuniers sont autorisés à effectuer pour le compte de l'État, soit par les quantités qui leur sont attribuées par le bureau permanent ou le service central du ravitaillement.

33. Les denrées dont disposent les meuniers en vertu de l'article précédent leur sont cédées, les 100 kilogrammes nets et nus, rendus gare destinataire, aux prix suivants :

Blé froment	43f 00c
Maïs	43 00
Méteil	42 30
Seigle	41 50
Orge	40 40
Sarrasin	34 40
Sorgho	27 50
Fèves et féveroles	38 30

34. Les meuniers payent à l'État les denrées qui leur sont cédées au moyen d'ordres de versement émis au titre du compte spécial du ravitaillement par l'agent désigné à l'article 24 ci-dessus.

Le duplicatum du bordereau des ordres de versement émis est adressé au Ministère de l'Agriculture et du Ravitaillement.

35. Il est interdit aux meuniers de laisser sortir de leur moulin ou de vendre d'autres produits de la mouture du blé que la farine entière, le son et les déchets de nettoyage impropres à la mouture.

Le blé mis en mouture doit être pratiquement exempt d'impuretés.

La farine entière doit contenir tous les éléments du blé hormis le son et les impuretés.

36. La farine entière du blé doit être mélangée pour la fabrication du pain avec une ou des farines de succédanés autorisés par l'article 1er de la loi du 8 avril 1917.

La proportion du mélange est fixée dans chaque département par arrêté préfectoral, pris après avis du bureau permanent.

37. Les farines de succédanés du blé doivent être extraites aux taux suivants :

80 p. 100 pour le maïs.
75 p. 100 pour le méteil.
74 p. 100 pour les fèves et féveroles.
70 p. 100 pour le seigle.
65 p. 100 pour l'orge.
67 p. 100 pour le sarrasin.
47 p. 100 pour le sorgho.

Ces taux s'entendent de denrées de qualité saine, loyale et marchande ; ils peuvent être réduits ou augmentés suivant la qualité des denrées mises en mouture, sur instruction du bureau permanent.

38. A partir du 1er janvier 1918, le prix de la farine entière de blé froment mélangée ou non avec les succédanés autorisés par l'article 1er de la loi du 8 avril 1917, et quelle que soit la proportion du mélange, est fixé à 51 francs les 100 kilogrammes nets nus et pris aux moulins.

Ce prix est applicable à toutes les farines de succédanés.

39. Il est interdit aux meuniers de vendre des farines de blé froment et de succédanés à un prix supérieur à celui fixé par l'article précédent, et de les livrer à d'autres parties prenantes que celles qui sont désignées par le bureau permanent, sauf pour les farines provenant de moutures à façon effectuées pour l'approvisionnement de producteurs.

40. La vente au détail des farines de blé froment et des succédanés visés à l'article 33 par les épiciers et autres commerçants est interdite; seuls les boulangers sont autorisés à effectuer cette vente, mais par quantité ne pouvant excéder 50 grammes par personne et par semaine.

41. En vue de faciliter le contrôle de la fabrication de la farine entière de blé froment et des farines de succédanés, des échantillons types de ces farines seront établis par le Ministère de l'Agriculture et du Ravitaillement. Ces échantillons seront déposés dans chaque préfecture (service de la répression des fraudes) et mis, sur leur demande, à la disposition des intéressés.

Toute farine entière de blé froment ou toute farine de succédanés qui sera trouvée de qualité supérieure, ou inférieure aux types ainsi établis, sera présumée n'avoir pas été extraite conformément aux prescriptions réglementaires. Dans la comparaison des produits fabriqués avec les échantillons types, il sera tenu compte des tolérances admises par les usages commerciaux.

Le fabricant sera poursuivi en vertu des dispositions de la loi du 8 avril 1917.

42. Restent applicables aux meuniers les dispositions des articles 14 et 15 du décret du 31 juillet 1917 concernant les déclarations à faire aux contrôleurs départementaux, et les sanctions en cas de manquements aux obligations imposées aux meuniers par ledit décret.

CHAPITRE VII.

PRIX DES CÉRÉALES CÉDÉES POUR DES EMPLOIS AUTRES QUE LA PANIFICATION. TAXE ET LIVRAISON DES SONS.

43. Les prix de cession par l'État de céréales, sauf le blé, destinées à des emplois autres que la panification, sont fixés par déclaration du Ministre de l'Agriculture et du Ravitaillement.

Restent applicables à la revente de ces céréales à la consommation les majorations prévues à l'article 10 du décret du 31 juillet 1917 pour les commerçants en gros, demis-gros et détail.

44. A partir du 1er janvier 1918, les sons ne peuvent être mis en vente, vendus ou réquisitionnés à des prix supérieurs aux taux suivants :

1° Provenance de la mouture du blé froment, méteil, seigle, orge, maïs, 35 francs;
2° Provenance de la mouture des fèves et féveroles, 20 francs;
3° Provenance de la mouture du sarrasin et du sorgho, 15 francs.

Ces prix s'entendent les 100 kilogrammes nets, nus et pris au moulin. Ils sont augmentés, s'il y a lieu, des frais de transport et des majorations prévues à l'article 10 du décret du 31 juillet 1917 pour les commerçants en gros, demi-gros et détail.

45. Les meuniers ne doivent livrer les sons et déchets qu'aux parties prenantes qui leur sont désignées par le bureau permanent, sauf pour les sons et déchets provenant de moutures à façon effectuées pour le compte de producteurs. Toutefois, le bureau permanent peut laisser aux meuniers la faculté de vendre tout ou partie de leur fabrication.

CHAPITRE VIII.

DISPOSITIONS SPÉCIALES AUX PRODUCTEURS CONSOMMANT LES CÉRÉALES PROVENANT DE LEUR PROPRE RÉCOLTE.

46. Dans chaque département, le bureau permanent dresse la liste des moulins qui sont autorisés à effectuer la mouture des céréales panifiables laissées à la disposition des producteurs pour leur consommation familiale.

Il fait remettre par le maire de la commune, à chaque producteur, un bulletin portant la désignation du moulin chargé de moudre à façon ses céréales avec indication, le cas échéant, des quantités par tête et par mois.

Le meunier ne peut effectuer cette mouture à façon que contre remise dudit bulletin. Il doit fabriquer la farine de blé froment conformément aux prescriptions de l'article 35 et les farines de succédanés aux taux fixés par l'article 37.

47. Tout transport de céréales destinées à des moutures à façon pour la consommation familiale ou de farines ou sons provenant de ces moutures ne peut être effectué par un producteur qu'avec les permis de circulation ou d'expédition visés aux articles 26 et 29 du présent décret.

48. Il est interdit aux producteurs de vendre les céréales et fèves ou féveroles qu'ils ont été autorisés à conserver pour leur consommation familiale.

En cas d'infraction à cette interdiction, il est procédé à la réquisition de toutes les denrées panifiables restant à la disposition du contrevenant.

49. Il est interdit aux boulangers de livrer du pain : 1° aux producteurs autorisés à conserver les quantités de céréales nécessaires à leur consommation familiale et cuisant eux-mêmes leur pain ; 2° aux personnes autorisées par le bureau permanent à recevoir d'un meunier les quantités de farine nécessaires à leur consommation familiale ou cuisant elles-mêmes leur pain.

CHAPITRE IX.

DISPOSITIONS GÉNÉRALES ET DIVERSES.

50. Les dépenses de fonctionnement des offices départementaux et de leur bureau permanent, des contrôleurs des moulins et de la délivrance des permis sont autorisées par le Ministère de l'Agriculture et du Ravitaillement ; elles sont supportées par le compte spécial du Ravitaillement et mandatées par le service central sur production de justification et dans la limite des autorisations données.

51. Les articles 33 et 38 du présent décret ne sont pas, transitoirement, applicables au département de la Seine, qui demeure régi par le décret du 30 décembre 1915.

52. Les dispositions du présent décret entreront en application le 1er janvier 1918, sauf en ce qui concerne les chapitres III et IV qui entreront en vigueur à partir du 20 décembre 1917.

A partir de cette mise en application, sont abrogés :

1° Les articles 1, 2, 4, 5, 9 et 10 du décret du 27 juin 1916 relatif à l'application de la loi du 25 avril 1916 ;

2° Le décret du 16 janvier 1917, fixant les taxes de l'orge et du seigle ;

3° Le décret du 9 février 1917 relatif à la fabrication et à la vente du pain ;

4° Le décret du 8 avril 1917 relatif à l'application de la loi concernant la taxation du blé et à l'addition de succédanés à la farine de froment ;

5° Les articles 1, 2, 3, 4, 5, 6 et 8 du décret du 19 avril 1917 réglementant la fabrication et la vente de la pâtisserie et de la biscuiterie et l'arrêté ministériel du 20 janvier précédent réglementant la vente et la consommation de la pâtisserie ;

6° Les articles 1, 2 (§ 1 et 2), 4, 5, 6, 7, 8, 9 et 10 du décret du 3 mai 1917 et le décret du 8 mai 1917 relatifs à la fabrication et au commerce de la farine de froment et des farines de succédanés ;

7° Les articles 1, 3, 4, 6, 7 et 8 du décret du 13 juillet 1917 relatif à la taxation et à la déclaration des céréales ;

8° Les articles 4, 5, 6, 7, 8, 9, 11, 12 et 16 du décret du 31 juillet 1917 relatif au régime des céréales et au contrôle de la meunerie ;

9° Le décret du 28 octobre 1917, l'arrêté ministériel du 29 octobre 1917 et l'arrêté du 21 août 1917 sur le remboursement de la ristourne ;

10° Le décret du 3 août 1917 réglementant le régime de la boulangerie et de la consommation du pain ;

11° Enfin, toutes autres dispositions contraires à celles du présent décret.

53. Le Ministre de l'Agriculture et du Ravitaillement est chargé de l'exécution du présent décret.

ARRÊTÉ DU MINISTRE DE L'AGRICULTURE ET DU RAVITAILLEMENT DU 1ER DÉCEMBRE 1917

relatif à la carte de pain et au taux des rations.

LE MINISTRE DE L'AGRICULTURE ET DU RAVITAILLEMENT,

Vu le décret du 30 novembre 1917 relatif à la consommation du pain, à la réquisition des céréales et à la fabrication de la farine,

ARRÊTE :

ARTICLE PREMIER. Les rations de pain à allouer à chaque consommateur, suivant son âge et sa condition sociale, sont fixées d'après les taux maxima suivants :

CATÉGORIES de CONSOMMATEURS.	TAUX MAXIMA PAR TÊTE et par jour.
I.	
Travailleurs des métiers de force. Travailleurs agricoles autres que ceux alimentés par les céréales laissées aux producteurs pour leur consommation familiale. Personnes disposant de ressources très modestes.	1° Hommes de plus de 16 ans, 600 grammes; 2° Femmes de plus de 16 ans, 500 grammes.
II.	
Travailleurs des petits métiers. Personnes disposant de ressources modestes.	1° Hommes de plus de 16 ans, 400 grammes; 2° Femmes de plus de 16 ans, 300 grammes.
III.	
Tous consommateurs non compris dans les deux premières catégories.	200 grammes.

2. Dans les communes désignées par le Ministre par application de l'article 3 du décret du 30 novembre 1917, le pain n'est plus vendu aux consommateurs que sur présentation d'une carte établie conformément à un modèle arrêté par le Ministre de l'Agriculture et du Ravitaillement.

Ces cartes sont adressées, par les soins du Ministère, aux maires des communes intéressées.

3. Les cartes de pain sont individuelles, nominatives et intransmissibles. Le titulaire y inscrit son nom et son adresse et y appose sa signature. Le chef de famille signe les cartes de ses enfants mineurs.

4. L'office communal du pain dresse la liste des consommateurs par catégorie, conformément au tableau de l'article 1er.

Il fait distribuer aux habitants les cartes et, autant que possible, les fait porter à domicile.

Il doit en tenir un contrôle.

Il fait retirer les cartes des personnes décédées ou disparues et les fait parvenir au bureau permanent.

5. En même temps que la carte, l'office communal fait remettre aux consommateurs un ou plusieurs carnets comprenant autant de tickets de 100 grammes que le comporte la ration de pain à eux allouée pour le mois, d'après les taux fixés par le tableau de l'article 1er.

Ces carnets ne sont valables que durant le mois pour lequel ils ont été remis et aucun ticket ne peut être utilisé pour un achat avant le mois auquel il est destiné.

Les carnets et tickets sont périmés s'ils n'ont pas été utilisés durant le mois auquel ils correspondent.

6. A la fin de chaque mois, le remplacement des carnets se fait dans les conditions fixées par l'office communal du pain.

Les nouveaux carnets ne peuvent être remis que sur présentation de la carte individuelle et sur remise des talons des carnets du mois écoulé.

Cette distribution doit être faite de façon que le consommateur puisse se servir des carnets dès le premier jour du mois suivant.

L'office communal transmet au bureau permanent les carnets usagés avec les tickets non utilisés qui y restent attachés, le tout accompagné d'un bordereau indiquant le nombre de cartes en usage et de carnets distribués.

7. Lorsque le titulaire d'une carte de pain se trouve à la fin du mois hors de sa résidence habituelle, il peut faire remplacer son carnet à la mairie de la commune où il se trouve séjourner, à la condition que dans cette commune fonctionne le régime de la carte de pain. La mairie lui délivre un carnet provisoire en échange de celui épuisé, et renvoie ce dernier à la mairie de la résidence habituelle de l'intéressé.

Les carnets provisoires portent la mention : « provisoire, à échanger à la mairie de la résidence habituelle ».

Après échange, ils sont renvoyés à la mairie qui les a établis.

8. Lorsqu'une carte de pain est délivrée au cours d'un mois, le carnet qui est remis en même temps au consommateur contient un nombre de tickets correspondant au montant de sa ration pendant le nombre de jours du mois restant à courir.

Il en est de même lorsqu'il s'agit de l'échange de carnets provisoires.

9. Les militaires en permission ou en congé reçoivent une carte individuelle de pain avec un carnet comportant un nombre de tickets correspondant au montant de la ration la plus élevée pendant la durée de la permission ou du congé.

Cette carte, avec le carnet de tickets, est délivrée par la mairie de la résidence indiquée sur les titres de permission ou de congé et sur présentation de ces titres.

10. Les personnes devant séjourner dans une commune où fonctionne le régime de la carte de pain reçoivent de l'office communal du pain, sur leur demande, une carte temporaire avec un carnet comprenant un nombre de tickets correspondant à leur consommation pendant la durée de leur séjour ou jusqu'à la fin du mois courant. En cas de prolongation de séjour, le carnet épuisé est remplacé par un nouveau.

Lors de leur départ de la commune, les personnes doivent remettre les cartes et carnets à la mairie, en laissant adhérents les tickets correspondant au nombre de jours restant à courir jusqu'à la fin du mois.

11. Toute carte prêtée ou vendue est confisquée.

Les grattages et les ratures sur la carte sont interdits.

Aucune carte volée, perdue ou détruite n'est, en principe, remplacée. Le vol, la perte ou la destruction d'une carte doit, dans le plus bref délai, être déclaré à l'office communal du pain qui l'a délivrée.

Ces dispositions sont applicables aux carnets et tickets.

12. L'établissement ou l'usage de fausses cartes ou de faux carnets et tickets est poursuivi comme faux et les auteurs sont déférés aux tribunaux compétents.

13. Les boulangers, restaurateurs, maîtres d'hôtels, aubergistes, etc., ne peuvent délivrer de pain qu'en échange de tickets remis à eux ou à leurs préposés.

Il leur est interdit de livrer une quantité de pain supérieure à celle portée sur les tickets.

14. Le titulaire d'une carte ne peut utiliser les tickets que pour obtenir du pain de consommation courante.

Toutefois, il peut obtenir, par équivalence, soit de la farine, soit du pain de fantaisie ou du pain de régime ou de santé. En ce cas il remet en échange au vendeur des tickets suivant les conditions et proportions qui seront déterminées par un tableau des équivalences établi par le Ministère de l'Agriculture et du Ravitaillement. Ce tableau est affiché chez les boulangers et débitants des produits ci-dessus mentionnés.

15. Les boulangers et autres vendeurs de pain ou de produits admis sur le tableau des équivalences sont approvisionnés en farine dans la mesure des quantités par eux vendues et représentées par les tickets.

Ils doivent déposer à l'office communal du pain les tickets qui leur ont été remis par les consommateurs.

16. A titre transitoire, et durant la première semaine de la mise en pratique du régime de la carte de pain, les restaurateurs, hôteliers, aubergistes, maîtres de pensions et autres patrons d'établissements d'alimentation pourront être autorisés, par l'office communal, à recevoir des boulangers qui les fournissent habituellement les quantités de pain nécessaire à l'exploitation de leur industrie; mais, pour les besoins ultérieurs, ils n'obtiendront de livraison de pain que contre remise des tickets reçus de leurs clients.

Ils sont autorisés à détenir les cartes et carnets de pain de leurs pensionnaires ou de leurs clients habituels et de leur personnel avec le consentement des intéressés.

17. Il est interdit, sauf en cas d'autorisation du bureau permanent, aux boulangers dont les établissements sont situés dans une commune où ne fonctionne pas le régime de la carte de pain de vendre du pain dans une commune où fonctionne ce régime.

18. En cas d'affluence extraordinaire ou imprévue dans une localité ou un établissement d'alimentation ouvert au public, l'office communal du pain pourra autoriser les restaurateurs, hôteliers, aubergistes, etc., à se faire délivrer par le boulanger, moyennant un bon spécial, une quantité supplémentaire de pain.

19. Tout manquement, par les boulangers et autres vendeurs de pain ou de produits admis par le tableau des équivalences, aux obligations qui leur sont imposées par le présent arrêté, peut entraîner la suppression de toute allocation de farine pendant un certain nombre de jours, sans préjudice des peines prévues par les lois et règlements. La décision est prise par le préfet, après avis de l'office communal du pain.

LOI DU 3 DÉCEMBRE 1917

portant ratification du décret du 7 août 1916 prohibant la sortie, ainsi que la réexportation en suite d'entrepôt, de dépôt, de transit et de transbordement des tabacs de toute espèce.

(*Journal officiel* du 5 décembre 1917.)

Le Sénat et la Chambre des Députés ont adopté,

Le Président de la République promulgue la loi dont la teneur suit :

Article premier. Est ratifié et converti en loi le décret du 7 août 1916 prohibant la sortie, ainsi que la réexportation en suite d'entrepôt, de dépôt, de transit et de transbordement des tabacs de toute espèce.

2. Le régime antérieur sera rétabli par décret rendu dans la même forme que celui dont la ratification est prononcée par la présente loi.

La présente loi, délibérée et adoptée par le Sénat et par la Chambre des députés, sera exécutée comme loi de l'État.

DÉCRET DU 4 DÉCEMBRE 1917

relatif aux réquisitions civiles aux colonies.

(*Journal officiel* du 6 décembre 1917.)

Le Président de la République française,

Vu la loi du 3 août 1917 sur les réquisitions civiles ;

Sur le rapport des Ministres des Colonies, du Commerce, de l'Industrie, des Postes et des Télégraphes, des Transports maritimes et de la Marine marchande et de l'Agriculture et du Ravitaillement,

Décrète :

Article premier. La loi du 3 août 1917 sur les réquisitions civiles est rendue applicable aux colonies.

2. Les attributions conférées par ladite loi au Ministre du Commerce sont dévolues, par délégation générale, aux gouverneurs généraux et gouverneurs des colonies, ainsi qu'à l'administrateur des îles de Saint-Pierre et Miquelon et exercées par ces fonctionnaires, sous l'autorité du Ministre des Colonies.

3. Des arrêtés des gouverneurs généraux, gouverneurs des colonies et de l'administrateur des îles Saint-Pierre et Miquelon, pris en conseil de gouvernement, en conseil privé ou en conseil d'administration, régleront, pour chaque colonie et en tenant compte des circonstances locales, les modalités d'application de la loi du 3 août 1917.

4. Un arrêté du chef de la colonie, pris dans les mêmes formes que les arrêtés visés à l'article 3, déterminera, préalablement à toute réquisition, les différents points spécifiés à l'article 2 de la loi du 3 août 1917.

5. Les réquisitions devront spécifier la destination des objets ou matières réquisitionnés suivant qu'ils doivent être employés pour répondre aux besoins locaux ou pour contribuer au ravitaillement de la métropole ou d'autres colonies.

6. Les Ministres des Colonies, du Commerce, de l'Industrie, des Postes et des Télégraphes, des Transports maritimes et de la Marine marchande, et de l'Agriculture et du Ravitaillement sont chargés, chacun en ce qui le concerne, de l'exécution du présent décret.

DÉCRET DU 4 DÉCEMBRE 1917

réglementant la consommation de l'essence et la circulation des véhicules automobiles.

(*Journal officiel* du 6 décembre 1917.)

Le Président de la République française,

Vu la loi du 20 avril 1916, relative à la taxation des denrées et substances;

Vu le décret du 16 avril 1917, relatif à la réglementation de la consommation de l'essence de pétrole;

Vu le décret du 13 juillet 1917, instituant le Comité général du pétrole;

Vu le décret du 31 août 1917, relatif à la réglementation de la circulation de l'essence;

Vu l'avis du Comité général du pétrole;

Sur le rapport du Président du Conseil, Ministre de la Guerre, du Ministre de l'Agriculture et du Ravitaillement, du Ministre de la Marine, du Ministre de l'Intérieur, du Ministre de l'Armement et des Fabrications de guerre, et du Ministre des Travaux publics et des Transports,

Décrète :

CHAPITRE PREMIER.

CARNET D'ESSENCE.

Article premier. A partir du 1er janvier 1918, aucun bon de consommation d'essence, sauf pour la consommation domestique, les véhicules servant aux transports publics ou en commun et les voitures automobiles affectées aux administrations ou services publics, ne peut être délivré par l'une des autorités préposées à cet effet que sur production par l'intéressé d'un carnet d'essence.

2. Le carnet d'essence est délivré, dans le département de la Seine, par le préfet de police, et, dans les autres départements, par le préfet, sur demande écrite et signée du consommateur.

Un consommateur ne peut demander qu'un seul carnet et dans le département où il a sa résidence habituelle, sauf le cas visé à l'article ci-après.

Il doit indiquer sur le carnet la justification de l'emploi de l'essence dont il a besoin et spécifier pour les véhicules automobiles leurs numéros et leurs caractéristiques (type et puissance).

3. Par dérogation aux stipulations de l'article 2 ci-dessus, lorsqu'il s'agit d'une entreprise commerciale, industrielle, agricole ou de transports ayant des établissements dans plusieurs départements, il peut être délivré dans chacun de ces départements un carnet d'essence au nom du chef ou directeur de l'établissement principal dans le département.

4. Les carnets d'essence, qui sont fournis aux préfets par le Sous-Secrétariat d'État du Ravitaillement, sont valables pour une durée de trois mois au maximum. Ils ne peuvent être renouvelés que sur remise du carnet périmé à l'autorité préfectorale qui l'a établi.

Les carnets périmés sont renvoyés par les préfets au Sous-Secrétariat d'État du Ravitaillement.

5. Les autorités compétentes inscrivent sur le carnet les remises de bons de consommation, au fur et à mesure de leur délivrance, avec les quantités d'essence attribuées.

Aucune autorité ne peut délivrer un nouveau bon de consommation qu'après s'être assurée que la quantité d'essence demandée ne fait pas double emploi avec une quantité précédemment attribuée.

6. La délivrance des carnets d'essence donne lieu à la perception, au profit du département, d'une redevance de 2 francs à titre de contribution aux dépenses du service local.

CHAPITRE II.

CONSOMMATION DOMESTIQUE.

7. A partir du 1er janvier 1918, la répartition entre les communes d'un même département de l'essence destinée à la consommation domestique est effectuée chaque mois, dans le département de la Seine par le préfet de police et dans les autres départements par les préfets, sur les demandes qui leur sont présentées par les maires, et dans la limite des disponibilités du contingent attribué au département.

A cet effet, le préfet fait parvenir aux maires des carnets de bons d'un litre et d'un demi-litre en quantité correspondant au contingent qu'il a alloué pour le mois à la commune. Ces bons portent l'indication du mois pendant lequel ils sont valables.

Les carnets de bons sont fournis aux préfets par le Sous-Secrétariat d'État du Ravitaillement.

8. Le maire ne peut accorder de bons de consommation d'essence que sur le vu d'une déclaration écrite et signée de l'intéressé, faisant connaître ses besoins en essence pour la consommation domestique et spécifiant les autres moyens d'éclairage ou de chauffage dont il dispose.

Le maire inscrit sur le bon, au moment de sa remise, le nom du bénéficiaire.

Dans les centres importants, ces opérations peuvent être faites par les commissaires de police, entre lesquels le maire répartit les bons à distribuer, au prorata des besoins de chaque circonscription.

CHAPITRE III.

VÉHICULES AUTOMOBILES.

9. A partir du 1er janvier 1918, les cartes de consommation pour les automobiles de plaisance et de tourisme prévues à l'article 8 du décret du 16 avril 1917 sont supprimées et remplacées par des bons mensuels de consommation attribués dans les conditions fixées par les articles ci-après.

10. Ces bons de consommation sont délivrés par les préfets aux possesseurs de véhicules automobiles classés, soit comme faisant un service d'intérêt public (§ 3 de l'article 3 du décret du 16 avril 1917), soit comme voitures automobiles de plaisance ou de tourisme; établis suivant un type uniforme, ils sont divisés en tickets de cinq litres portant l'indication du mois pendant lequel ils sont valables.

Ces bons mensuels de consommation sont fournis aux préfets par le Sous-Secrétariat d'État du Ravitaillement.

Ils ne peuvent être accordés que sur demande écrite et signée de l'intéressé, justifiant de l'emploi de l'essence dont il a besoin.

11. Le préfet détermine la quantité allouée à chaque consommateur pour le mois, en tenant compte à la fois de l'importance reconnue de ses besoins et des disponibilités du contingent départemental ; il lui remet le nombre de tickets correspondant à la quantité ainsi fixée.

En aucun cas, la quantité allouée pour un mois à une voiture automobile de plaisance ou de tourisme ne peut dépasser cinquante litres.

12. La délivrance des bons de consommation d'essence pour les véhicules automobiles servant à des transports publics ou en commun, affectés à des administrations ou services publics, ou, sous réserve de la production du carnet d'essence, recevant leurs bons d'autorités autres que l'autorité préfectorale, reste soumise à la réglementation instituée par le décret du 16 avril 1917.

CHAPITRE IV.

DÉLIVRANCE DES SAUF-CONDUITS POUR LA CIRCULATION EN VÉHICULES AUTOMOBILES.

13. A partir du jour de la promulgation du présent décret, toutes les cartes vertes sont supprimées, et il n'est plus délivré de sauf-conduits autorisant les possesseurs de véhicules automobiles à circuler librement et sans condition de parcours, même pendant une période limitée.

Toutefois, le préfet de police dans le département de la Seine et le préfet dans les autres départements peut délivrer au possesseur d'un véhicule automobile, pour des raisons d'intérêt public, un sauf-conduit lui permettant de circuler librement, soit sur le territoire du canton de sa résidence et des cantons limitrophes, soit sur le territoire de l'arrondissement de sa résidence et des arrondissements limitrophes. Mais dans ce second cas, la délivrance du sauf-conduit est subordonnée à l'autorisation préalable du Ministre de l'Intérieur.

Ces sauf-conduits sont valables pour la durée du carnet d'essence dont leur bénéficiaire est pourvu et peuvent être renouvelés le cas échéant.

14. Les sauf-conduits permettant une circulation plus étendue que celle prévue à l'article 13 ci-dessus ne peuvent être accordés que pour un voyage nécessité soit par la défense nationale, soit par un intérêt public, soit par un cas urgent de transport de malades ou de blessés.

Ces sauf-conduits sont délivrés, dans le département de la Seine par le préfet de police, et dans les autres départements par les préfets, avec l'autorisation du Ministre de l'Intérieur, du Ministre de la Guerre, du Ministre de la Marine ou du Ministre de l'Armement, ou, en cas d'urgence, sous réserve d'en rendre compte immédiatement au Ministre intéressé.

Le préfet envoie tous les quinze jours au Ministre de l'Intérieur la liste des sauf-conduits qu'il a délivrés.

Ces sauf-conduits ne sont valables que pour un seul voyage, aller ou, sous condition d'une validité n'excédant pas un mois, aller et retour, et spécifient les motifs du déplacement et l'itinéraire autorisé.

15. Le périmètre maximum dans lequel le préfet peut autoriser les auto-taxis et fiacres automobiles à circuler librement ne doit pas dépasser un rayon de 6 kilomètres à l'extérieur de la commune dans laquelle ces voitures sont habituellement en service.

16. Il sera procédé à l'entrée et à la sortie des centres urbains, par les soins de la police locale ou de l'autorité militaire, à l'arrêt de tous les véhicules automobiles, à l'effet de vérifier les papiers concernant ces voitures et l'identité des voyageurs.

CHAPITRE V.

FIXATION DES CONTINGENTS D'ESSENCE POUR LA CONSOMMATION MENSUELLE.

17. Les différents ministères (Guerre, Marine, Armement, Agriculture, Travaux publics et Transports, Sous-Secrétariat d'État de l'Aéronautique et du Service de Santé) dont relèvent des administrations ou services autorisés à délivrer des bons de consommation d'essence font connaître, chaque mois, au Sous-Secrétariat d'État du Ravitaillement, les quantités de bons délivrés durant le mois précédent par ces administrations ou services, en distinguant selon leur nature les besoins qui ont bénéficié de ces bons.

18. Le Sous-Secrétaire d'État du Ravitaillement fixe mensuellement pour le mois suivant, d'accord avec les Ministres intéressés, le contingent mis à leur disposition, en vue de la délivrance des bons de consommation.

Les contingents ainsi attribués à chaque département ministériel ne peuvent être modifiés en cours du mois qu'après entente du Ministre intéressé et du Sous-Secrétaire d'État du Ravitaillement.

Chaque ministre fixe, dans les limites de ce contingent, la quantité mensuelle mise à la disposition de chacun de ses services ou administrations.

CHAPITRE VI.

DISPOSITIONS DIVERSES ET GÉNÉRALES.

19. A partir du 1er janvier 1918, les bons de consommation d'essence pour les mines et les administrations et compagnies de chemins de fer, établis dans la forme prescrite à l'article 5 du décret du 16 avril 1917, sont délivrés:

1° En ce qui concerne les mines, par les ingénieurs en chef des arrondissements minéralogiques;

2° En ce qui concerne les administrations et compagnies de chemins de fer, par les ingénieurs du contrôle.

20. Tout dépositaire, grossiste ou détaillant, qui aura contrevenu aux dispositions des décrets du 16 avril 1917 et du 31 août 1917 ou du présent décret peut être privé, par décision du Sous-Secrétaire d'État du Ravitaillement, sans préjudice des sanctions pénales, de la faculté de recevoir des bons de réapprovisionnement pendant une durée déterminée.

Tout consommateur d'essence qui aura contrevenu à la réglementation instituée par les décrets précités peut être privé, par décision de l'autorité préfectorale, et sans préjudice des sanctions pénales, de son carnet d'essence et de la faculté d'obtenir de nouveaux bons de consommation pendant une durée déterminée.

21. Les dispositions du présent décret sont applicables à tout le territoire français.

Sont abrogées toutes les dispositions du décret du 16 avril 1917 contraires au présent décret et notamment les articles 7 et 8 dudit décret.

22. Le Président du Conseil, Ministre de la Guerre; le Ministre de l'Agriculture et du Ravitaillement, le Ministre de la Marine, le Ministre de l'Intérieur, le Ministre de l'Armement et des Fabrications de guerre et le Ministre des Travaux publics et des Transports sont chargés, chacun en ce qui le concerne, de l'exécution du présent décret.

DÉCRET DU 5 DÉCEMBRE 1917

relatif à la déclaration et à la réquisition des wagons-réservoirs.

(*Journal officiel* du 7 décembre 1917.)

Le Président de la République française,

Sur le rapport du Président du Conseil, Ministre de la Guerre; du Garde des Sceaux, Ministre de la Justice; du Ministre du Commerce, de l'Industrie, des Postes et des Télégraphes, des Transports maritimes et de la Marine marchande; du Ministre de l'Agriculture et du Ravitaillement; du Ministre des Travaux publics et des Transports, et du Ministre de l'Intérieur;

Vu l'article 419 du Code pénal, livre III, titre II;

Vu les articles 10 et 11 de la loi du 20 avril 1916;

Vu la loi du 3 août 1917 dans ses dispositions spéciales et par application des articles 1er, 2 et 4 de ladite loi;

Le Conseil des Ministres entendu,

Décrète :

Article premier. Les wagons-réservoirs peuvent faire l'objet de réquisitions civiles.

Tout propriétaire, exploitant ou détenteur, à quelque titre que ce soit, de wagons-réservoirs existant en France à la date du 15 novembre 1917, et pouvant servir au transport des vins, alcools, cidres et bières, est tenu d'en faire la déclaration avant le 20 décembre 1917.

En cas de changement de propriétaire, la déclaration devra être renouvelée par le vendeur et par le nouveau propriétaire, dans les quinze jours qui suivront la date de mutation.

2. La déclaration doit contenir les nom, prénoms, domicile et profession du déclarant ainsi que la qualité en vertu de laquelle il fait la déclaration; les noms, prénoms et domicile du propriétaire du wagon et du titulaire de l'immatriculation, ou, s'il s'agit d'une société, la raison sociale et l'adresse du siège social.

La déclaration doit également porter la marque, le numéro, la contenance du wagon, et, s'il y a lieu, la nature du liquide habituellement transporté, ainsi que le service auquel le wagon est habituellement affecté.

3. La déclaration, datée et signée, doit être faite, conformément au modèle annexé au présent décret, en deux exemplaires qui sont envoyés par la poste, sous pli recommandé, à l'adresse suivante : Monsieur le Ministre du Commerce (Services de guerre), 101, rue de Grenelle, Paris.

4. Tout défaut de déclaration ou fausse déclaration contrevenant aux articles 1er et 2 du présent décret sera relevé par procès-verbal, et le délinquant sera puni des peines prévues aux articles 8 et 10 de la loi du 3 août 1917.

5. Le Président du Conseil, Ministre de la Guerre; le Garde des Sceaux, Ministre de la Justice; le Ministre du Commerce, de l'Industrie, des Postes et des Télégraphes, des Transports maritimes et de la Marine marchande; le Ministre de l'Agriculture et du Ravitaillement; le Ministre des Travaux publics et des Transports, le Ministre de l'Intérieur sont chargés, chacun en ce qui le concerne, de l'exécution du présent décret.

DÉPARTEMENT

d

ARRONDISSEMENT

d

COMMUNE

d

DÉCLARATION DES WAGONS-RÉSERVOIRS.

Je soussigné :

(Nom)

(Prénoms)

(Profession)

demeurant à

Société

Siège social

déclare être { propriétaire / exploitant (1) / détenteur (1) } de wagons-réservoirs.

(Biffer les mentions inutiles.) (Inscrire le nombre en *toutes lettres*.)

MARQUES.	NUMÉRO D'IMMATRICULATION.	CONTENANCES.	NATURE DU LIQUIDE habituellement transporté et service habituel.	PROPRIÉTAIRE DU WAGON.	TITULAIRE de L'IMMATRICULATION.

Je certifie l'exactitude, à la date du 15 décembre 1917, des déclarations ci-dessus.

A , le 191 .

(Signature.)

(1) Indiquer à quel titre et donner les nom, prénoms et domicile du propriétaire.

N. B. — Si le propriétaire est une société, indiquer la raison sociale et l'adresse du siège social.

LOI DU 6 DÉCEMBRE 1917

tendant à l'application aux opérations de pesage, dans les colonies de la Guadeloupe, de la Martinique et de la Réunion, des dispositions en vigueur dans la métropole sur le contrôle du pesage des betteraves.

(*Journal officiel* du 12 décembre 1917.)

Le Sénat et la Chambre des députés ont adopté,

Le Président de la République promulgue la loi dont la teneur suit :

Article unique. Les bascules servant au pesage des cannes livrées par le cultivateur, dans les colonies de la Guadeloupe, de la Martinique et de la Réunion, devront être munies d'un appareil enregistreur.

Dans chaque colonie, des agents de l'administration locale seront chargés de contrôler les opérations de pesage des cannes vendues aux usines à sucre et aux distilleries agricoles,

Un décret fixera la date et les conditions d'application de la présente loi.

La présente loi, délibérée et adoptée par le Sénat et par la Chambre des Députés, sera exécutée comme loi de l'Éta .

CIRCULAIRE

DU MINISTRE DE L'AGRICULTURE ET DU RAVITAILLEMENT

DU 10 DÉCEMBRE 1917

relative aux contingents départementaux pour la fabrication du pain.

(*Journal officiel* du 14 décembre 1917.)

Au moment où va entrer en application le régime institué par le décret du 30 novembre 1917 sur la réquisition des céréales, la fabrication de la farine et la consommation du pain, il me paraît nécessaire, avant toutes autres instructions, d'appeler votre attention d'une façon spéciale sur le fait que nous ne disposons, pour l'ensemble du territoire, que d'une quantité de céréales panifiables insuffisante ; d'où nécessité pour chacun de réduire sa consommation de pain.

L'estimation aussi approximative que possible des ressources et des besoins permet d'évaluer actuellement à 325 grammes environ la ration journalière moyenne par tête d'habitant, et on ne peut même obtenir ce chiffre moyen qu'en réservant à la fabrication du pain une partie importante des céréales utilisées dans la brasserie et les autres industries. Dans l'établissement, pour chaque département, du contingent de céréales affecté à cette fabrication, il y aura lieu de tenir compte, avant tout, de cette situation.

Associés depuis le début de la guerre à l'œuvre du ravitaillement national, vous comprendrez aisément l'importance que le Gouvernement attache à ce que ce contingent soit calculé scrupuleusement et en dehors de toute pensée particulariste.

C'est, en effet, de l'ensemble de ces contingents que sera faite notre consommation nationale, et nous ne devons pas perdre de vue que si leur total venait à dépasser nos disponibilités, nous serions contraints d'envisager de nouvelles réductions.

Notre intérêt commun nous commande donc, conformément à l'esprit du décret, que tout en réservant à chacun la part correspondant à ses besoins essentiels, nous supprimions résolument tout ce qui ne saurait être considéré comme tel.

Ce sont ces principes que vous devrez faire prévaloir auprès des autorités locales et de vos administrés, afin que le pays puisse atteindre la moisson prochaine sans éprouver de difficultés de nature à réduire ses moyens de résistance.

D'après l'article 2, c'est à vous qu'incombe le soin de réunir tous les éléments me permettant de déterminer le contingent départemental, c'est-à-dire la quantité mensuelle de farines pour la fabrication du pain nécessaire à la nourriture de vos administrés. En vue de ce travail, mon administration a établi les présentes instructions que j'ai l'honneur de vous adresser.

§ 1. — *Ressources et besoins.*

Vos ressources doivent comprendre non seulement le blé, mais toutes les céréales panifiables qui sont visées à l'article 33 du décret. Vous devrez donc faire état de ces succédanés encore utilisables dans votre département. En outre, vous aurez à indiquer si ces ressources pourront être moulues par les moulins du département ou des départements voisins, ou bien s'il sera nécessaire de faire face à vos besoins par des fournitures de blé ou de farine.

Je vous rappelle que la farine de froment doit être calculée au taux d'extraction de 80 p. 100 pour du blé de qualité saine, loyale et marchande et que, pour les autres farines, il y aura lieu d'appliquer les taux d'extraction imposés par l'article 37 du décret.

Afin d'établir une situation exacte de vos ressources et de vos besoins, j'ai joint à la présente circulaire un modèle que je vous prie de m'adresser après l'avoir rempli très exactement; votre administration doit actuellement être en possession de la majeure partie des renseignements qui y sont demandés.

§ 2. — *Calcul du contingent.*

Le contingent, tel qu'il a été défini ci-dessus, doit être calculé d'après le nombre des personnes habitant le département et suivant les taux maxima des rations journalières de pain qui ont été fixées par l'arrêté ministériel du 1er décembre 1917.

Aux termes de cet arrêté, les consommateurs sont rangés en trois catégories, suivant leur âge, la dépense de force musculaire dans leur profession ou leurs ressources journalières pour la nourriture.

En vue de faciliter votre travail, vous trouverez annexé à la présente circulaire un tableau des métiers, professions et situations assimilées, classés par catégories de ration de pain.

Ce classement des métiers et professions est fait d'après les statistiques du recensement général de la population, dressées par le Ministère du Travail. L'énumération indiquée n'a pas un caractère limitatif et ne saurait être absolue; mais elle permet de fixer les idées pour l'examen par comparaison des cas d'espèces non prévus.

La première catégorie comprend les travailleurs de métiers de force, c'est-à-dire les ouvriers des mines, de la construction mécanique et de la métallurgie, du bâtiment, des chemins de fer, les manœuvres, les dockers, etc., en un mot, tous ceux qui se livrent à un travail exigeant une dépense importante de force musculaire.

Font également partie de cette première catégorie :

1° Les travailleurs agricoles autres que ceux alimentés sur les céréales laissées aux producteurs pour leur consommation familiale;

2° Les consommateurs disposant de ressources très modestes. Dans cette dernière classe il y aura lieu de comprendre les personnes assistées sous une forme quelconque par les institutions publiques ou reconnues par l'administration, les personnes bénéficiant de l'allocation militaire et enfin les personnes autres que les gens de service, disposant pour leur nourriture d'une somme non supérieure à 4 fr. par tête et par jour.

La deuxième catégorie de consommateurs comprend les travailleurs des petits métiers manuels tels que les ouvriers travaillant à la main ou à la machine, les ouvriers d'art ou de précision, les coiffeurs, les gens de service, etc., en un mot tout consommateur fournissant une dépense moindre de force musculaire.

Le tableau de classement annexé à la présente circulaire indique les métiers, professions et situations assimilées faisant partie de la deuxième catégorie.

En outre, rentrent dans cette catégorie les personnes disposant pour leur nourriture de ressources modestes, c'est-à-dire d'une somme supérieure à 4 francs par tête et par jour, sans excéder 6 francs.

Enfin, dans la troisième catégorie rentrent tous les consommateurs qui ne sont pas compris dans les deux premières, c'est-à-dire les personnes sans profession ou n'exerçant pas une profession imposant une activité continue et celles dont la situation plus aisée leur permet de remplacer une partie habituelle de leur ration de pain par d'autres aliments.

En effet, si le pain est un aliment essentiel, la ration peut cependant en être réduite sans inconvénient, à la condition de substituer au pain d'autres aliments de valeur nutritive égale : en ce temps de guerre, les Français plus aisés doivent manger moins de pain afin d'en laisser davantage aux Français moins fortunés.

Pour régler certaines situations spéciales, vous vous conformerez aux indications suivantes :

1° Les femmes enceintes et les femmes allaitant leurs enfants sont assimilées aux femmes de la première catégorie;

2° Sur certificat médical, les personnes convalescentes de la troisième catégorie pourront demander un supplément de ration non supérieur à 100 grammes par jour. Un même supplément pourra être accordé, sur demande des parents, aux garçons et filles de moins de 16 ans de la troisième catégorie et dont l'état de croissance justifie ce supplément. Cette ration supplémentaire sera admise de plein droit pour les adolescents nourris en commun dans un établissement d'instruction. Nous sommes tous d'accord pour reconnaître que la ration de pain, durant l'adolescence, mérite un intérêt spécial;

3° Les mobilisés, placés ou non à un titre quelconque dans la position de sursis, mais affectés à des usines, établissements, exploitations travaillant pour la défense nationale, ou à des services publics, sont répartis dans les trois catégories de consommateurs suivant le genre de travail auquel ils sont employés ou les ressources dont ils peuvent disposer. Il n'existe pas pour eux de dérogation aux règles applicables aux autres travailleurs.

Ces indications serviront à guider les autorités locales ou municipales qui sont appelées à concourir au travail de classement des consommateurs, mais il conviendra aussi de prendre en considération certaines habitudes régionales, le coût de la vie dans les centres populeux ou industriels, les difficultés d'approvisionnement résultant soit de l'éloignement des lieux de production ou d'importation, soit de la réduction des moyens de transport, la valeur locative des habitations.

Enfin le décret stipule que dans le calcul des besoins il faudra en déduire les céréales panifiables qui sont laissées à la disposition des producteurs pour leur consommation familiale.

En vertu de l'article 21, ne sont pas, en effet, soumises à la réquisition générale des céréales les quantités nécessaires à l'alimentation des cultivateurs et des personnes vivant à leur foyer ou nourries par eux et attachées à leur exploitation agricole. C'est une réserve traditionnelle qu'il est juste de maintenir.

Le Gouvernement vous a délégué le soin de fixer par un arrêté les quantités ainsi laissées à la disposition des producteurs, en même temps que celles non susceptibles d'être réquisitionnées comme destinées aux semences ou à la nourriture des animaux appartenant aux producteurs.

Antérieurement, avant de posséder les renseignements définitifs sur les ressources de la récolte indigène, il avait été fixé une réserve de 3 quintaux par an et par tête pour les cultivateurs cuisant eux-mêmes leur pain. En présence du déficit de la récolte, tel qu'il ressort d'informations complémentaires, il n'était pas possible de conserver ce chiffre; de là l'abrogation de l'article 21 du décret du 3 août 1917.

Vous aurez donc à fixer un autre quantum pour les mois restant à courir sur la présente campagne : pour cette évaluation vous vous inspirerez des habitudes locales, tout en faisant la part des légitimes besoins des producteurs et vous vous rapprocherez le plus possible des taux adoptés pour les autres travailleurs agricoles.

Il reste entendu qu'il s'agit ici de producteurs ayant fait ou faisant effectuer des moutures à façon par les meuniers pour boulanger eux-mêmes leur pain. Je vous signale, à cet égard, que le chapitre VII du décret contient plusieurs dispositions applicables à cette situation spéciale.

Tout en tenant à respecter les coutumes de nos campagnes, nous sommes décidés à nous opposer à ce que certains profitent de ces coutumes pour conserver par devers eux des quantités supérieures à leur consommation familiale et bénéficient d'une quantité de pain leur faisant une situation privilégiée par rapport aux autres consommateurs se trouvant dans les mêmes conditions qu'eux. A égalité de situation, égalité de traitement, telle doit être la conduite à suivre dans ces questions.

D'autre part, défense est faite aux producteurs de faire moudre à des taux non réglementaires ou de s'approvisionner en pain à des boulangers, afin de ne pas toucher à leur réserve familiale.

Il faut que chacun soit bien pénétré de cette idée, c'est que toute quantité de céréales indûment soustraite à la mouture peut avoir des répercussions fâcheuses sur l'ensemble de notre approvisionnement en pain.

§ 3. — *Approbation et répartition du contingent.*

D'après l'article 21 du décret, l'arrêté préfectoral fixant les quantités non susceptibles de réquisition doit être soumis à l'approbation ministérielle. Il importe que vous me l'adressiez en même temps que vos propositions concernant le contingent départemental, afin que mon administration soit en possession, en conformité du modèle annexé, de tous les éléments pour apprécier la situation en pleine connaissance de cause.

Vous ne perdrez pas de vue que ces propositions ne doivent être présentées qu'après avis de l'office départemental ou de son bureau permanent.

Ce bureau, d'après l'article 6, se compose du sous-intendant chargé du ravitaillement et des contrôleurs des moulins, ainsi que de quatre personnes choisies par vous parmi les présidents de commissions de réception, les agriculteurs ou les membres de l'office départemental. Il me paraît indispensable que ce bureau contienne au moins un commerçant en grains ou en farines ou un boulanger. Aussi, si vous estimez que pour lui assurer les compétences et les activités désirables, il convient d'ajouter aux négociants et courtiers en grains faisant partie de l'office d'autres commerçants, vous voudrez bien me saisir d'urgence de vos propositions et je m'empresserai de vous donner satisfaction.

Mes services considèrent, en effet, le bureau permanent comme étant destiné à être, pour l'administration départementale, un conseil éclairé, lui donnant une collaboration constante pour l'étude et la solution des questions touchant au ravitaillement en céréales, en farine et en pain.

Vous aurez à le consulter sur les mesures à prendre pour mettre en pratique le nouveau régime. Du reste, le décret lui a conféré, de plein droit, toutes les attributions de l'office départemental et il n'est pas excessif de dire que de son bon fonctionnement dépendra souvent la marche régulière de l'alimentation en céréales d'un département.

Dès que vos propositions auront été examinées par l'administration centrale du ravitaillement, vous recevrez notification du chiffre qui aura été définitivement admis pour le contingent départemental et, d'accord avec le bureau permanent, vous aurez à le répartir entre les meuniers chargés d'approvisionner le département.

Telles sont les instructions auxquelles il conviendra de se conformer pour l'établissement du contingent départemental; elles sont également applicables au régime de la carte de pain.

Quant aux autres mesures destinées à la mise en application du régime consacré par le décret du 30 novembre 1917, il est entendu que vous avez tout pouvoir pour les préparer dès maintenant.

ANNEXE.

Situation du département d

I. — Ressources.

1° Stocks restant lors de la soudure au 1er août 1917	Blé	
	Méteil	
	Orge	
	Seigle	
	Maïs	
	Sarrasin	
	Autres céréales	
	Fèves ou féveroles	
	Farines	
	Total	
2° Évaluation de la récolte 1917	Blé	
	Méteil	
	Orge	
	Seigle	
	Maïs	
	Sarrasin	
	Autres céréales	
	Fèves ou féveroles	
	Total	
3° Quantités fournies par le service central du ravitaillement depuis le 1er août 1917	Blé	
	Farine exprimée en blé au taux de 85 p. 100	
	Autres céréales	
	Total	
4° Quantités importées des autres départements	Blé	
	Méteil	
	Orge	
	Seigle	
	Maïs	
	Sarrasin	
	Autres céréales	
	Fèves ou féveroles	
	Farine exprimée en blé au taux de 85 p. 100	
	Total général des ressources	

II. — Besoins.

(Non compris les dépôts et formations militaires, formations sanitaires, prisonniers de guerre.)

1° Quantités consommées depuis le 1er août 1917 jusqu'au 31 décembre 1917	Blé	
	Méteil	
	Orge	
	Seigle	
	Maïs	
	Sarrasin	
	Autres céréales	
	Fèves ou féveroles	
	Total	
2° Semences (y compris celles prévues pour le printemps 1918)	Blé	
	Méteil	
	Orge	
	Seigle	
	Maïs	
	Sarrasin	
	Autres céréales	
	Fèves ou féveroles	
	Total	
3° Quantités exportées dans les autres départements	Blé	
	Méteil	
	Orge	
	Seigle	
	Maïs	
	Sarrasin	
	Autres céréales	
	Fèves ou féveroles	
	Farine exprimée en blé à 85 p. 100	
	Total	
4° Quantités pour la consommation du 15 décembre 1917 au 31 juillet 1918 (en farines)		

Détail de cette consommation en pain :

Consommateurs.	Nombre.
Cultivateurs consommant leur récolte	
Consommateurs à 600 grammes	
— à 500 —	
— à 400 —	
— à 300 —	
— à 200 —	
Total	

III. — Classement des métiers, professions et situations diverses, d'après les statistiques du recensement général de la population.

POUR TOUT TRAVAIL SE RAPPORTANT AUX :	INDICATION DE LA CATÉGORIE correspondante de la carte de pain.
1° INDUSTRIES EXTRACTIVES.	
Mines et minières de toutes sortes, ardoisières, carrières diverses, tourtières, marais salants	1re.
Pêche en mer et en eau douce, y compris : ostréiculture, mytiliculture et ramassage des herbes marines	1re.
2° INDUSTRIES DE L'ALIMENTATION.	
Meunerie, minoterie, moulins, triage de grains et graines, décortications et diverses, fabrication de pâtes alimentaires	1re.
Laiterie industrielle, beurrerie et fromagerie	1re.
Sucrerie, râperie, raffinerie et casserie	1re.
Distillerie industrielle d'alcool (grains, betteraves, pommes de terre et bois), fabrique de levure	1re.
Fabrication et préparation des vins, bières, malts, cidres, glaces et eaux minérales	1re.
Boulangerie à la main et mécanique	1re.
Fabrique de biscuits, pâtisserie	1re.
Fabrique de confiserie, chocolaterie, pâtes pectorales, confiturerie	2e.
Conserves alimentaires (légumes, fruits, poissons), vinaigrerie, brûlerie et triage de cafés, chicorées, houblon et betteraves	2e.
Abattoirs, équarrissage, boucherie, charcuterie, triperie, conserves de viande, raffinerie de graisses alimentaires, marchands et conducteurs de gros bétail	1re.
3° INDUSTRIES CHIMIQUES.	
Amidonnerie, féculerie, glucoserie, dextrinerie, colle de pâte	1re.
Produits pharmaceutiques	2e.
Fabriques d'huiles végétales et animales, de graisses végétales et animales, stéarinerie, fonderie, savonnerie, raffinerie de glycérines	1re.
Parfumerie	2e.
Boyauderie, fabrique de gélatine, colles et noir animal, engrais, entreprises de vidanges, traitement des ordures ménagères	1re.
Fabrique de produits chimiques et explosifs (acide sulfurique, chlore, soude, potasse, alcali, composés divers, produits photographiques et électrochimiques)	1re.
Phosphore	1re.
Usines à gaz, fours à coke, raffineries de goudron, huiles minérales, pétrole, produits résineux, gaz comprimés et liquéfiés	1re.
Fabrique d'agglomérés combustibles	1re.
Fabrique de matières tinctoriales naturelles et artificielles, de couleurs, crayons, encres, cirages, vernis, broyage de matériaux divers	1re.
Fabrique de caoutchouc, gomme, gutta, celluloïd, linoléums, fils et câbles électriques	1re.
4° INDUSTRIES DU PAPIER. — IMPRIMERIE.	
Fabrique de papiers et cartons (ordinaires, goudronnés, etc.)	1re.
Fabrique de cartonnages, objets en papier, découpage, fabrique de papiers peints	2e.
Reliures, brochures	2e.
Imprimerie typographique et lithographique	1re.
Gravures, photogravures, dessins lithographiques, coloriages, photographies	2e.
5° INDUSTRIES TEXTILES. — TRAVAIL DES ÉTOFFES.	
Filatures, cardages, peignage, bobinage, tissage, tramage (à bras, à main, mécanique), délainage, lavage des laines et battage, finissage des tissus (lin, chanvre, coton, laine, soie), fabrique de draps, draperies, velours, peluches, couvertures, tapis, foulage, décatissage	1re.
Fabrique de bâches, sacs, voilerie	1re.
Blanchiment, apprêt, teinture, impression des fils et tissus, toiles cirées	1re.
Fabrique de bonneteries dentelles (à la main et mécanique), tulles, tissus légers, mousselines, broderies, passementeries (à la main et mécanique), lacets, rubans	2e.
Travail des étoffes et industries du vêtement (ouvrages divers en tissus), tapisseries diverses, tailleurs, confections, couture, lingerie, fabrication de parapluies, chapeaux et chaussons, modistes, fleurs artificielles, plumes, ornements	2e.
Piqûres à la machine	1re.
Blanchissage de linge, lavoirs, teintures et dégraissages, désinfection (battage de tapis, etc.)	1re.
Travail des pailles, plumes et crins	2e.
6° CUIRS ET PEAUX.	
Pelleterie, mégisserie, apprêt des peaux et poils	1re.
Tannerie, corroirie, fabrique d'objets divers en cuirs ou peaux, fabrique de chaussures, cordonnerie, fabrique d'équipements militaires	1re.
Gainerie, fabrique d'objets en maroquinerie, ganterie	2e.

POUR TOUT TRAVAIL SE RAPPORTANT AUX :	INDICATION DE LA CATÉGORIE correspondante de la carte de pain.
7° INDUSTRIES DU BOIS.	
Sciage et fendage du bois, charpente et menuiserie de bâtiment, charpentes et construction de navires, parquetage, charronnage, carrosserie, articles industriels ou de ménage en bois, emballage, tonnellerie, saboterie, gros meubles et articles de marine	1re.
Ébénisterie, articles en bois tournés, cirage, vernissage	1re.
Sculpture sur bois, instruments de musique en bois, lutherie, fabrique de tabletterie et de menus objets en bois, os, corne, etc., tournage, jouets et brosserie	2e.
8° MÉTALLURGIE ET TRAVAIL DES MÉTAUX.	
Métallurgie du fer et autres métaux, grosses forges, chaîneries, tréfileries, laminage et étirage, boulonnerie et ferronnerie, maréchalerie	1re.
Coutellerie, aiguiserie, taillanderie, limes, clouterie, aiguillerie, épinglerie, plumes métalliques, petite quincaillerie, petite serrurerie	2e.
Charpentes en fer, grosse serrurerie de bâtiment et de voiture, fabrique de grillages en fer, tôlerie	1re.
Armurerie et tout matériel de guerre	1re.
Construction de navires en fer, forgerons de marine, grosse chaudronnerie, brasage, meulage et barbage, nettoyage de chaudières et de navires	1re.
Fonderie de fonte ou de fer (2e fusion)	1re.
Construction mécanique, machines motrices, matériel de chemins de fer et de tramways, machines, outils, machines et matériel agricole, fabrique de pièces accessoires, estampage, décolletage, tournage, sertissage	1re.
Ateliers d'ajustage	1re.
Voitures automobiles, cycles, etc.	1re.
Construction de machines électriques et installations électriques	1re.
Petite chaudronnerie, cuivrerie, fonderie de bronze, robinetterie, appareils d'éclairage, polissage	1re.
Instruments de chirurgie et orthopédie	1re.
Instruments d'optique, de précision, de musique en métal	2e.
Fabrique d'articles (en fer-blanc, étain, plomb (ferblanterie, lampisterie, boîtes métalliques, bouchage métallique, bimbelotterie, appareils sanitaires, fonderie de plomb)	2e.
Gravure sur métaux, médailles, monnaie, guillochage	2e.
Horlogerie	2e.
Galvanoplastie	2e.
Travail des métaux fins, orfèvrerie, bijouterie, joaillerie, taille de pierres précieuses	2e.

POUR TOUT TRAVAIL SE RAPPORTANT AUX :	INDICATION DE LA CATÉGORIE correspondante de la carte de pain.
9° TRAVAUX PUBLICS ET BÂTIMENT.	
Taille et polissage des pierres, marbrerie, scierie, fabrique de meules et d'ardoises, fabrique de pavés, cassage de pierres et cailloux	1re.
Sculpture, moulage en plâtre et divers, ornemanistes	2e.
Entreprises de terrassements, constructions en pierre ou autres et travaux publics, drainage, sondage, cylindrage des routes, dragage, démolitions	1re.
Distributions urbaines (eau, gaz, électricité)	1re.
Plomberie et couverture	1re.
Maçonnerie, plâtrerie, travaux en ciments et bétons	1re.
Carrelage, mosaïques	1re.
Fumisterie	1re.
Peinture et vitrerie de bâtiment, collage de papiers, entreprises de nettoyages	1re.
Décoration de bâtiments, enseignes	2e.
10° TRAVAIL DES PIERRES ET TERRES AU FEU.	
Fabriques ou cuissons de chaux, plâtre, ciment, objets en béton, etc	1re.
Briquetterie, tuilerie, poterie, grès	1re.
Fabrique de faïences et porcelaines	1re.
Décoration de faïences et porcelaines, réparations	2e.
Verrerie, gobeletterie, cristallerie, fabrique de glaces, de bouteilles	1re.
Verrerie d'art, décoration des cristaux	2e.
Travail du verre au chalumeau, souffleurs, oculaistes, verre pour l'optique	1re.
11° AGRICULTURE ET FORÊTS.	
Exploitation de la production d'origine végétale et animale, cultivateurs, éleveurs, jardinage, horticulture, journaliers agricoles, entreprises de travaux agricoles, de battage de grains, laiterie, petites industries agricoles, garde d'animaux de ferme, personnel d'infirmeries d'animaux	1re.
12° MANUTENTIONS ET TRANSPORTS.	
Journaliers, manœuvres, hommes de peine	1re.
Manutention des marchandises dans les halles, marchés, gares, ports (chargements et déchargement)	1re.
Personnel de surveillance des magasins généraux, docks et entrepôts	2e.
Entreprises de transports de marchandises par voie de terre (camionnage, factage messagerie), conducteurs, charretiers, voituriers, transport de viande, de gravats, déménageurs	1re.

POUR TOUT TRAVAIL SE RAPPORTANT AUX :	INDICATION DE LA CATÉGORIE correspondante de la carte de pain.
Livreurs	1re.
Entreprises de voitures publiques, cochers, chauffeurs, wattman, omnibus, diligences, courriers, receveurs, contrôleurs	1re.
Entreprises de transports par voie ferrée, chemins de fer et tramways :	
a) Personnel ouvrier de la traction, de la voie et des services actifs	1re.
b) Autres employés de l'exploitation active	2e.
Transports maritimes et fluviaux, compagnies de navigation, remorquage, bâteaux pour service de transport en commun	1re.
13° INDUSTRIES PRÉCITÉES.	
Mécaniciens, machinistes, chauffeurs, manutentionnaires, etc	1re.
Personnel subalterne de direction et de surveillance, chefs de fabrication, contremaîtres, chefs d'ateliers et d'équipes, etc	2e.
14° COMMERCE ET BANQUE.	
Détaillants, boutiquiers, commis et employés de commerce chargés d'un service actif de vente ou de réception des marchandises	2e.
Personnel des banques employés à un service actif (comptoirs, garçons de recette, etc.)	2e.
Commissionnaires en marchandises, représentants de commerce, courtiers, commis voyageurs, employés d'agences et d'assurances exerçant un service actif	2e.
Personnel de service des bureaux	2e.
Personnel et employés au service actif des hôtels, restaurants, cafés et buffets	1re.
Marchands ambulants forains	1re.
15° PROFESSIONS ET SITUATIONS DIVERSES.	
Ménagères faisant exclusivement le ménage du foyer	2e.
Nourrices	1re.
Personnel de l'enseignement privé	2e.
Personnel employé au service actif des journaux et publications périodiques	2e.
Dactylographes du commerce, de l'industrie et des services publics	2e.
Arpenteurs, géomètres, vérificateurs de bâtiments, métreurs	2e.
Personnel infirmier et de service des hôpitaux, maisons de santé, de retraites et crèches	1re.
Coiffeurs	2e.
Personnel des établissements de bain, d'hydrothérapie, maîtres de gymnase et d'escrime	1re.
Femmes de ménage travaillant à la journée	1re.
Domestiques attachés à la personne (bonnes d'enfant, valets et femmes de chambre, personnel de cuisine, cochers, palefreniers et chauffeurs occupés à titre domestique), concierges	2e.
16° SERVICES DE L'ÉTAT, DES DÉPARTEMENTS, DES COMMUNES ET DES ÉTABLISSEMENTS PUBLICS.	
a) Personnel ouvrier des ponts et chaussées et des mines	1re.
b) Autres employés du service actif des ponts et chaussées et des mines (conducteurs, adjoints techniques, contrôleurs)	2e.
Service de voirie :	
a) Personnel ouvrier	1re.
b) Autres employés du service actif	2e.
Personnel participant à l'enseignement public (direction, enseignement et surveillance)	2e.
Personnel des P. T. T. :	
a) Facteurs, mécaniciens, ouvriers	1re.
b) Autres employés	2e.
Personnel ouvrier et actif des administrations des douanes, des manufactures de l'État, de l'enregistrement et des domaines, des contributions directes et indirectes	1re.
Personnel actif de la police, gardes champêtres, gardiens de prison	1re.
Personnel de service des ministères et des administrations publiques	2e.

CIRCULAIRE DU 11 DÉCEMBRE 1917

relative à l'application de l'arrêté du 12 novembre 1917 sur la fabrication et la vente des chocolats et produits chocolatiers et fixant la date à partir de laquelle ces produits devront être mis en vente aux prix déterminés par cet arrêté.

LE MINISTRE DE L'AGRICULTURE ET DU RAVITAILLEMENT

A Messieurs les Préfets.

Par ma circulaire en date du 18 novembre 1917, j'ai appelé tout particulièrement votre attention sur les arrêtés du 12 novembre 1917 complétant celui du 3 août dernier sur la fabrication et la vente des chocolats et produits chocolatiers.

J'ai l'honneur de vous faire connaître que, dans le but de laisser aux fabricants et aux commerçants un certain délai pour l'écoulement des produits fabriqués antérieurement à la publication de l'arrêté du 12 novembre 1917, j'ai décidé de fixer au 1er janvier 1918 la date à partir de laquelle les fabricants et les commerçants devront se conformer aux prescriptions de cet arrêté, concernant les prix de vente : 1° des produits à base de cacao, sucrés ou non; des chocolats additionnés et des sucres au cacao; 2° des confiseries de chocolat, chocolats fondants, chocolats à base de lait et produits de fantaisie à base de chocolat.

Toutefois, ce délai ne s'applique pas à la fabrication de ces produits qui d'ores et déjà doit être effectuée conformément à la nouvelle réglementation, notamment en ce qui concerne les déclarations exigées par les articles 3 et 5 de l'arrêté du 12 novembre 1917, qui devront être faites avant cette date.

En conséquence, vous voudrez bien prendre toutes les mesures nécessaires pour porter cette décision à la connaissance des intéressés afin qu'à partir du 1er janvier prochain les produits alimentaires à base de chocolat et de cacao visés par l'arrêté du 12 novembre 1917 soient mis en vente dans votre département aux prix fixés par cet arrêté.

Vous voudrez bien également, à partir de cette même date, porter à ma connaissance toutes les infractions à la réglementation de la fabrication et de la vente des chocolats et produits chocolatiers qui pourront vous être signalées, afin qu'elles soient soumises à l'examen de la Commission technique des chocolats.

ARRÊTÉ DU MINISTRE DE L'AGRICULTURE ET DU RAVITAILLEMENT

(DU 12 DÉCEMBRE 1917)

relatif à l'institution d'un concours entre les sélectionneurs producteurs de graines de betteraves à sucre.

(*Journal officiel* du 22 décembre 1917.)

LE MINISTRE DE L'AGRICULTURE ET DU RAVITAILLEMENT,

Sur la proposition de la Commission instituée par décret en date du 5 décembre 1916, en vue d'étudier les mesures propres à accroître le rendement des betteraves à sucre;

Sur le rapport du Directeur de l'Agriculture,

ARRÊTE :

ARTICLE PREMIER. Il est institué au Ministère de l'Agriculture un concours entre les sélectionneurs de nationalité française qui se livrent à la production des graines de betteraves à sucre.

2. Les sélectionneurs qui désirent prendre part au concours devront se faire inscrire avant le 1er mai 1918 et ensuite avant le 1er mai de chaque année au Ministère de l'Agriculture. Ils joindront à leur demande d'inscription en double exemplaire un rapport détaillé sur les méthodes de sélection de production et de conservation des semences pratiquées dans leurs établissements respectifs.

3. Une commission de trois membres désignés à cet effet visitera, dans le courant de chaque année, les champs de production et les laboratoires des concurrents. Elle recueillera en outre tous les renseignements utiles sur les conditions de sélection, de production et de conservation des graines, sur les quantités produites et les travaux d'amélioration effectués.

Pour apprécier les résultats obtenus et la valeur des graines livrées aux agriculteurs, des essais culturaux pourront être organisés.

La commission présentera avant le 1er octobre 1921 un rapport général sur ses opérations, ses conclusions et les propositions de récompenses à décerner. Ce rapport, après avoir été soumis à l'approbation de la commission chargée d'étudier les mesures propres à accroître le rendement des betteraves à sucre, sera transmis au Ministre.

Les noms des concurrents et les rapports particuliers concernant chacun d'eux ne pourront être livrés à la publicité qu'avec l'assentiment de l'intéressé.

4. Une somme de 20,000 francs imputée sur le crédit des encouragements à l'agriculture sera mise à la disposition de la commission pour être, s'il y a lieu, distribuée en prix aux concurrents.

Si cette somme ne peut être attribuée en entier, le reliquat sera réservé pour un nouveau concours dont un arrêté ministériel fixera les conditions.

5. Les frais de déplacement et de séjour des membres de la commission chargée des visites seront remboursés sur états justificatifs et imputés sur les crédits du chapitre des encouragements à l'agriculture.

6. Le Directeur de l'Agriculture est chargé de l'exécution du présent arrêté.

ARRÊTÉ DU MINISTRE DE L'AGRICULTURE ET DU RAVITAILLEMENT

(DU 12 DÉCEMBRE 1917)

relatif à l'institution d'un concours d'appareils destinés au séchage des graines de betteraves.

(*Journal officiel* du 22 décembre 1917.)

Le Ministre de l'Agriculture et du Ravitaillement,

Sur la proposition de la Commission instituée par décret en date du 5 décembre 1916, en vue d'étudier les mesures propres à accroître le rendement des betteraves à sucre,

Sur le rapport du Directeur de l'Agriculture,

Arrête :

Article premier. Un concours d'appareils destinés au séchage des graines de betteraves est institué au Ministère de l'Agriculture pour avoir lieu au cours de l'année 1918 ou 1919 à une date qui sera fixée ultérieurement.

2. Les constructeurs français seront seuls admis à ces expériences; pour y participer ils devront adresser au Ministère de l'Agriculture, direction de l'Agriculture, 78, rue de Varenne, Paris, trois mois avant la date fixée pour l'ouverture du concours, une déclaration sur papier libre indiquant la nature et la quantité de combustible et d'autres matières consommées par chaque appareil en dix heures de travail. Ils joindront à leur déclaration une note contenant tous les détails techniques qu'ils jugeront utiles pour la marche et la conduite de leurs appareils.

Un avis ultérieur fera connaître à chaque concurrent la date de l'ouverture du concours, le local où il se tiendra et, le cas échéant, les fournitures dont il aura à assumer la charge pour la mise en marche de ces appareils ainsi que tous les détails d'ordre pratique concernant l'organisation du concours local, l'installation des appareils, fourniture du combustible.

3. La loi du 13 avril 1908, relative à la protection de la propriété industrielle, est applicable aux appareils admis auxdites expériences. Il appartiendra donc aux constructeurs, dont les appareils n'auront pas été brevetés, de remplir, s'il y a lieu, les formalités prescrites par la loi précitée.

4. Les frais de conduite, de transport et de montage seront supportés par les constructeurs ou représentants. Les intéressés pourront obtenir pour leurs machines le tarif spécial consenti par les compagnies de chemins de fer français à la condition de justifier de l'admission aux essais en produisant le certificat délivré par le Ministre de l'Agriculture. Ils seront tenus d'opérer ou de faire opérer par leur représentant le déballage ainsi que le remballage des machines admises et ne pourront formuler aucune réclamation, relativement à la non-réception ou la non-réexpédition de leurs machines.

En aucun cas, l'Administration ne sera responsable des accidents de quelque nature que ce soit qui pourraient survenir aux constructeurs, à leurs employés et aux instruments pendant le transport, les manutentions et les essais.

Les constructeurs ou les représentants seront responsables civilement et pénalement des accidents occasionnés par leurs machines ou leurs appareils.

5. Les appareils présentés devront satisfaire aux conditions suivantes :

1° Permettre de ramener la teneur en eau des graines de betteraves de 18 à 20 p. 100 à 13 p. 100 et cela par une dessiccation opérée à une température ne dépassant pas 70 à 75 degrés;

2° Rendre aussi court que possible le séjour dans le séchoir de l'entrée à la sortie ;

3° Ne pas renfermer de gaz de combustion qui nuirait à la faculté germinative des graines dans le cas où la dessiccation serait réalisée par un courant d'air chaud;

4° Pouvoir être mis facilement en marche régime et vidés en totalité, il faut en outre qu'ils soient rustiques et n'exigent qu'une faible dépense de force.

Les appareils présentés pourront servir à plusieurs usages, notamment à la dessiccation de toutes autres graines, fruits et produits divers.

6. Les appareils seront classés en deux groupes :

a) Ceux pouvant sécher plus d'une tonne par heure, soit dix tonnes au plus par journée ;

b) Ceux qui peuvent sécher une quantité inférieure à une tonne par heure.

Les appareils peuvent être fixes ou mobiles. Autant que possible, les appareils à grand travail doivent être à marche continue.

7. Une commission de cinq membres sera désignée pour étudier et essayer les appareils. Celle-ci présentera au Ministre de l'Agriculture un rapport sur les résultats obtenus avec une liste des propositions de récompenses à décerner.

8. Le concours est doté d'un prix de 30,000 francs qui sera décerné à l'appareil le plus méritant. Ce prix de 30,000 francs pourra être divisé et, en outre, il pourra être décerné des récompenses à tous les appareils présentés ayant donné des résultats satisfaisants.

9. La commission proposera au Ministre de décider s'il convient de ne décerner qu'une partie du prix dans le cas où le concours n'aurait pas donné les résultats espérés. Dans ce cas, l'excédent non distribué sera reporté sur un concours à ouvrir ultérieurement, concours dont les conditions seront fixées par arrêté ministériel.

10. Un arrêté nommera les membres de la commission, ainsi qu'un commissaire général qui veillera à l'exécution des opérations et dressera un rapport sur le fonctionnement des appareils.

11. Les dépenses nécessitées pour l'organisation de ce concours, notamment l'installation matérielle et les récompenses seront imputées sur le crédit des encouragements à l'agriculture.

12. Le Directeur de l'Agriculture est chargé de l'exécution du présent arrêté.

CIRCULAIRE DU SOUS-SECRÉTAIRE D'ÉTAT DU RAVITAILLEMENT

DU 12 DÉCEMBRE 1917

relative au contrôle de l'essence.

A Messieurs les Préfets des départements

et à Monsieur le Préfet de Police à Paris.

Les réclamations dont mon administration est saisie au sujet du pétrole m'ont amené à envisager l'établissement d'un contrôle sur les quantités expédiées dans les départements, afin de les répartir au mieux des besoins de la consommation civile.

A cet effet, j'ai demandé, par l'intermédiaire du Président de la Chambre syndicale de l'Industrie du pétrole, aux raffineurs de faire connaître à chaque préfet les envois de ce combustible à destination de son département.

Munis de ces renseignements, vous aurez à prendre des mesures pour assurer la répartition de ce produit et le contrôle de sa vente, en allant au besoin jusqu'à la taxation et à la réquisition du pétrole, au cas où une entente amiable avec les détenteurs ne pourrait être réalisée.

En m'accusant réception de la présente circulaire, je vous prie de me tenir au courant de la réglementation que vous aurez cru devoir établir.

DÉCRET DU 13 DÉCEMBRE 1917

portant création d'un Comité exécutif des importations.

(*Journal officiel* du 19 décembre 1917.)

MONSIEUR LE PRÉSIDENT,

L'un des facteurs essentiels de la conduite de la guerre est l'utilisation complète de nos moyens de transports maritimes tant en tonnage français qu'en tonnage anglais, neutre ou en tonnage nouveau venant accroître ces moyens en raison des accords interalliés.

Des mesures appropriées ont été et vont être prises pour obtenir le meilleur rendement de la flotte à notre service. Elles ne sauraient cependant être efficaces si elles ne sont pas complétées par des mesures destinées à mettre à chaque instant nos importations en harmonie avec la capacité totale du tonnage dont nous aurons la disposition.

Le projet de décret que nous vous soumettons a pour but de placer l'élaboration des programmes d'importation entre les mains d'un comité exécutif restreint qui, composé des Ministres responsables des principaux départements intéressés, des chefs d'état-major de l'armée et de la marine, et de deux notabilités hautement compétentes dans les questions économiques se trouvera par suite à même d'établir et de modifier ces programmes avec l'autorité, la compétence et la rapidité nécessaires.

Veuillez agréer, Monsieur le Président, les hommages de notre profond respect.

Le Président du Conseil, Ministre de la Guerre,

GEORGES CLEMENCEAU.

Le Ministre du Commerce, de l'Industrie,
des Postes et des Télégraphes,
des Transports maritimes
et de la Marine marchande,

CLÉMENTEL.

Le Président de la République française,

Sur le rapport du Ministre de la Guerre, Président du Conseil, du Ministre du Commerce, de l'Industrie, des Postes et des Télégraphes, des Transports maritimes et de la Marine marchande,

Décrète :

Article premier. Toutes les importations effectuées par voie de mer en France ou dans les colonies françaises font l'objet d'états des besoins présentés par les divers départements ministériels.

2. Ces états de besoins sont centralisés par un comité exécutif des importations agissant en coordination avec les organismes alliés correspondants et composé comme suit :

Président.

M. Clémentel, Ministre du Commerce, de l'Industrie, des Postes et des Télégraphes, des Transports maritimes et de la Marine marchande.

Membres.

MM. Loucheur, Ministre de l'Armement et des Fabrications de Guerre.

Boret, Ministre de l'Agriculture et du Ravitaillement.

Jeanneney, Sous-Secrétaire d'État à la Guerre, attaché à la Présidence du Conseil.

Lémery, Sous-Secrétaire d'État des Transports maritimes et de la Marine marchande.

Sergent, Sous-Secrétaire d'État au Ministère des Finances.

Vilgrain, Sous-Secrétaire d'État du Ravitaillement.

Le Chef d'État-major général de l'Armée.

Le Chef d'État-major général de la Marine.

Le Président du Comité des dérogations aux prohibitions d'entrée.

Le Président de la réunion des présidents des chambres de commerce de France.

3. Le Comité exécutif des importations rapproche les états de besoins des ressources de tonnage et arrête périodiquement, les départements ministériels intéressés entendus, un programme général d'importation. Dans ce but, il apprécie souverainement et fixe en dernier ressort les importations à effectuer et l'étendue des compressions jugées nécessaires.

4. Ce programme général d'importation est transmis pour exécution aux départements ministériels intéressés ainsi qu'au Sous-Secrétariat d'État des Transports maritimes et de la Marine marchande.

5. Le Ministre du Commerce, de l'Industrie, des Postes et des Télégraphes, des Transports maritimes et de la Marine marchande est chargé de l'exécution du présent décret.

ORDONNANCE DU PRÉFET DE POLICE

DU 14 DÉCEMBRE 1917

relative à la fabrication de la pâtisserie à Paris et dans le département de la Seine.

NOUS, PRÉFET DE POLICE,

Vu : 1° Les lois des 16-24 août 1790 et 19-22 juillet 1791;

2° Les arrêtés des Consuls des 12 messidor an VIII et 3 brumaire an IX;

3° Les articles 94 et 97 de la loi du 5 avril 1884;

4° Les ordonnances de police des 1er, 6 et 12 février 1917;

5° Le décret du 30 novembre 1917, notamment le chapitre IV dudit décret;

Sur la proposition du Secrétaire général,

ORDONNONS ce qui suit :

ARTICLE PREMIER. A partir du 20 décembre 1917, à Paris et dans le département de la Seine, il est interdit de fabriquer de la pâtisserie ou biscuiterie avec des farines de froment, méteil, seigle, maïs, orge, sarrasin, avoine et riz.

En conséquence, les pâtissiers et fabricants de biscuits ne peuvent acheter, détenir ou employer aucune quantité de farine dans la composition de laquelle entre une des denrées ci-dessus énumérées, en quelque proportion que ce soit.

2. Les pâtisseries, pâtisseries-confiseries, pâtisseries-glaceries, chocolateries, les magasins vendant de la biscuiterie, de la confiserie, des glaces ou des pâtés en croûte, ainsi que les rayons existant pour la vente de ces mêmes articles dans les épiceries et les autres magasins d'alimentation, demeurent fermés le mardi et le mercredi de chaque semaine, à l'exception des mardis et mercredis, jours fériés.

3. Il est interdit :

1° De consommer sur place, dans les magasins de vente et leurs annexes visés à l'article 2, de la pâtisserie sous toutes ses formes : fraîche, sèche ou de conserve, de la biscuiterie, de la confiserie et tous autres aliments ou boissons, les jours où la vente reste libre dans ces locaux.

2° De fabriquer, mettre en vente ou vendre de la pâtisserie, biscuiterie ou confiserie dans les boulangeries;

Toutefois, sur autorisation spéciale, et après avis des conseils municipaux, les boulangers pourront fabriquer et vendre, les dimanches et jours fériés, de la pâtisserie ou biscuiterie, mais ces articles ne devront être fabriqués qu'avec des denrées autres que celles interdites par l'article 1er;

3° De fabriquer, mettre en vente, vendre ou servir de la pâtisserie, biscuiterie ou confiserie dans les restaurants, hôtels, cafés, maisons de thé, buffets, buvettes, cantines, crémeries, magasins de nouveautés et, d'une façon générale, dans tous les établissements ouverts au public à l'exception des pâtisseries et autres magasins visés à l'article 2.

4° D'utiliser, durant les deux jours de fermeture, les fours des pâtissiers et des fabricants de biscuits pour la cuisson de la pâtisserie ou biscuiterie fabriquée par les clients.

4. Sont abrogées, en ce qu'elles ont de contraire aux prescriptions ci-dessus, les dispositions de nos ordonnances des 1er, 6 et 12 février 1917 susvisées.

5. Les contraventions à la présente ordonnance feront l'objet de procès-verbaux qui seront transmis aux tribunaux compétents.

6. La présente ordonnance sera publiée et affichée.

Le Secrétaire général, les Maires des communes du département de la Seine, les fonctionnaires et agents de la Préfecture de Police sont chargés, chacun en ce qui le concerne, d'en assurer l'exécution.

---

16 DÉCEMBRE 1917.

Erratum à la circulaire relative aux contingents départementaux pour la fabrication du pain.

(*Journal officiel* du 16 décembre 1917.)

Erratum à l'annexe 3 (classement des métiers et professions, etc.) de la circulaire aux préfets sur les contingents départementaux pour la fabrication du pain, parue au *Journal officiel* du 14 décembre 1917, page 1173, colonne 2, 16° « Services de l'État, des départements, etc... » ajouter au personnel ouvrier et actif des administrations, après « contributions directes et indirectes » « et des eaux et forêts ».

AVIS DU MINISTÈRE DE L'AGRICULTURE ET DU RAVITAILLEMENT

relatif aux nouveaux prix des huiles et essences de pétrole.

(*Journal officiel* du 16 décembre 1917.)

A la suite de l'examen du Comité général du pétrole, présidé par M. Henry Bérenger, sénateur :

Le prix de l'huile de pétrole a été élevé à 50 francs l'hectolitre (quai Rouen, en bidons de 50 litres), et le prix de l'essence fixé à 86 fr. 50 l'hectolitre (quai Rouen, en bidons de 50 litres).

En conséquence, les prix publiés au *Journal officiel* du 16 octobre 1917 sont remplacés par les prix suivants pratiqués et affichés dans les usines et dépôts départementaux des raffineurs de pétrole, à compter du 17 décembre 1917 et jusqu'au 30 avril 1918.

PÉTROLE ET ESSENCE.

Hausse : 2 francs par hectolitre sur le pétrole ; 5 francs par hectolitre sur l'essence à partir du 17 décembre 1917.

NOUVEAUX PRIX DE VENTE AU DÉTAIL.

(USINES ET DÉPÔTS.)

(Droits d'octroi non compris.)

1° Pétrole de qualité courante en fûts ou bidons de 50 litres (moins remise de 1 franc par hectolitre au gros par wagon complet);

2° Essence d'éclairage en fûts ou bidons de 50 litres (moins remise de 1 franc par hectolitre au gros par wagon complet);

3° Essence pour automobiles en caisses de 50 litres (moins remise de 50 centimes à 2 francs par hectolitre au gros suivant quantités).

DÉPARTEMENTS.	VILLES.	PÉTROLE D'ÉCLAIRAGE en fûts ou bidons de 50 litres.	ESSENCES	
			D'ÉCLAIRAGE en fûts ou bidons de 50 litres.	pour AUTOMOBILES en caisses.
		L'hectolitre.	L'hectolitre.	L'hectolitre.
Ain	Bourg	54f 50c	91f 00c	91f 50c
Aisne	Château-Thierry	52 50	89 00	90 00
Allier	Moulins	53 75	90 50	91 50
Alpes (Basses-)	Digne	54 00	90 50	91 50
Alpes (Hautes-)	Gap	56 00	92 00	93 50
Alpes-Maritimes	Nice	54 50	91 00	92 00
Ardèche	Privas	55 00	91 25	92 50
Ariège	Foix	54 50	91 00	92 00
Aube	Troyes	53 00	89 75	90 50
Aude	Carcassonne	53 00	89 50	90 50
Aveyron	Rodez	54 75	92 00	94 00
Bouches-du-Rhône	Marseille	52 25	88 75	89 50
Calvados	Caen	52 50	89 00	90 00
Cantal	Aurillac	54 75	92 00	93 50
Charente	Angoulême	52 75	90 25	91 50
Charente-Inférieure	La Rochelle	51 75	89 25	90 50
Cher	Bourges	53 75	90 50	91 50
Corrèze	Tulle	54 00	91 25	93 00
Côte-d'Or	Dijon	53 00	90 25	92 00
Côtes-du-Nord	Saint-Brieuc	53 50	90 00	91 00
Creuse	Guéret	54 25	91 50	93 00
Dordogne	Périgueux	52 75	90 25	91 50
Doubs	Besançon	53 50	89 75	91 00
Drôme	Valence	54 75	91 00	92 50
Eure	Évreux	51 75	88 50	89 50
Eure-et-Loir	Chartres	52 50	89 00	90 00
Finistère	Quimper	54 50	90 75	92 00
Gard	Nîmes	53 50	90 00	90 50
Garonne (Haute-)	Toulouse	53 25	90 50	92 00
Gers	Auch	53 75	91 00	92 50
Gironde	Bordeaux	51 75	89 25	90 50
Hérault	Montpellier	52 75	89 25	90 00
	Cette	52 25	88 75	89 50
Ille-et-Vilaine	Rennes	53 75	90 50	91 50
Indre	Châteauroux	54 00	91 00	92 50
Indre-et-Loire	Tours	53 00	90 00	91 50
Isère	Grenoble	55 75	92 00	93 00
Jura	Lons-le-Saunier	54 25	90 25	91 00
Landes	Mont-de-Marsan	53 50	90 75	92 50

DÉPARTEMENTS.	VILLES.	PÉTROLE D'ÉCLAIRAGE en fûts ou bidons de 50 litres.	ESSENCES D'ÉCLAIRAGE en fûts ou bidons de 50 litres.	ESSENCES pour AUTOMOBILES en caisses.
		L'hectolitre.	L'hectolitre.	L'hectolitre.
Loir-et-Cher	Blois	53f 50c	90f 25c	91f 00c
Loire	Saint-Étienne	55 00	91 25	92 50
Loire (Haute-)	Le Puy	55 00	91 75	93 00
Loire-Inférieure	Nantes	53 00	90 00	91 00
Loiret	Orléans	53 00	89 75	90 50
Lot	Cahors	53 50	90 75	92 50
Lot-et-Garonne	Agen	52 50	90 00	91 50
Lozère	Mende	55 25	91 50	92 50
Maine-et-Loire	Angers	53 25	90 50	91 50
Manche	Saint-Lô	53 00	89 50	90 50
Marne	Châlons-sur-Marne	53 25	89 75	90 50
Marne (Haute-)	Chaumont	53 50	89 75	91 00
Mayenne	Laval	53 25	90 00	91 00
Meurthe-et-Moselle	Nancy	53 00	89 25	90 00
Meuse	Bar-le-Duc	53 50	89 75	91 00
Morbihan	Vannes	54 25	91 50	92 50
Nièvre	Nevers	53 25	89 75	91 00
Nord	Dunkerque	52 25	88 75	89 50
Oise	Beauvais	52 25	88 75	89 50
Orne	Alençon	52 50	89 00	90 00
Pas-de-Calais	Calais	52 75	89 25	90 00
Puy-de-Dôme	Clermont-Ferrand	53 50	90 75	92 50
Pyrénées (Basses-)	Pau	55 00	92 25	94 00
Pyrénées (Hautes-)	Tarbes	55 00	92 25	94 00
Pyrénées-Orientales	Perpignan	53 75	90 00	91 00
Rhin (Haut-)	Belfort	54 00	90 00	91 50
Rhône	Lyon	54 25	90 50	91 50
Saône (Haute-)	Vesoul	54 00	90 25	91 00
Saône-et-Loire	Mâcon	54 00	90 50	91 00
Sarthe	Le Mans	53 00	89 50	90 50
Savoie	Chambéry	55 75	91 50	93 00
Savoie (Haute-)	Annecy	56 00	92 25	93 50
Seine	Paris	52 50	89 00	90 00
Seine-Inférieure	Rouen	51 00	87 50	88 50
Seine-et-Marne	Melun	52 50	88 75	89 50
Seine-et-Oise	Versailles	52 00	88 50	89 50
Sèvres (Deux-)	Niort	52 50	90 00	91 00
Somme	Amiens	52 25	88 75	89 50
Tarn	Albi	53 75	91 00	92 50
Tarn-et-Garonne	Montauban	52 75	90 00	91 50
Var	Draguignan	54 00	90 50	91 50
Vaucluse	Avignon	53 25	89 75	90 50
Vendée	La Roche-sur-Yon	52 75	89 50	90 50
Vienne	Poitiers	52 75	90 25	91 50
Vienne (Haute-)	Limoges	53 25	90 75	92 00
Vosges	Épinal	53 25	89 50	90 50
Yonne	Auxerre	53 25	89 75	90 50

Remarque. — Les emballages sont facturés et repris aux prix suivants :

Fûts pétroliers de 180 litres environ.................... 15 fr. l'un.
Bidons métalliques de 50 litres.......................... 25 fr. l'un.
Caisses de 10 bidons de 5 litres ou de 5 bidons de 10 litres.. 25 fr. l'une.

CIRCULAIRE
DU MINISTRE DE L'AGRICULTURE ET DU RAVITAILLEMENT
DU 17 DÉCEMBRE 1917

relative au ravitaillement en paille pendant la campagne 1917-1918,

à Messieurs les Généraux commandant les Régions de l'Intérieur,
les Préfets des départements de l'Intérieur,
les Directeurs de l'Intendance des Régions de l'Intérieur,
les Sous-Intendants chargés du Ravitaillement des départements de l'Intérieur.

La circulaire n° 10,966-R/1 du 10 août dernier avait fixé les impositions de paille pour chaque département au prorata des ressources escomptées de la récolte 1917. Les résultats définitifs de cette récolte ne concordant pas partout avec les prévisions, une revision des disponibilités vient d'être effectuée et les contingents primitivement imposés ont été modifiés, de façon à gêner le moins possible la culture tout en réservant ce qui est nécessaire à la cavalerie civile.

Le contingent définitif imposé au département de........................ est de.................quintaux métriques.

Il est rappelé que les besoins militaires, en ce qui concerne la paille, sont satisfaits normalement avec des pailles de blé ou d'avoine et exceptionnellement avec des pailles d'orge ou de seigle.

Mais, comme cette année la récolte de paille a été particulièrement réduite, il y aura lieu de rechercher l'utilisation pour le couchage des troupes de toutes les matières susceptibles de remplacer la paille et qui se trouvent en abondance dans certaines régions. On peut citer à titre d'exemple la paille de maïs, la bruyère, la brande, etc.

Les quantités ainsi réalisées dans chaque département pourront venir en déduction des contingents de paille imposés.

Il conviendra de faire des essais dans les différentes garnisons et de me soumettre toutes les propositions permettant d'économiser la paille.

On envisagera notamment la possibilité d'obtenir, par un pressage approprié, des balles ayant une densité comparable à celle des balles de paille. Il importe en effet, pour économiser les transports par fer, de ne réaliser que des matières pouvant être comprimées sous un petit volume. Au cas où les résultats ainsi obtenus ne seraient pas favorables, on limiterait l'emploi des succédanés aux places de garnisons en exploitant les ressources dans un rayon accessible par voie de terre et on réserverait pour les expéditions sur l'avant la paille ainsi libérée.

La réalisation des contingents à fournir pour chaque département sera poursuivie dans les conditions qui ont fait l'objet de la circulaire du 10 août, en procédant d'urgence à la nouvelle répartition prévue pour le foin par la circulaire du 28 novembre n° 15,611 R/1.

Les dispositions qui ont fait l'objet de cette circulaire seront également appliquées à la paille en ce qui concerne l'avis individuel à remettre aux prestataires par les Maires, le modèle de cet avis et la publicité à donner aux dispositions permettant la libre circulation des pailles non réquisitionnées.

CIRCULAIRE TÉLÉGRAPHIQUE
DU SOUS-SECRÉTAIRE D'ÉTAT DU RAVITAILLEMENT
DU 19 DÉCEMBRE 1917

relative à l'inventaire des stocks de grains détenus par les meuniers.

A Messieurs les Préfets.

Diverses questions ont été posées à mes services au sujet des approvisionnements que pourront avoir les meuniers lors du passage du régime actuel au régime du décret du 30 novembre.

En réponse, je vous notifie les instructions suivantes :

Les meuniers devront dresser un inventaire et vous facturer tous les grains possédés par eux dans leurs moulins et magasins, et vous transmettre ces factures; après vérification, s'il y a lieu, vous leur rétrocéderez ces grains aux prix réduits fixés par le décret, et ainsi la farine produite sera vendue au prix de 51 francs.

La même procédure sera appliquée aux marchands de grains qui céderont leurs céréales à l'État.

Pour les farines détenues par des meuniers et faites avec des grains payés aux taux taxés, une évaluation analogue sera faite. Il en sera de même pour les boulangers qui auraient des provisions de farine.

Mais pour toutes ces opérations, il faut que le bureau permanent soit organisé et que le secrétaire comptable soit en fonctions, et en état de faire payer les intéressés dans un délai de quatre jours à dater de la réception de la facture afin de se rapprocher le plus possible des usages commerciaux Sinon, le nouveau régime risquerait de ne pas pouvoir fonctionner lorsque l'ancien cesserait d'être applicable.

Veuillez donc me renseigner sur les mesures que vous avez prises d'accord avec l'Intendance et me dire la date à partir de laquelle le nouveau service sera assuré. Le Gouvernement attache une importance capitale à ce qu'il n'y ait pas d'arrêt dans nos approvisionnements en céréales. A cet effet, veuillez faire savoir aux meuniers et aux autres intéressés que tous les grains ou farines qu'ils posséderont lors de la mise en pratique du nouveau régime leur seront remboursés ou rétrocédés dans les conditions ci-dessus fixées. Ils doivent donc continuer leurs achats et leur travail; les quantités facturées et constatées leur sont payées dans le plus court délai. Je vous prie de me faire connaître votre réponse par télégraphe en y indiquant vos autres observations sur la mise en pratique du nouveau régime.

Au cas où cette mise en pratique rencontrerait des difficultés, je suis disposé à envisager dès maintenant une période mixte durant laquelle le régime actuel serait prorogé en ce qui concerne les modes de livraison, de payement et de circulation des céréales.

DÉCRET DU 21 DÉCEMBRE 1917

complétant le décret du 23 novembre 1917 en ce qui concerne les moyens mis à la disposition du Ministre de l'Agriculture et du Ravitaillement pour l'exécution du service du ravitaillement.

(*Journal officiel* du 22 décembre 1917.)

MONSIEUR LE PRÉSIDENT,

Les nécessités économiques actuelles conduisent à donner au service du ravitaillement, exécuté par les personnels de l'Intendance sous la haute direction du Ministre de l'Agriculture et du Ravitaillement, un développement considérable.

Le Service de l'Intendance, avec les personnes dont il dispose aujourd'hui ou ceux que la réglementation en vigueur lui permet de recruter, sera hors d'état de faire face aux nouvelles obligations qui vont lui incomber.

Il devient donc indispensable d'adopter des règles spéciales dans le but de permettre le recrutement très rapide, par voie de nomination ou de promotion à titre temporaire, des officiers qui seront mis à la disposition complète du Ministre de l'Agriculture et du Ravitaillement.

Les officiers ainsi recrutés verraient, tout naturellement, cesser l'effet de la nomination ou de la promotion dont ils ont bénéficié s'ils n'étaient plus employés dans le service du ravitaillement.

D'autre part, il a paru opportun de préciser certaines des dispositions du décret du 23 novembre 1917 relatives aux attributions du Ministre du Ravitaillement.

Tel est le double but du projet de décret ci-joint.

Si vous en approuvez les dispositions, nous avons l'honneur de vous prier de bien vouloir le revêtir de votre signature.

Veuillez agréer, Monsieur le Président, l'hommage de notre respectueux dévouement.

Le Président du Conseil, Ministre de la guerre,
GEORGES CLEMENCEAU.

Le Ministre de l'Agriculture et du Ravitaillement,
VICTOR BORET.

LE PRÉSIDENT DE LA RÉPUBLIQUE FRANÇAISE,

Vu la loi du 13 mars 1875, relative à la constitution des cadres et des effectifs de l'armée active et de l'armée territoriale;

Vu la loi du 16 mars 1882, sur l'administration de l'armée;

Vu le décret du 7 mai 1908, relatif à la constitution du cadre auxiliaire de l'Intendance;

Vu le décret du 12 novembre 1914 ratifié par la loi du 30 mars 1915, relatif à la nomination à titre temporaire, pendant la durée de la guerre, au grade de sous-lieutenant et assimilé;

Vu le décret du 14 septembre 1917, relatif à la promotion à titre temporaire d'officiers ou assimilés de l'armée active et de la réserve de l'armée territoriale;

Vu le décret du 23 novembre 1917, donnant autorité au Ministre de l'Agriculture et du Ravitaillement sur le personnel de l'Intendance militaire chargé du ravitaillement pour l'exécution de ce service;

Sur le rapport du Président du Conseil, Ministre de la Guerre et du Ministre de l'Agriculture et du Ravitaillement;

DÉCRÈTE :

ARTICLE PREMIER. Dans les conditions fixées par l'article 1er du décret du 23 novembre 1917, le Ministre de l'Agriculture et du Ravitaillement est chargé du ravitaillement des troupes en vivres et fourrages, tabac et allumettes, matières de chauffage et d'éclairage, combustibles et ingrédients divers pour automobiles.

2. Il dispose :

A. De la sous-direction des subsistances de l'Administration centrale de la guerre.

Il peut, en outre, prendre, quand il le juge utile, l'avis des services généraux de l'Administration de la guerre (Direction du Contentieux, Direction du Contrôle) et celui de la Commission consultative et de la Section du contentieux des marchés de l'Intendance.

Il peut aussi faire appel au concours du Bureau des Missions, organisé à la Direction de l'Intendance.

Enfin, les projets de décision préparés par la Commission centrale des réquisitions, dans les conditions fixées par le chapitre 4 de l'instruction interministérielle du 31 octobre 1917, sont, pour ce qui concerne le service des subsistances, soumis à sa signature.

B. En dehors de l'Administration centrale de la guerre :

1° Des organes centraux ci-après :

a) L'inspection générale du ravitaillement, qui relève de son autorité exclusive (art. 4 du décret du 23 novembre 1917);

b) Inspection technique des subsistances;

c) Atelier de construction de Vincennes.

2° Des organes locaux suivants :

Stations-magasins, à l'exception de celles qui sont organisées par le général commandant en chef dans la zone des armées;

Service du ravitaillement départemental;

Services et établissements des subsistances des régions.

3. Des officiers et assimilés de toutes armes et de tous services, en particulier des fonctionnaires de l'Intendance et des officiers d'administration du Service de l'Intendance, seront mis à la disposition du Ministre de l'Agriculture et du Ravitaillement par le Ministre de la Guerre.

4. Les effectifs actuels des fonctionnaires de l'intendance et des officiers d'administration du Service de l'Intendance pourront être renforcés par un personnel recruté en conformité des dispositions de l'article 6 de la loi du 10 août 1917.

En raison du service spécial dont ils doivent être chargés, les candidats seront dispensés des examens ou stages prévus pour l'application de ce texte.

Si, pour une raison quelconque, ils ne sont plus affectés au service pour lequel ils ont été nommés, ils seront replacés dans la situation antérieure à leur nomination.

Les conditions dans lesquelles s'effectuera leur recrutement seront arrêtées de concert par le Ministre de la Guerre et le Ministre de l'Agriculture et du Ravitaillement, de manière à assurer à celui-ci tous les personnels nécessaires.

5. Le Ministre de l'Agriculture et du Ravitaillement a, sur le personnel mis à sa disposition et relevant exclusivement de son autorité (art. 3 et 4), tous les pouvoirs d'affectation, de mutation et de discipline, dans les conditions fixées par le premier paragraphe de l'article 6 du décret du 23 novembre 1917.

Il a également le pouvoir de discipline à l'égard des autres personnels chargés du ravitaillement, mais seulement à l'occasion de ce service.

6. Les propositions concernant l'avancement et les décorations en faveur des personnels susvisées sont établies et arrêtées par le Ministre de l'Agriculture et du Ravitaillement et soumises au Ministre de la Guerre, dans les conditions prévues à l'article 7 du décret du 23 novembre 1917.

7. Les dispositions de l'arrêté du 26 novembre 1917 qui ne sont pas comprises dans le présent décret sont abrogées.

8. Le Président du Conseil, Ministre de la Guerre et le Ministre de l'Agriculture et du Ravitaillement sont chargés, chacun en ce qui les concerne, de l'exécution du présent décret.

DÉCRET DU 21 DÉCEMBRE 1917

relatif à la déclaration et à la réquisition civile des cafés verts et torréfiés.

(*Journal officiel* du 22 décembre 1917.)

Le Président de la République française,

Sur le rapport du Président du Conseil, Ministre de la Guerre, du Garde des sceaux, Ministre de la Justice, du Ministre du Commerce, de l'Industrie, des Postes et des Télégraphes, des Transports maritimes et de la Marine marchande, du Ministre de l'Agriculture et du Ravitaillement, du Ministre de l'intérieur.

Vu l'article 419 du Code pénal, livre III, titre II;

Vu les articles 10 et 11 de la loi du 20 avril 1916;

Vu la loi du 3 août 1917 dans ses dispositions spéciales, et par application des articles 1er, 2 et 3 de ladite loi;

Le Conseil des Ministres entendu,

Décrète :

Article premier. Les cafés verts ou torréfiés peuvent faire l'objet de réquisitions civiles.

Tout propriétaire, dépositaire, importateur, escompteur de warrants ou détenteur à quelque titre que ce soit d'un stock de café vert ou torréfié, d'un poids supérieur à 120 kilogrammes pour l'ensemble des deux catégories, existant en France ou en Algérie, et se trouvant en magasin, en entrepôt, en cours d'expédition ou dans un endroit quelconque, est tenu de faire, avant le 5 janvier 1918, une déclaration contenant l'état de ces matières à la date du 31 décembre 1917, à 24 heures.

La déclaration doit contenir les nom, prénoms, profession, domicile du déclarant, ainsi que la qualité en vertu de laquelle il fait la déclaration, et les nom, prénoms et domicile du propriétaire, s'il n'est que dépositaire ou détenteur.

Elle doit mentionner, outre les quantités existantes, l'origine du café, la qualité, si le café est vert ou torréfié, le lieu de situation du stock, si le café est acquitté ou sous régime de douane.

2. La déclaration, datée et signée, est faite conformément au modèle annexé au présent décret, en deux exemplaires qui sont envoyés par la poste sous pli recommandé, à l'adresse suivante : Monsieur le Ministre du Commerce (services de Guerre), 101, rue de Grenelle, Paris.

Les propriétaires, dépositaires, importateurs, escompteurs de warrants ou détenteurs, à quelque titre que ce soit, des matières visées à l'article 1er du présent décret, sont tenus de justifier, à toute réquisition, des quantités déclarées ou de leur emploi.

3. Dans le cas où la matière faisant l'objet d'une déclaration serait warrantée, la déclaration sera à la charge, non seulement du propriétaire ou du détenteur, mais aussi de la personne ou société qui aurait escompté le warrant ou fait toute opération de banque engageant le récépissé ou le warrant délivré par les détenteurs.

La déclaration doit, en outre, faire connaître le nom du propriétaire, ainsi que la date de l'entrée en magasin de la marchandise warrantée.

4. Tout défaut de déclaration ou fausse déclaration concernant les matières visées à l'article 1er du présent décret sera relevé par procès-verbal, et le délinquant puni des peines prévues aux articles 8 et 10 de la loi du 3 août 1917.

5. Le Président du Conseil, Ministre de la Guerre, le Garde des sceaux, Ministre de la Justice, le Ministre du Commerce, de l'Industrie, des Postes et des Télégraphes, des Transports maritimes et de la Marine marchande, le Ministre de l'Agriculture et du Ravitaillement, le Ministre de l'Intérieur, sont chargés, chacun en ce qui le concerne, de l'exécution du présent décret.

DÉPARTEMENT
d

ARRONDISSEMENT
d

COMMUNE
d

DÉCLARATION DES STOCKS DE CAFÉ.

Je soussigné :
(Nom)
(Prénoms)
(Profession)
demeurant à

déclare être { propriétaire / dépositaire (1) / importateur / escompteur de warrants (1) / détenteur (2) } des matières suivantes :

(Biffer les mentions inutiles.)

SPÉCIFICATION (3).	POIDS.	LIEU D'ORIGINE (4).	QUALITÉ (5).	LIEU DE DÉPÔT et RÉGIME FISCAL (6).	OBSERVATIONS (7).

Je certifie l'existence, à la date du 31 décembre 1917, des quantités dans les lieux désignés ci-dessus.

A , le 1918.

(Signature.)

---

(1) Indiquer le nom et le domicile du propriétaire.
(2) Indiquer à quel titre et donner le nom et le domicile du propriétaire.
(3) Indiquer si le café est vert ou torréfié.
(4) Indiquer la provenance du café (Brésil, Réunion, Porto-Rico, Vénézuéla ou autres).
(5) Indiquer la qualité (extra-prima, prima, supérieure, good, regular, ordinaire).
(6) Indiquer si le café est acquitté ou sous le régime de douane.
(7) En particulier, indiquer dans cette colonne la date d'entrée en magasin des marchandises warrantées.

ARRÊTÉ DU MINISTRE DE L'AGRICULTURE ET DU RAVITAILLEMENT DU 22 DÉCEMBRE 1917

instituant au service du matériel agricole une section des essences, pétroles et huiles de graissage destinés aux usages agricoles.

(*Journal officiel* du 28 décembre 1917.)

Le Ministre de l'Agriculture et du Ravitaillement,

Vu les décrets des 16 avril et 4 décembre 1917, relatifs à la réglementation de l'essence;

Vu l'arrêté interministériel en date du 22 juin 1917 relatif à l'établissement des bons de commande d'essence destinée aux agriculteurs;

Vu la nécessité d'établir un contrôle rigoureux des demandes et une répartition judicieuse des quantités d'essences mises à la disposition du département de l'Agriculture pour subvenir aux divers besoins de l'agriculture et d'assurer le contrôle de l'emploi des essences, pétroles et huiles de graissage;

Vu l'arrêté du 15 octobre 1917 organisant, à la direction de l'Agriculture, le service du matériel agricole;

Sur la proposition du Directeur de l'Agriculture et du chef du service de la mise en culture des terres,

Arrête :

Article premier. Il est institué, au service du matériel agricole, une section spéciale chargée de toutes les questions relatives à l'approvisionnement, à la répartition et au contrôle des essences, pétroles et huiles de graissage, ainsi que de la mise en application, en ce qui concerne les besoins agricoles, de la réglementation administrative à laquelle ces produits sont soumis.

2. L'inspecteur général de l'agriculture, chef du service du matériel agricole, est chargé d'assurer, conformément aux instructions ministérielles, la répartition des quantités de ces produits, mises à la disposition du département de l'Agriculture et du Ravitaillement, pour le fonctionnement des moteurs employés en agriculture, et de contrôler l'emploi des quantités délivrées, soit par lui, soit par les fonctionnaires habilités à cet effet.

3. Les dépenses nécessaires au fonctionnement du service du matériel agricole sont engagées et effectuées par le chef du service, dans la limite des crédits fixés par le Ministre de l'Agriculture et du Ravitaillement.

Les états justificatifs des travaux, les mémoires et factures sont arrêtés par le chef du service et payés par le caissier du Ministère de l'Agriculture, sur les avances mises à sa disposition pour cet objet par décision ministérielle.

4. Le Directeur de l'Agriculture, le chef du service de la mise en culture des terres et le chef du service du matériel agricole sont chargés, chacun en ce qui le concerne, de l'exécution du présent arrêté.

CIRCULAIRE
DU MINISTRE DE L'AGRICULTURE ET DU RAVITAILLEMENT
DU 22 DÉCEMBRE 1917

relative à l'organisation du ravitaillement en farine dans chaque département.

A Messieurs les Préfets

En raison du délai nécessaire pour terminer dans tous les départements l'établissement du contingent qui a fait l'objet de ma circulaire du 10 décembre et pour aboutir déjà à un rationnement indispensable pour la consommation du pain, veuillez organiser provisoirement dans votre département le ravitaillement en farine d'après les instructions suivantes :

1° Réduire de 20 p. 100 la consommation actuelle de votre département afin de rentrer dans les prévisions de consommation moyenne établies dans la circulaire précitée;

2° Pour opérer cette réduction : rattacher chaque commune à un ou plusieurs moulins déterminés qui livrera à la commune le contingent qui lui est attribué et dont la répartition entre les boulangers desservant la commune sera assurée par les soins du maire. Pour opérer ce rattachement, veuillez consulter le Bureau permanent. Je vous laisse le soin de faire connaître à vos administrés les présentes instructions, en faisant appel à leur patriotisme, en conformité des déclarations faites par le Ministre de l'Agriculture et du Ravitaillement à la séance du Sénat du 17 courant. Chacun doit immédiatement réduire sa commande à son boulanger dans la proportion d'un cinquième.

CIRCULAIRE TÉLÉGRAPHIQUE
DU SOUS-SECRÉTAIRE D'ÉTAT DU RAVITAILLEMENT
DU 24 DÉCEMBRE 1917

relative au rassemblement et à la répartition des céréales.

A Messieurs les Préfets

Attire votre attention sur nécessité absolue qu'informations relatives au rassemblement et la répartition des céréales de votre département ne subissent aucun temps d'arrêt à l'occasion du passage de l'ancien au nouveau régime résultant du décret du 30 novembre. Il est en effet essentiel qu'Administration centrale soit constamment informée de la marche des opérations et de l'importance des quantités de céréales rassemblées dans votre département de façon à pouvoir en disposer au mieux des intérêts généraux du ravitaillement du pays. Pour assurer la continuité de l'envoi de ces renseignements, veuillez prendre dispositions nécessaires pour que Bureau permanent soit en mesure dès le 1er janvier de me rendre compte chaque jour des mouvements de marchandises effectués dans la journée de la veille. Les feuilles d'avis utilisées jusqu'ici par les répartiteurs et que ces derniers devront vous remettre devront m'être adressées désormais et jusqu'à nouvel avis par Bureau permanent. Je vous adresserai incessamment un modèle de compte rendu général ainsi que des imprimés de compte rendu journalier qu'il y aura lieu de faire imprimer dans votre département et dont l'envoi devra être assuré chaque jour, même si, par extraordinaire, aucun mouvement de marchandise ne s'était produit. Vous signale nécessité prendre vos dispositions d'urgence pour que bons de transport puissent être délivrés par le plus grand nombre possible de personnes afin que les expéditions et les livraisons ne subissent aucun temps d'arrêt qui ne manquerait pas d'être préjudiciable au ravitaillement de votre département ainsi qu'à celui du pays.

ARRÊTÉ DU MINISTRE DE L'AGRICULTURE ET DU RAVITAILLEMENT DU 24 DÉCEMBRE 1917

sur l'organisation de l'Inspection générale du ravitaillement.

LE MINISTRE DE L'AGRICULTURE ET DU RAVITAILLEMENT,

Vu les décrets des 23 novembre et 21 décembre 1917 relatifs aux attributions respectives du Ministre de la Guerre et du Ministre de l'Agriculture et du Ravitaillement à l'égard du personnel de l'Intendance participant au service du ravitaillement et des subsistances militaires,

ARRÊTE :

ARTICLE UNIQUE. L'Inspection générale du ravitaillement comprend :

1° Des Inspecteurs généraux chargés de missions par le Ministre de l'Agriculture et du Ravitaillement ou le Sous-Secrétaire d'État du Ravitaillement.

En particulier, ces Inspecteurs généraux sont investis de la mission permanente de vérifier dans les régions et les départements la correcte application des lois et réglementations concernant le ravitaillement et plus particulièrement le fonctionnement des commissions de réception et des organes départementaux de ravitaillement, le rassemblement et l'expédition des denrées et matières destinées aux armées, aux troupes et à la population civile.

Ils donnent leur avis sur l'importance des contingents de fournitures imposées aux divers départements.

Ils formulent leur appréciation sur les aptitudes et la manière de servir :

a) Du personnel civil relevant spécialement et directement du Ministère de l'Agriculture et du Ravitaillement;

b) Du personnel militaire au sujet duquel le Ministre de l'Agriculture et du Ravitaillement est appelé à formuler ou à arrêter des propositions.

2° Un service central chargé :

a) De recueillir les demandes d'enquêtes et de renseignements formulées par les divers services du Sous-Secrétariat d'État du Ravitaillement, et de les transmettre aux Inspecteurs généraux;

b) De recevoir les rapports des Inspecteurs généraux et d'en transmettre les extraits aux services intéressés;

c) De centraliser les appréciations émises sur le personnel par les Inspecteurs généraux et d'établir conformément à ces appréciations les notes de ce personnel.

Le service central fonctionne sous l'autorité du chef des services techniques et des fabrications.

DÉCRET DU 24 DÉCEMBRE 1917

chargeant de mission temporaire des membres du Parlement en vue de développer et d'intensifier la production des denrées essentielles à l'alimentation.

(*Journal officiel* du 28 décembre 1917.)

Le Président de la République française,

Sur le rapport des Ministres de l'Agriculture et du Ravitaillement, de l'Intérieur, des Affaires étrangères et des Colonies;

Vu les articles 8 et 9 de la loi organique du 30 novembre 1875,

Décrète :

Article premier. MM Cosnier, Compère-Morel et Le Rouzic, députés, sont chargés, à titre de mission temporaire non rétribuée, de développer et d'intensifier la production des denrées essentielles à l'alimentation.

Ils porteront le titre de commissaires à l'agriculture.

2. M. Cosnier s'occupera spécialement de la production agricole de l'Afrique du Nord et des colonies; M. Compère-Morel de la culture des céréales et de la viticulture dans la métropole; M. Le Rouzic, de l'élevage, de la laiterie et de la production des fruits, légumes, tubercules, racines et fourrages dans la métropole.

3. Les commissaires à l'agriculture, chacun dans la sphère de ses attributions, soumettent aux Ministres de l'Agriculture et du Ravitaillement, de l'Intérieur, des Affaires étrangères ou des Colonies, selon le cas, le programme de leur mission et leur proposent les mesures qu'ils jugent utiles pour en assurer la réalisation.

Ils ont la délégation de la signature du Ministre pour les affaires que celui-ci renvoie à leur décision.

4. Le Ministre de l'Agriculture et du Ravitaillement, le Ministre de l'Intérieur, le Ministre des Affaires Étrangères et le Ministre des Colonies sont chargés, chacun en ce qui le concerne, de l'exécution du présent décret.

ARRÊTÉS DU MINISTÈRE DE L'AGRICULTURE ET DU RAVITAILLEMENT DU 24 DÉCEMBRE 1917

portant organisation du Sous-Secrétariat d'État du Ravitaillement.

Le Ministre de l'Agriculture et du Ravitaillement,

Vu le décret du 31 décembre 1916, fixant les attributions du Ministre des Travaux publics, des Transports et du Ravitaillement en matière de ravitaillement;

Vu le décret du 7 avril 1917, fixant les attributions du Ministère du Ravitaillement général et des Transports maritimes;

Vu le décret du 10 avril 1917, fixant l'organisation des services dudit Ministère et portant notamment qu'un arrêté ministériel fixera les attributions des services du cabinet du Ministre et ceux de l'Administration centrale du Ministère du Ravitaillement général et des Transports maritimes;

Vu le décret du 3 juillet 1917, rattachant au Ministère de l'Armement et des Fabrications de guerre les services de l'importation des combustibles minéraux et du ravitaillement général en combustibles de toute nature;

Vu le décret du 4 juillet 1917, transférant au Ministère des Travaux publics et des Transports les attributions dévolues au Ministère du Ravitaillement général et des Transports maritimes en ce qui concerne les transports maritimes;

Vu les décrets des 23 novembre et 21 décembre 1917, réglant les attributions respectives du Ministre de la Guerre et du Ministre de l'Agriculture et du Ravitaillement en ce qui concerne le service des subsistances militaires et le ravitaillement des armées,

Arrête :

Article premier. Les attributions du cabinet du Sous-Secrétaire d'État sont fixées comme suit :

1° *Services administratifs du cabinet.*

1° Enregistrement et répartition du courrier;

2° Préparation de la signature du Ministre et du Sous-Secrétaire d'État;

3° Transmission des projets de loi et décrets au Président de la République, au Sénat et à la Chambre des députés;

4° Enregistrement et conservation des décrets et arrêtés, ampliations ;

5° Insertions au *Journal officiel* et au *Bulletin des lois;*

6° Distinctions honorifiques françaises ou étrangères;

7° Préparation des audiences du Sous-Secrétaire d'État;

8° Affaires réservées.

2° *Missions spéciales de contrôle sur l'administration centrale et les services extérieurs.*

Le cabinet du Sous-Secrétaire d'État assure les rapports entre les services du Sous-Secrétariat d'État et le Ministre.

Le contrôleur des dépenses engagées est placé sous l'autorité directe du Sous-Secrétaire d'Etat.

2. Les services dépendant du Sous-Secrétariat d'État du Ravitaillement sont répartis comme suit :

1° Services administratifs, économiques et financiers;

2° Services techniques et des fabrications;

3° Services commerciaux des céréales et des importations;

4° Services commerciaux des vivres;

5° Services commerciaux des colonies et des régions occupées par l'ennemi.

3. En vue d'assurer la coordination des services, il est constitué un conseil composé du chef de cabinet, des chefs de service et du chef du service financier.

Il délibère sur les affaires qui présentent un intérêt général pour le Sous-Secrétariat d'État et sur celles dont il est saisi, soit par le Sous-Secrétaire d'État, soit par les chefs de service. Il se réunit sur convocation du Sous-Secrétaire d'État.

4. Les attributions des services administratifs, économiques et financiers sont les suivantes :

1° *Services administratifs.*

1° Statistiques (production, importation, consommation, cours des denrées.) Législations étrangères, documentation générale. Publication des documents officiels relatifs au ravitaillement ;

2° Études économiques diverses. Mesures à envisager pour la fin de la guerre et pour l'après-guerre en ce qui concerne le ravitaillement;

3° Questions relatives au blocus. Prohibitions d'importation et d'exportation et dérogations;

4° Études législatives, préparation des projets de loi, décrets, arrêtés, règlements, documents à soumettre aux commissions parlementaires, secrétariat administratif des divers comités consultatifs établis auprès du Sous-Secrétariat d'État;

5° Économies. Mesures de restriction volontaires et obligatoires. Contrôle de l'application de ces mesures;

6° Physiologie en ce qui touche les questions d'alimentation ;

7° Ravitaillement des régions récupérées; rapport avec les Chambres de commerce dotées pour ce ravitaillement. Prisonniers de guerre;

8° Contentieux, répression de la spéculation et des manœuvres d'accaparement en matière de ravitaillement.

2° *Services financiers.*

1° Préparation du budget;

2° Ordonnancement;

3° Caisse;

4° Comptabilité budgétaire;

5° Comptabilité du compte spécial;

6° Compte définitif des dépenses;

7° Matériel (mobilier de l'hôtel et des bureaux, fournitures de bureau, chauffage, éclairage, lingerie);

8° Assurances maritimes terrestres ou autres;

9° Inspection et contrôle financier à l'extérieur.

3° *Service de la propagande.*

Le service de la propagande est chargé, sous réserve des attributions du cabinet, de la préparation des rapports avec la presse, des conférences, représentations cinématographiques, de la publicité par affiches et autrement, des relations avec les associations, ligues et groupements divers, et d'une manière générale de toute action tendant à expliquer au public les dispositions prises ou à inciter aux mesures de restriction volontaire et d'économie.

5. Le chef des services techniques et des fabrications a sous son contrôle les organes ci-après :

1° Sous-Direction des subsistances militaires, y compris la section du ravitaillement militaire;

2° Inspection technique des subsistances comprenant :

a) Section des fabrications;

b) Section de l'outillage mécanique;

c) Section de l'organisation du travail;

d) Section des succédanés;

3° Inspection générale du ravitaillement (service central et missions);

4° Essences et combustibles;

5° Transports terrestres;

6° Personnel militaire et civil.

6. Les attributions des services commerciaux des céréales et des importations sont les suivantes :

1° Céréales exotiques;

2° Céréales indigènes;

3° Contrôle des moulins et des boulangeries, biscuiteries; dérogations;

4° Transports maritimes;

5° Transit et cabotage.

7. Les attributions des services commerciaux des vivres sont les suivantes :

1° Ravitaillement civil. Organisations diverses relatives à la consommation. Coopératives;

2° Ravitaillement militaire. Coopératives d'armée et centres de denrées d'ordinaire;

3° Légumes secs. Riz. Pâtes alimentaires;

4° Viandes et graisses. Lait, beurre et fromages;

5° Fourrages, pommes de terre;

6° Sucre. Saccharine. Café. Chocolat;

7° Liquides. Vins. Cidres et bières. Huiles.

8. Les attributions des services commerciaux de l'Afrique du Nord, des colonies et des régions occupées par l'ennemi sont les suivantes :

1° Algérie et Tunisie;

2° Maroc;

3° Colonies;

4° Régions occupées par l'ennemi.

9. Quel que soit le produit dont il s'agisse ou le service intéressé, toutes les questions de transports maritimes sont traitées par le service des transports maritimes; toutes les questions de transports terrestres, par le service des transports terrestres; toutes les questions de transit et de cabotage par le service du transit et du cabotage.

Il n'est fait d'exception que pour la flotte pétrolière qui est gérée par le service des essences et pétroles.

10. Le chef des services techniques et des fabrications et les chefs de services commerciaux des céréales et importations, des vivres et des colonies se réunissent chaque jour en comité des services commerciaux sous la présidence du chef des services techniques et des fabrications. Toutes les affaires d'ordre général, les questions de principe ou celles qui engagent la responsabilité du Sous-Secrétaire d'État et qui se rattachent à ces services y sont traitées.

Les chefs de section y sont appelés à titre consultatif pour les questions intéressant le service dont ils sont chargés.

11. Il est institué au secrétariat du Comité des services techniques un bureau des statistiques et des programmes.

Ce bureau centralise les renseignements fournis par les services commerciaux et techniques et fait connaître en fin de journée au cabinet du Sous-Secrétaire d'État :

L'état des stocks, en trois exemplaires;

L'état des marchés passés, en trois exemplaires;

L'état des livraisons effectuées, en trois exemplaires;

La situation de la flotte, en trois exemplaires;

Et, d'une manière générale, tous les renseignements susceptibles de tenir le Ministre et le Sous-Secrétaire d'État au courant des opérations.

Ces documents sont destinés au Ministre, au Sous-Secrétaire d'État et au chef des services administratifs, économiques et financiers. Le cabinet du Sous-Secrétaire d'État en assure la répartition.

12. Pour toutes les lettres soumises à la signature du Sous-Secrétaire d'État, il sera établi deux minutes dont l'une destinée à être classée au cabinet.

Cette minute devra porter le paraphe du chef de service intéressé.

En outre, pour les lettres émanant des services techniques ou commerciaux, les minutes devront être contresignées par le président du Comité des services commerciaux.

13. Tout projet de décision comportant un engagement de dépenses imputables, soit sur les crédits budgétaires, soit sur le compte spécial du ravitaillement, doit être soumis au visa préalable du contrôleur des dépenses engagées. Sont également soumis à ce visa avant ordonnancement, les ordonnances de payement sur crédits budgétaires et les ordres de payement sur le compte spécial.

14. Toute décision susceptible d'avoir une répercussion sur les crédits budgétaires ou sur le compte spécial doit être communiquée au service financier. Cette prescription s'applique également aux services extérieurs et aux missions à l'étranger.

15. La répartition des services telle qu'elle résulte du présent arrêté ne comporte pour aucun fonctionnaire ou agent une augmentation des traitements ou indemnités qui lui sont alloués actuellement.

16. L'arrêté du 29 octobre 1917 fixant les attributions du cabinet du Ministre et celles des services du Ministère du Ravitaillement général est abrogé.

17. Le Sous-Secrétaire d'État du Ravitaillement est chargé de l'exécution du présent arrêté.

CIRCULAIRE DU MINISTRE DE L'AGRICULTURE ET DU RAVITAILLEMENT

DU 25 DÉCEMBRE 1917

relative à la répartition des services de l'Inspection générale du Ravitaillement.

À M. le Général Commandant en Chef des Armées du Nord et du Nord-Est ;

À MM. les Généraux Gouverneurs militaires de Paris et de Lyon ;

À MM. les Généraux Commandant les régions ;

À M. le Général Commandant en Chef des troupes françaises et de l'Afrique du Nord ;

À MM. les Directeurs de l'Intendance des régions ;

À MM. les Directeurs de l'Intendance d'Algérie, de Tunisie et du Maroc ;

À MM. les Sous-Intendants militaires, Directeurs de S. M., réserves de S. M.

Conformément aux arrêtés ministériels du 24 décembre 1917 relatifs à l'organisation du Sous-Secrétariat d'État au Ravitaillement et de l'Inspection générale du Ravitaillement, les services de direction assurés précédemment par l'Inspection générale du Ravitaillement seront répartis, à dater du 1er janvier 1918, entre les divers organes du Sous-Secrétariat d'État du Ravitaillement.

En conséquence, ces services devront recevoir les destinations conformes aux indications du tableau ci-après :

SECTION DE RAVITAILLEMENT DE LA SOUS-DIRECTION DES SUBSISTANCES MILITAIRES. M. le sous-intendant Chaumont provisoirement au Ministère de la guerre. Tél. Fleurus 14.90 14.91 14.92	Élaboration des programmes généraux de ravitaillement des armées, des troupes et établissements militaires. Situations générales quotidiennes des S. M. ports réserves de S. M. — Situations décadaires des places de l'intérieur. Demandes générales de denrées ou matières intéressant plusieurs des sections visées ci-après :
DIRECTION COMMERCIALE DES CÉRÉALES ET IMPORTATIONS. Service des céréales : M. Dupont. Rue de Bassano, n° 26. Tél. Passy 11.80 11.81 11.82	Questions, demandes et situations spéciales aux denrées ci-après : Farine, fleurage, pain biscuité, son, avoine et denrées de substitution.

DIRECTION COMMERCIALE DES VIVRES. M. le sous-intendant COMMUNAL. Rue de Bassano, n° 26. Tél. Passy 11.80 11.81 11.82	Questions, demandes et situations spéciales aux denrées ci-après Sucre, cafés, thé, chocolat, sel, sel dénaturé, riz, légumes secs, julienne, pâtes, conserves de légumes, confitures, potages divers. Ravitaillement des coopératives d'armée et magasins d'ordinaires.
DIRECTION COMMERCIALE DES VIVRES. M. le sous-intendant SIGMAN. Rue de Grenelle, n° 88. Tél. Fleurus 05.82 à 85	Questions et demandes concernant : Le bétail, la fourniture de viande frigorifiée et des viandes de conserve, du lard, du saindoux et des graisses.
DIRECTION COMMERCIALE DES VIVRES. M. le sous-intendant VERNAY. Rue de Grenelle, n° 88. Tél. Fleurus 05.82 à 85	Questions et demandes spéciales aux denrées ci-après : Foin pressé, paille, pommes de terre, légumes frais.
DIRECTION COMMERCIALE DES VIVRES. M. LALOU. Rue de Bassano, n° 26. Tél. Passy 11.80 11.81 11.82	Questions et demandes concernant : Le ravitaillement des vins, eau-de-vie et rhum.
SOUS-DIRECTION DES ESSENCES ET COMBUSTIBLES. M. DIVE. Rue de Grenelle, n° 88. Tél. Fleurus 05.82 à 85	Questions, demandes et situations spéciales concernant les matières ci-après : Huile à brûler, bois de four, charbon de bois et braise, houille et briquettes, anthracite, coke, bougies, allumettes, tabac, papier à cigarettes, essence et ingrédients pour automobiles.
INSPECTION TECHNIQUE DES SUBSISTANCES. M. ROERICH. Boulevard des Invalides, n° 8. Tél. Saxe 70.60 à 65	Questions concernant : Les fournitures de pain de guerre.

CIRCULAIRE

DU SOUS-SECRÉTAIRE D'ÉTAT DU RAVITAILLEMENT

DU 26 DÉCEMBRE 1917

relative à l'ajournement au 15 janvier 1918 de la mise en vigueur du décret du 30 novembre 1917.

À MM. les Préfets.

Il résulte des renseignements qui me sont parvenus à la suite des télégrammes que je vous ai adressés que l'ensemble du régime découlant du décret du 30 novembre n'est pas prêt à entrer en fonctionnement dès le 1er janvier dans la majorité des départements. En conséquence, afin d'éviter des inégalités dans le ravitaillement du pays, j'ai décidé, conformément à la demande de la plupart d'entre vous, que le régime actuel serait maintenu jusqu'au 15 janvier, en ce qui concerne : 1° la liberté de circulation sur route; 2° le système de la ristourne aux boulangers et par conséquent le maintien des prix anciens des céréales et des farines; 3° la délivrance des permis de transport par fer et par eau par les agents répartiteurs.

J'appelle votre attention sur la nécessité absolue d'utiliser la période mixte du 1er au 15 janvier pour mettre sur pied, dans ses moindres détails, le bureau permanent qui commencera à fonctionner quand même dès le 1er janvier. Ce bureau doit être fortement organisé; je vous suggère l'idée de créer dans les arrondissements producteurs de céréales un ou plusieurs agents permanents. Les avis que les agents répartiteurs adressaient jusqu'ici au service central devront, à partir du 1er janvier et pendant la durée de la période mixte, être adressés au bureau permanent. Je vous prie d'en aviser les agents répartiteurs et de prendre vos dispositions conformément à ma dépêche du 26 décembre pour que ces renseignements me soient transmis sans retard. La conséquence de la décision que je vous notifie par le présent télégramme est que toutes les opérations du recensement en ce qui concerne les stocks de céréales et de farines qui doivent être effectuées au 31 décembre sont reportées au 14 janvier. Vous aurez soin de centraliser peu à peu les renseignements que devront vous fournir les commissions de ravitaillement, les négociants et les meuniers de façon à pouvoir, à partir du 15 janvier, me communiquer toutes les informations nécessaires sur les états dont le modèle vous sera envoyé d'ici quelques jours. Je vous prie de bien vouloir m'accuser réception de la présente dépêche.

CIRCULAIRE

DU SOUS-SECRÉTAIRE D'ÉTAT DU RAVITAILLEMENT

DU 27 DÉCEMBRE 1917

relative à la restriction de la consommation de l'essence.

A MM. les Préfets des départements et à M. le Préfet de police à Paris.

Diverses causes ont retardé l'élaboration des instructions par l'application du décret du 4 décembre 1917 dont l'une des dispositions (chapitre IV) consacre le principe du contingentement général. Veuillez considérer la présente comme une « Instruction provisoire ».

La faiblesse de nos stocks d'essence et la pénurie des moyens d'importation dont nous disposons actuellement ont contraint le Gouvernement à prendre de rigoureuses mesures de restriction.

Pour assurer en tout état de cause le ravitaillement indispensable des armées, les quantités d'essence attribuées à tous les services, même à la marine, aux fabrications de guerre, aux mines, etc.., ont été sur les propositions du Comité général du pétrole réduites à des chiffres minima dont l'adoption n'est pas sans présenter de graves conséquences.

Si aucune autre ressource que celles prévues au milieu de novembre ne pouvait être obtenue, les quantités totales d'essence existant et nous appartenant au mois de mars seraient réduites à un chiffre qui causerait les plus sérieuses appréhensions.

Le Gouvernement espère qu'il n'en sera pas ainsi et que là, encore, les États-Unis pourront nous apporter, par de nouveaux arrivages, le tonnage nécessaire pour les armées et les services vitaux du pays.

En attendant la réalisation de ces espoirs, janvier et février devront être pour tous les mois de dure compression.

Je compte sur vous pour le faire comprendre à vos administrés.

1° Les consommateurs sont dorénavant répartis entre les dix catégories ci-après :

I. *Armées* (à l'exclusion de l'Aéronautique).

II. *Aéronautique Militaire.*

III. *Fabrication de l'Aéronautique Militaire et Maritime.*

IV. *Aéronautique Maritime.*

V. *Marine.*

VI. *Armement* (Service Automobile, Fabrications de Guerre, Mines).

VII. *Travaux publics* (Chemins de fer, Navigation, Ports maritimes, Routes).

VIII. *Guerre* (Intendance, Génie, Santé, Troupes coloniales, Service géographique).

IX. *Agriculture.*

X. *Ravitaillement civil.*

Chaque mois, sur la proposition du Comité général du pétrole, compte tenu des existants réels et des arrivages attendus, il sera ouvert à chacune des catégories susvisées un crédit déterminé, constituant le contingent dans les limites duquel la consommation devra être rigoureusement maintenue.

Il est bien entendu que le contingent devra suffire, en ce qui concerne les catégories I, VI et VIII, non seulement à tous les besoins militaires proprement dits, mais encore aux besoins indirects qui donnent lieu pour les services de la Défense nationale à la délivrance de bons de consommation au profit de leurs constructeurs, industriels ou fournisseurs.

Tout dépassement du contingent imparti correspondrait à une diminution de la réserve intangible affectée aux armées combattantes et le Département ministériel ou le service auquel ce dépassement serait imputable aurait engagé par là même, d'une manière particulièrement grave, sa responsabilité vis-à-vis du Gouvernement et du pays.

C'est vous dire que votre responsabilité personnelle serait engagée de même en cas de dépassement du contingent départemental que je vous attribue ci-après dans la répartition du contingent global dont je dispose au titre de la 10e catégorie « RAVITAILLEMENT CIVIL ».

Vous aurez donc, d'une part, à échanger sans contrôle contre des *bons de réapprovisionnement* les *bons de consommation* délivrés par les autorités des autres catégories et vous devrez, d'autre part, restreindre d'une façon absolument rigoureuse les quantités pour lesquelles vos Services et ceux des Sous-Préfectures délivreront des bons de consommation de façon à rester dans les limites du contingent départemental, *compte tenu de la consommation domestique dans votre département.*

Au début du mois, chaque catégorie (et pour la 10e catégorie chaque département) doit fournir à mon Administration centrale, sous le timbre de la présente, un état détaillé faisant ressortir pour le mois écoulé ses consommations directes et les quantités correspondant aux « BONS DE CONSOMMATION » délivrés par elle. Il est clair que, pour la 10e catégorie, il ne peut être question que de « BONS DE CONSOMMATION ».

Ainsi la limite *indispensable* est fondée *exclusivement* sur le principe du self-contrôle des catégories, qui devront respecter scrupuleusement le contingent à elles alloué.

Les statistiques demandées ci-dessus ne constituent qu'un contrôle *a posteriori.* Il n'aura de valeur que si les renseignements sont *complets* et *sincères.* Des omissions, volontaires ou non, dans la statistique des bons délivrés se traduiraient toutefois *immédiatement* par les différences que l'on relèverait entre les chiffres des stocks devant exister chez les raffineurs de pétrole et les existants réels. Et ces différences ne pourraient en aucun cas être imputées aux raffineurs puisque, d'une part, le décret du 31 août 1917 a donné à mon Administration les moyens de surveiller les sorties d'essence de leur établissement, et que, d'autre part, l'essence ne peut sortir que pour livraison directe aux Services ou pour satisfaction des bons de consommation délivrés.

Tels sont les principes généraux qui ne doivent en aucun cas être désormais perdus de vue.

2° Le contingentement doit jouer intégralement dès le 1er janvier 1918.

Les bons de *réapprovisionnement* délivrés jusqu'au 31 décembre inclus constitueront, avec l'essence existant à cette date chez les détaillants ou en cours de route des établissements des raffineurs vers leurs clients, le volant initial nécessaire au fonctionnement du système.

Il ne vous échappera pas que certains de ces bons récapitulent ou remplacent des bons de *consommation* comportant pour tout ou partie des quantités destinées à des consommations prévues pour janvier.

Or il importe que ces quantités soient imputées sur le contingent de janvier si l'on veut éviter *réellement* tout dépassement du crédit ouvert.

Vous aurez donc à faire rechercher sur les bons de consommation délivrés en décembre par vos Services quelles quantités étaient destinées à la consommation de janvier, et à considérer que le total correspondant est à défalquer du chiffre qui constitue votre crédit de janvier, lequel se trouve par conséquent réduit d'autant.

Dans la statistique que vous m'adresserez au début de février des faits concernant le mois de janvier, le premier chiffre à m'indiquer sera celui des crédits ainsi consommés par anticipation; à ce chiffre s'ajoutera ensuite celui des *bons de consommation* délivrés en janvier *pour les besoins de janvier;* et ainsi de suite de mois en mois.

Ainsi donc, aucune difficulté sur ce point : Vous devez échanger, sans contrôle, contre des bons de réapprovisionnement les bons de consommation délivrés par les autres catégories antérieurement au 1er janvier, même s'ils sont, pour tout ou partie, afférents à des besoins de janvier; mais j'ai demandé aux divers Services, pour diminuer l'importance du report considéré ci-dessus, de bien vouloir annuler, autant que possible, les bons de consommation antérieurs au 1er janvier et non encore échangés à cette date contre des bons de réapprovisionnement.

3° Les bons de consommation constatent pour leurs détenteurs le droit d'obtenir les quantités d'essence qui y sont indiquées; sauf des cas particuliers, tout bon de consommation, quelle que soit l'autorité qui l'a émis, doit trouver satisfaction dans le commerce local, afin d'éviter des expéditions de détail nuisibles à la bonne marche des transports.

Ce desideratum serait réalisé sans difficulté si les détaillants pouvaient être ravitaillés normalement par le jeu prévu des bons de réapprovisionnement.

Mais la situation très critique des stocks d'essence nécessite une limitation sévère des sorties des entrepôts des raffineurs. En conséquence, et tant que cette situation se prolongera, il est indispensable que vous preniez en mains, de la façon la plus rigoureuse, le contrôle de la répartition des disponibilités dans votre département pour la satisfaction exclusive des droits qui auront été ouverts par le contingent.

A cet effet, vous aurez à vous préoccuper dès maintenant des existants réels chez les détaillants, et, pour permettre le renouvellement des stocks, à signaler à mon Administration centrale (Sous-Direction de l'Essence et des Combustibles), les noms des détaillants à réapprovisionner, en précisant pour chacun d'eux le nom de son fournisseur et le montant des bons de réapprovisionnement qu'il détient.

Les raffineurs ne procéderont dorénavant à *aucune* expédition aux dépositaires ou détaillants sans autorisation de mon Administration centrale; et je n'accueillerai moi-même que les demandes transmises directement par vos soins, et qui devront autant que possible correspondre au contenu d'un wagon complet.

Ainsi, il y a lieu de satisfaire les bons délivrés par les administrations qualifiées autres que l'Administration préfectorale. Vous aurez soin, toutefois, de me signaler tous les abus que vous pourrez éventuellement constater dans *l'emploi qui est fait de l'essence* délivrée au titre des divers bons de consommation, en me fournissant les précisions nécessaires pour me permettre de saisir, le cas échéant, les administrations intéressées.

Enfin, il y a lieu d'adopter comme directive générale ce principe que l'essence (ou le pétrole) ne doit être employée que lorsque l'emploi répond à une *nécessité réelle* et ne peut être évité pratiquement en recourant à d'autres moyens, soit qu'il s'agisse du transport des personnes ou du transport des denrées et matières, soit qu'il s'agisse de tous autres usages.

4° Le contingent attribué à votre département au titre de la x° catégorie (ravitaillement civil) pour le mois de janvier, est de....... tonnes, soit de........ litres.

Ces quantités devront satisfaire à tous les besoins (consommation domestique comprise) pour lesquels il a déjà été ou il sera délivré des bons de consommation par vos Services pour une période quelconque du mois de janvier. Il vous appartient donc d'étudier *minutieusement* l'emploi de ce contingent et la délivrance des bons de consommation par vos Services ou ceux des Sous-Préfectures du département.

5° Il paraît utile de bien préciser la nature des besoins à la satisfaction desquels est destiné le contingent départemental : ces besoins sont ceux mentionnés dans l'article 3 du décret du 16 avril à l'*exclusion* toutefois de ceux énumérés ci-après pour lesquels les bons délivrés doivent être imputés désormais sur le contingent de l'une des neuf autres grandes catégories dont la liste a été donnée plus haut.

C'est ainsi que toutes les consommations ressortissant à l'Agriculture sont désormais imputées sur le contingent de la IXe catégorie, et vous n'aurez plus, en aucun cas, à délivrer ni directement, ni indirectement, de bons de consommation pour : tracteurs agricoles, motos-batteuses, motos-pompes agricoles, moteurs destinés au pressage des fourrages et aux travaux d'intérieur ou d'extérieur de ferme; moteurs utilisés par les charrons, forgerons-mécaniciens fabricant ou réparant le matériel agricole; moteurs employés pour leurs fabrications par les laiteries, beurreries, fromageries, cidreries, distilleries et autres industries agricoles.

Par contre, tous les *transports automobiles* se rattachant à l'agriculture donneront lieu à la délivrance de bons par vos soins et sur le contingent départemental.

La gestion du contingent de l'agriculture incombera au Ministre de l'Agriculture (Service du matériel agricole), qui donnera ses instructions aux directeurs des services agricoles. Un arrêté ministériel dont la publication est imminente sanctionnera ce qui précède.

Bien entendu, les constructeurs, industriels ou fournisseurs de la Guerre, de l'Armement et de la Marine recevront des administrations compétentes leurs bons de consommation à valoir sur le contingent de l'une des catégories III, V, VI, VIII.

Les bons de consommation concernant tous les Services des travaux publics : réseaux de chemins de fer, navigation, ports maritimes, routes, y compris les exploitations de carrières par ou pour les travaux publics, seront délivrés par cette Administration et imputés sur son contingent.

Votre contingent doit donc faire face seulement aux autres consommations :

Membres du Parlement, Services publics ou d'intérêt public, savoir : Administrations publiques (en dehors de celles rattachées aux neuf premières catégories), transports postaux, ambulances publiques, équipages de pompiers, entreprises concessionnaires des services publics ou exploitant des services d'intérêt public (à l'exclusion de celles qui peuvent rentrer dans le cas des alinéas *a*, *b*, *c*, *d*, ci-dessus); pétrins mécaniques, transports en commun, médecins, sages-femmes, vétérinaires, œuvres d'assistance ou ambulances privées sous réserve d'un nombre de voitures à déterminer par le Service de Santé militaire; ravitaillement en denrées d'alimentation, en produits pour le chauffage et l'éclairage, en denrées et matières de première nécessité; Industries autres que celles de la Défense nationale; enfin, dans une proportion à déterminer judicieusement, compte tenu de l'importance de l'ensemble de ces besoins, consommation domestique.

Il vous appartient de gérer votre contingent de manière à conserver les disponibilités nécessaires pour faire face à toutes les demandes pendant tout le mois selon le degré d'intérêt et d'urgence qu'elles présentent. Le contingent ne pourra en aucun cas être augmenté : vous devez l'administrer de telle sorte qu'aucun besoin ne reste en souffrance, en aucun point, à aucun moment, alors que d'autres besoins moins intéressants auraient reçu satisfaction.

Vous avez toute initiative, tout pouvoir de décision nécessaire, mais aussi toute la responsabilité corrélative.

6° Il y aurait intérêt à ce que la statistique des bons de consommation délivrés par vos Services et par ceux des Sous-Préfectures, et que vous devez me faire parvenir dans les *cinq premiers jours* de chaque mois, comme il vous a été dit au paragraphe 1° ci-dessus, comportât la diminution des quantités correspondantes d'essence sous un certain nombre de rubriques. Un modèle de l'état à fournir vous sera adressé par prochain courrier Il remplacera les documents de même nature que vous adressiez précédemment à mon Administration.

Dans le but de vous permettre d'établir avec toute l'exactitude et toute la rapidité désirables cet état récapitulatif, vous ferez tenir par vos Services et ceux des Sous-Préfectures qui délivrent des bons un registre où seront reportés, à mesure de la délivrance des bons, les quantités accordées avec le détail des emplois auxquels l'essence est destinée. Un modèle de registre vous parviendra en même temps que le modèle de l'état.

Le registre en cause doit être tenu sans grattages. Toute modification ou inscription fera l'objet d'une surcharge correcte permettant de lire l'inscription primitive. Les totaux de chaque page sont reportés à la page suivante, de manière à obtenir immédiatement, lors de la dernière inscription du mois, les chiffres qui devront figurer sur l'état récapitulatif susvisé.

Chaque registre comportera deux exemplaires, dont l'un pour les mois impairs et le second pour les mois pairs. Cette disposition vous permettra de me communiquer à première demande et sans gêne pour les inscriptions du mois en cours l'exemplaire relatif au mois précédent.

7° Le tirage des trois séries d'imprimés nouveaux, prévus par le décret du 4 décembre et à fournir par mon Administration a été confié à la maison Crété, à Corbeil (Seine-et-Oise), qui a reçu les instructions nécessaires pour vous faire parvenir le lot qui vous est destiné.

Une première expédition, à valoir sur la quantité totale qui vous a été attribuée, doit vous être faite à bref délai. Le reste suivra dès que possible. Vous serez avisé des envois par l'expéditeur.

Dans l'hypothèse où ces imprimés ne vous seraient pas parvenus avant le 1er janvier, vous procéderiez, jusqu'à leur réception, suivant les méthodes et formules antérieures.

J'appelle tout spécialement votre attention sur les instructions reportées sur l'imprimé de carnet d'essence et sur la nécessité de ne faire la remise aux intéressés qu'après y avoir consigné tous les renseignements prévus par le modèle.

Dans le cas où le nombre de bons délivrés à un même consommateur nécessiterait, avant la fin du trimestre, la remise d'un second carnet, tous les renseignements figurant sur la couverture du premier devraient être reproduits sur le second, et les deux carnets devraient toujours être représentés ensemble aux autorités qualifiées pour la délivrance des bons.

Les carnets distribués par vos Services devront porter un numéro d'ordre. Vous tiendrez un enregistrement de ceux ainsi mis en circulation. Le carnet supplémentaire délivré éventuellement en cours de trimestre, comme il est dit ci-dessus, portera le même numéro (bis) que celui auquel il fait suite, mais ne donnera pas lieu de nouveau à la perception de deux francs prévue par le décret. Il demeure entendu que, pour les automobiles privées, de tourisme ou de plaisance, aucun carnet d'essence ne sera distribué jusqu'à nouvel ordre.

8° Les bons de consommation prévus par le décret sont de deux modèles.

Le premier comporte vingt coupons de cinq litres, le deuxième dix coupons de cinq litres.

Vous prescrirez à vos Services, toutes les fois que la quantité allouée sera inférieure à la valeur totale du bon, d'oblitérer à l'encre grasse par la mention « annulé » ceux des coupons dont le porteur ne doit pas faire usage.

9° Les dispositions du chapitre 4 du décret du 4 décembre laissent aux Préfets pouvoir de décision pour la délivrance des sauf-conduits relatifs à la circulation dans le canton ou les cantons limitrophes.

Dans tous les cas où la décision est réservée au Ministère de l'Intérieur ou aux Ministres de la Guerre, de la Marine et de l'Armement, vous voudrez bien saisir le Département ministériel intéressé en accompagnant la demande de votre avis motivé.

En cas d'urgence, vous vous conformerez aux prescriptions de l'article 14 du décret.

La possession d'un carnet d'essence et d'un sauf-conduit ne saurait créer pour le détenteur un droit à l'obtention de bons de consommation, puisque les quantités d'essence sont limitées et puisqu'il convient, par conséquent, de faire un choix entre les différents besoins légitimes qui se manifestent toutes les fois que la limitation du contingent l'impose.

Il y a donc lieu de retenir que la délivrance d'un sauf-conduit et la délivrance d'un bon de consommation procèdent de considérations d'ordres différents et de tenir compte de ce que l'importance des disponibilités est essentiellement variable.

10° Les dispositions de mes télégrammes-circulaires des 13 novembre et 27 décembre, ainsi que toutes les dispositions antérieures non abrogées ou modifiées, restent en vigueur; notamment tous coupons de carte pour automobiles privées de plaisance ou tourisme, qui seraient encore en circulation, sont annulés.

De même, tous bons de consommation domestique qui auraient été éventuellement délivrés par anticipation pour une période quelconque de l'année 1918 sont réputés de nulle valeur. Ils seront remplacés par les nouveaux bons de consommation que vous délivrerez sur le contingent qui vous est attribué.

11° Rien de ce qui précède ne fait obstacle à la pratique prévue par les instructions du 9 octobre (*Journal officiel* du 15) et qui permet, dans certaines localités, aux clients directs des raffineurs de présenter les bons de consommation dans les entrepôts, à charge par les raffineurs de les échanger eux-mêmes contre des bons de réapprovisionnement.

Telles sont les règles générales auxquelles je vous prie de bien vouloir vous conformer provisoirement pour l'application du décret du 4 décembre 1917.

ARRÊTÉ DU MINISTRE DE L'AGRICULTURE ET DU RAVITAILLEMENT

DU 27 DÉCEMBRE 1917

relatif à la réglementation et à la délivrance des bons de consommation d'essence, destinée aux usages agricoles.

(*Journal officiel* du 29 décembre 1917.)

Le Ministre de l'Agriculture et du Ravitaillement,

Vu les décrets des 16 avril et 4 décembre 1917, relatifs à la réglementation de l'essence;

Vu l'arrêté du 22 décembre 1917 instituant au service du matériel agricole une section chargée de toutes les questions relatives à l'approvisionnement, à la répartition et au contrôle des essences, pétroles et huiles de graissage;

Vu l'arrêté du 22 juin 1917 relatif à l'établissement des bons de consommation d'essence de pétrole délivrés aux agriculteurs possédant des tracteurs ou des moteurs mécaniques;

Sur la proposition du Directeur de l'agriculture et de l'Inspecteur général de l'agriculture, chef du service du matériel agricole,

Arrête :

Article premier. Aucun bon de consommation d'essence de pétrole ne pourra être délivré sur le contingent réservé au Ministère de l'Agriculture au possesseur d'un moteur mécanique destiné aux besoins de l'agriculture, s'il n'a fait auparavant une déclaration conforme au modèle annexé au présent arrêté et après que l'autorisation lui aura été accordée de présenter des demandes de bons de consommation pour un usage déterminé.

Les moteurs pour lesquels une déclaration pourra être reçue sont : les tracteurs agricoles, les moto-batteuses, les motos-pompes, les moteurs destinés au pressage des fourrages, aux travaux d'extérieur ou d'intérieur de ferme, les moteurs utilisés par les charrons, forgerons et mécaniciens pour la réparation du matériel agricole, les moteurs employés pour leurs fabrications, par les laiteries, beurreries, fromageries, cidreries, distilleries, et autres industries agricoles, à l'exclusion de tous appareils utilisés pour les transports automobiles.

2. La déclaration de moteur mécanique, établie en triple exemplaire, est adressée au Directeur des Services agricoles du département où réside l'exploitant de l'appareil. Ce fonctionnaire procède ou fait procéder par tous moyens en son pouvoir à une vérification des renseignements fournis, puis transmet la déclaration avec son avis au Ministère de l'Agriculture — Service du matériel agricole — qui contrôle la déclaration et accorde ou refuse l'autorisation de présenter des bons de consommation d'essence en retournant au Directeur des Services agricoles et à l'intéressé un des exemplaires de la déclaration dûment enregistrée ou portant la mention : Refusé.

3. Les demandes de bons de consommation sont adressées au Directeur des Services agricoles du département où la déclaration du moteur a été faite.

Les demandes sont établies par le demandeur sur papier libre et doivent obligatoirement contenir les déclarations suivantes :

1° Numéro de la déclaration du moteur;

2° Quantité d'essence demandée ;

3° Nature des travaux à effectuer ;

4° En cas de renouvellement, justification sommaire de l'emploi de l'essence accordée auparavant (par exemple, nombre d'hectares labourés, nombre de quintaux battus par espèces de céréales, etc...) ;

5° Attestation du maire apposée sur la demande certifiant l'exactitude des faits matériels mentionnés dans la déclaration.

4. Le Directeur des Services agricoles vérifie la régularité de la demande, y appose son avis, rectifie s'il y a lieu les quantités demandées et transmet la demande au Ministère de l'Agriculture, Service du matériel agricole.

5. Après vérification, le bon de consommation est établi par le Service du matériel agricole dans la limite des quantités disponibles et transmis au Directeur des Services agricoles. Avis en est donné au requérant. Le Directeur des Services agricoles ou le professeur d'agriculture qu'il a chargé de ce soin délivre le bon après inscription sur le carnet d'essence du demandeur de la quantité d'essence portée sur le bon, à moins d'irrégularités ou d'abus parvenus à sa connaissance, auquel cas il retourne le bon au Ministère avec un rapport sommaire indiquant les raisons de son refus de délivrer le bon de consommation. Les bons qui n'auraient pas été retirés par les intéressés dans le délai de quinze jours de la date à laquelle ils ont été établis sont annulés et retournés au Ministère de l'Agriculture.

6. Les constructeurs ou importateurs des moteurs utilisés en agriculture visés à l'article 1er du présent arrêté pourront recevoir des bons de consommation pour

l'essence nécessaire aux essais des appareils. Ils devront adresser au Ministère de l'Agriculture — Service du matériel agricole — une déclaration en triple exemplaire du modèle annexé au présent arrêté, par l'intermédiaire du représentant autorisé de la Chambre syndicale dont ils font partie. Le Service du matériel agricole contrôle la déclaration et accorde ou refuse l'autorisation de présenter des bons de consommation d'essence, en retournant à la Chambre syndicale et à l'intéressé un des exemplaires de la déclaration dûment enregistrée ou portant la mention : Refusé.

Les demandes de bons de consommation sont adressées à la Chambre syndicale. Elles sont établies par le demandeur sur papier libre et doivent obligatoirement contenir les indications suivantes :

1° N° de la déclaration d'essais ;

2° Nombre des moteurs à essayer ;

3° Marque des moteurs ;

4° Puissance de chacun d'eux en chevaux-vapeur ;

5° Quantité d'essence demandée ;

6° En cas de renouvellement de bons, justification sommaire de l'emploi de l'essence accordée auparavant (par exemple, nombre de moteurs essayés, puissance totale en chevaux-vapeur, numéro d'immatriculation des moteurs reçus, etc...).

Le représentant autorisé de la Chambre syndicale, après avoir contrôlé la déclaration, certifie sur la demande l'exactitude matérielle des faits relatés, la transmet au Ministère de l'Agriculture — Service du matériel agricole — qui délivre s'il y a lieu, et dans la mesure des quantites disponibles, les bons de consommation sur la présentation du carnet d'essence et après inscription sur le carnet de la quantité d'essence accordée.

7. Dès la fixation du contingent d'essence attribué pour chaque mois au Ministère de l'Agriculture, le Chef du Service du matériel agricole notifie au Chef du Service de la culture des terres la quantité d'essence qui lui est attribuée, pour assurer, pendant cette période, le fonctionnement des tracteurs appartenant à l'État.

Conformément à l'entente intervenue le 18 janvier 1917 avec l'inspection générale du ravitaillement, l'essence nécessaire au fonctionnement des tracteurs de l'État est délivrée par les services de l'intendance, sur des bons signés par le Chef de la comptabilité du Service de la culture des terres dans la limite du contingent mis à la disposition du service.

Le Chef du Service de la culture des terres fait connaître au Chef du Service du matériel agricole, avant le 20 de chaque mois, la quantité d'essence qui est nécessaire à son service pour le mois suivant, et avant le 2 de chaque mois les quantités d'essence correspondant aux bons délivrés par lui le mois précédent.

8. Les quantités d'essence portées sur les bons de consommation ne pourront être en aucun cas supérieures aux besoins de 10 jours, si les besoins journaliers dépassent 50 litres, de 20 jours, si les besoins journaliers sont compris entre 20 et 50 litres, de 1 mois si les besoins journaliers sont inférieurs à 20 litres. La quantité maximum d'essence qui pourra être accordée pour les essais ne pourra dépasser 50 litres pour un tracteur agricole et sera réduite proportionnellement pour les autres moteurs.

L'essence nécessaire pour les essais officiels organisés par le Ministère de l'Agriculture sera mise à la disposition des intéressés sur demande spéciale de bons de consommation visée par le commissaire général.

9. Le contingent d'essence réservé au Ministère de l'Agriculture étant limité, les bons de consommation sont délivrés par priorité aux possesseurs de tracteurs et de moto-batteuses. Il sera donné satisfaction aux autres demandes dans la limite des disponibilités. Les déclarations et demandes des bons de consommation qui ne seraient pas établies conformément aux dispositions du présent arrêté sont retournées aux demandeurs après apposition de la mention : « Refusé » — « Demande irrégulière ».

10. L'arrêté du 22 juin 1917 relatif à l'établissement des bons de consommation d'essence de pétrole délivrés aux agriculteurs possesseurs de tracteurs ou de moteurs mécaniques est rapporté.

Mesures transitoires.

11. Jusqu'au 1er février 1918 et en attendant que les déclarations prévues à l'article 1er du présent arrêté aient pu être faites par les intéressés, les bons de consommation d'essence destinés au fonctionnement des moteurs visés au paragraphe 2 dudit article sont établis par les intéressés sur les formules des bons de consommation modèle A annexé à l'arrêté du 22 juin 1917, et visés par les Directeurs des Services agricoles. Ils sont transmis par ces fonctionnaires au Ministère de l'Agriculture (Service du matériel agricole) pour contrôle et réduction s'il y a lieu, selon les disponibilités du contingent accordé pour le mois de janvier au Ministère de l'Agriculture. Les bons de consommation ainsi établis seront transmis au Directeur des Services agricoles qui avisera les intéressés et les leur remettra, après inscription sur leur carnet d'essence des quantités dont la délivrance aura été autorisée.

Les bons d'essence destinés à des usages agricoles, catégorie modèle A ou B, délivrés avant le 1er janvier 1918 et non encore échangés à cette date contre des bons de réapprovisionnement sont annulés et devront être adressés par leurs détenteurs avant le 15 janvier 1918 au Ministère de l'Agriculture (Service du matériel agricole) qui délivrera en leur lieu et place de nouveaux bons modèle A. Ces bons seront transmis au Directeur des Services agricoles qui avisera les intéressés et les leur remettra après inscription, sur leur carnet d'essence, des quantités dont la délivrance aura été autorisée.

12. Le Directeur de l'Agriculture et l'Inspecteur général de l'Agriculture, Chef du Service du matériel agricole, sont chargés, chacun en ce qui le concerne, de l'exécution du présent arrêté.

ANNEXE N° 1.

MINISTÈRE DE L'AGRICULTURE
ET DU RAVITAILLEMENT.

DIRECTION
DE L'AGRICULTURE.

OFFICE DE RENSEIGNEMENTS
AGRICOLES.

Service du matériel agricole.

RÉPUBLIQUE FRANÇAISE.

DÉCLARATION DE MOTEURS MÉCANIQUES
EMPLOYÉS EN AGRICULTURE.

Je soussigné, (nom et prénoms)
demeurant rue , n°
commune de , département de
déclare utiliser le moteur mécanique dont les caractéristiques sont les suivantes :

Désignation de l'appareil :
Marque de l'appareil :
Puissance exprimée en chevaux-vapeur :
Numéro d'immatriculation du moteur :
Travail auquel l'appareil est destiné :

Quantité d'essence employée par jour de travail :
Nombre moyen d'heures de travail par jour :
Nombre moyen de jours de travail par mois :
Période d'utilisation :

Je déclare que les travaux ci-dessus visés sont effectués { pour mon compte personnel (1). / pour autrui comme entrepreneur (1).

Je prends l'engagement d'utiliser exclusivement au fonctionnement dudit moteur l'essence qui me sera délivrée après autorisation du Ministère de l'Agriculture.

Je (1) déclare, en outre, avoir en ma possession voitures automobiles d'une puissance totale de chevaux-vapeur pouvant servir au transport des personnes et camions d'une puissance totale de chevaux-vapeur pouvant être utilisés au transport des marchandises.

Certifié l'exactitude matérielle des faits relatés dans la présente déclaration.

Le Maire,

Fait à , le

(Signature du demandeur.)

Cachet
de
la Mairie.

Enregistré sous le n°

Paris, le

Pour le Ministre et par délégation :

L'Inspecteur général de l'agriculture,
chef du Service du matériel agricole,

VU et TRANSMIS avec avis :

Le Directeur des services agricoles,

(1) Biffer les mentions inutiles.

MINISTÈRE DE L'AGRICULTURE
ET DU RAVITAILLEMENT.

DIRECTION
DE L'AGRICULTURE.

OFFICE DE RENSEIGNEMENTS
AGRICOLES.

Service du matériel agricole.

ANNEXE N° 2.

RÉPUBLIQUE FRANÇAISE.

DÉCLARATION D'ESSAIS DE MOTEURS MÉCANIQUES
EMPLOYÉS EN AGRICULTURE.

Je soussigné (nom et prénoms)
demeurant, rue , n° ,
commune de , département de
déclare être constructeur (1) ou importateur (1) de moteurs mécaniques employés en agriculture et avoir besoin d'essence pour effectuer les essais de mise au point.

Je prends l'engagement d'utiliser exclusivement pour ces essais l'essence qui me sera délivrée après autorisation du Ministère de l'Agriculture.

Marque des appareils :
Travail auquel les moteurs sont destinés :
Puissance exprimée en chevaux-vapeur :

Nombre moyen de moteurs soumis aux essais :

Quantité moyenne d'essence employée pour l'essai d'un moteur :
Durée moyenne de chaque essai :

Je (1) déclare, en outre, avoir en ma possession voitures automobiles d'une puissance totale de chevaux-vapeur pouvant servir au transport des personnes et camions d'une puissance totale de chevaux-vapeur pouvant être utilisés au transport des marchandises.

Fait à , le

(Signature du demandeur.)

Certifié l'exactitude matérielle des faits relatés dans la présente déclaration :

(Signature et qualité du représentant qualifié de la chambre syndicale intéressée.)

Enregistré sous le n°

Paris, le

Pour le Ministre et par délégation :

L'Inspecteur général de l'agriculture, chef du Service du matériel agricole,

---

(1) Biffer la mention inutile.

Annexe n° 3.

MINISTÈRE DE L'AGRICULTURE
ET DU RAVITAILLEMENT.

DIRECTION
DE L'AGRICULTURE.

OFFICE DE RENSEIGNEMENTS
AGRICOLES.

Service du matériel agricole.

RÉPUBLIQUE FRANÇAISE.

BON DE CONSOMMATION D'ESSENCE DE PÉTROLE.

M. (nom et prénoms),
demeurant rue , n°
commune de , département de ,
litres d'essence destinés
à être utilisés par le moteur faisant l'objet de la déclaration n° qui seront imputés sur le contingent d'essence réservé au Ministère de l'Agriculture.

Délivré à Paris, sous le n°

Pour le Ministre et par délégation :

L'Inspecteur général de l'agriculture, chef du Service du matériel agricole,

---

CIRCULAIRE DU MINISTRE DE L'AGRICULTURE ET DU RAVITAILLEMENT DU 28 DÉCEMBRE 1917

contenant des instructions pour l'application du décret du 30 novembre 1917 relatif à la consommation du pain, à la réquisition des céréales et à la fabrication des farines.

A Messieurs les Préfets.

Le décret du 30 novembre 1917 a été pris pour rassembler toutes nos ressources en céréales et les faire servir à l'alimentation du pays en imposant des règles d'économie pour la consommation de la farine et du pain.

Au moment où va commencer son application, je tiens à appeler votre attention sur l'impérieuse obligation où nous sommes de mettre en œuvre toutes ses dispositions pour obtenir les résultats qu'en attend le Gouvernement pour le ravitaillement national.

Vous savez quel intérêt primordial présente cette question dans les circonstances actuelles et je suis persuadé que malgré le surcroît de travail résultant de l'exécution de ce nouveau régime, les autorités, à tous les degrés, accompliront leur tâche avec un zèle et un dévouement d'autant plus grands que les difficultés à surmonter leur apparaîtront plus complexes et plus graves

Déjà, par ma circulaire du 10 décembre 1917, vous avez été saisi de mes premières instructions sur l'établissement du contingent départemental pour les ressources et les besoins, et vous avez reçu des indications détaillées sur le classement des consommateurs d'après les taux maxima des rations de pain.

Dans la présente circulaire, vous trouverez des instructions sur la réquisition des céréales et sur la fabrication de la farine, ainsi que sur les dispositions essentielles du décret qui, en vue d'atteindre la prochaine récolte, font donner leur rendement maxima aux divers organismes constitués pour notre alimentation en pain.

I. — RÉGIME DES CÉRÉALES

1° RÉQUISITION ET TRANSPORT.

D'après l'article 20, toutes les céréales, qu'elles soient détenues par un producteur, par un commerçant ou par tout autre détenteur, doivent être réquisitionnées pour le compte de l'État.

Sont comprises dans cette réquisition les céréales propres à la fabrication du pain, l'avoine et les fèves et féveroles qui sont assimilées aux céréales.

En ce qui concerne l'avoine, sa répartition fera l'objet d'instructions spéciales qui seront envoyées au fur et à mesure du rassemblement de la marchandise.

Déjà, dans plusieurs départements, la réquisition a été autorisée; les opérations commencées se poursuivront, mais je vous demande de les adapter aux règles du nouveau régime.

A cet égard, je vous signale que dans quelques-uns de ces départements le travail des commissions de réception n'a donné que de médiocres résultats. Avec le nouveau régime qui permet d'associer le commerce au travail des commissions de réception, je compte que des quantités plus appréciables seront réunies. Pour activer ce mouvement, vous inciterez les négociants à reprendre leurs transactions.

L'objectif du Gouvernement est, en effet, de faire sortir toutes les denrées disponibles, déclarées ou non, afin de les affecter à l'alimentation nationale.

Pour obtenir livraison des céréales et en mettre davantage à la disposition de l'office départemental, le décret prévoit trois modes de réalisation de la marchandise:

Achats par les commissions de réception.

Achats par les meuniers.

Achats par le commerce.

Les deux derniers modes apporteront leur contribution au bureau permanent comme les commissions de réception, bien qu'à cette époque de l'année ces commissions soient obligées de procéder à d'autres opérations en ce qui concerne les foins, la paille, les pommes de terre, etc... Le concours de ces dernières sera surtout utilisé lorsqu'il y aura lieu de poursuivre la procédure de réquisition proprement dite.

Mais ce qu'il importe de bien mettre en lumière, c'est que le décret met sur le même pied les trois organismes prévus pour les prises de livraisons de céréales.

D'accord avec l'Intendance et le bureau permanent, vous organiserez au mieux de l'intérêt du ravitaillement leur fonctionnement simultané.

Ainsi il pourra se faire que, dans un département, il y ait intérêt à charger le commerce de rassembler spécialement le blé, alors qu'on confiera aux commissions de réception le soin de réunir l'avoine; dans un autre département, il sera préférable de faire fonctionner pour l'achat des céréales les commissions de réception dans une circonscription, et dans une autre les meuniers, alors que, dans certains centres, le commerce sera mieux placé pour réaliser des quantités importantes.

Comme vous le voyez, il n'y a pas de système qui vous soit imposé *a priori*; c'est une question d'espèce. Ce que demandent les services du ravitaillement c'est que vous choisissiez pour un milieu déterminé et pour chaque espèce ou groupe de céréales l'organisme qui paraît le mieux approprié pour faire l'opération du rassemblement.

Mais c'est de la fusion de tous ces organismes que devra résulter la mise à la disposition de l'État de la plus grande quantité possible de marchandises.

Actuellement, on est généralement fixé sur les quantités de céréales existant dans chaque commune, en raison des mesures préparatoires à la réquisition qui ont dû être prises dès la réception du télégramme du 5 octobre dernier. Il est donc possible d'établir immédiatement l'arrêté préfectoral prévu par l'article 21 et de le soumettre à mon approbation à bref délai.

Je n'ai pas besoin d'insister sur l'urgence qu'il y a à ne pas différer cette mesure appelée à servir de base à toutes les opérations par les précisions qu'elle apportera sur les quantités disponibles. Mais je fais remarquer que les réalisations devront se poursuivre sans subir de ce chef aucun retard. Ainsi les livraisons amiables, de même que celles effectuées par les meuniers et le commerce, devront commencer sans attendre la publication de l'arrêté préfectoral, et malgré l'incertitude où seront les commissions de réception au sujet de l'importance des apports effectués dans ces conditions, elles ne devront rien négliger pour faciliter les livraisons. Il ne saurait être, en effet, question, comme dans le cas où des contingents communaux sont fixés d'une façon certaine, d'arrêter au préalable un ordre chronologique des opérations aux centres de réception. Les commissions se borneront à faire connaître aux communes les jours et les lieux où elles opéreront en réservant, par exemple, chaque semaine, un ou plusieurs jours consacrés exclusivement aux céréales et en multipliant les lieux de réception qui ne seront pas obligatoirement le chef-lieu de la circonscription de groupement, mais choisis dans des localités pourvues de gare, de façon à limiter pour les producteurs les transports par terre.

Chacun doit s'employer à faciliter aux producteurs les livraisons amiables. A cet effet l'intervention de la meunerie et du commerce sera de la plus réelle utilité.

Comme l'expédition par fer ne pourra suivre immédiatement la réception, ainsi que cela a lieu dans le cas de contingent ferme, et qu'on ne pourra retenir à l'avance des wagons sans risquer de les réserver abusivement, il y aura lieu de se préoccuper de louer des magasins pour emmagasiner les denrées au fur et à mesure des livraisons, en attendant qu'on puisse leur donner une destination définitive.

Dans certains cas, il semblera plus pratique, surtout lorsqu'on n'aura pas de destination immédiate, de laisser la marchandise chez le producteur; alors on lui payera un acompte d'environ les deux tiers du prix, et une somme ne dépassant pas 10 centimes par quintal et par mois pour frais de magasinage et freinte usuelle.

Mais il ne vous échappera pas que les livraisons faites par les cultivateurs à la meunerie ou au commerce présenteront à cet égard un avantage incontestable puisque les meuniers et les négociants assureront sans frais ni risques le magasinage. C'est donc là une raison déterminante pour inciter les producteurs à effectuer leurs livraisons à ces intermédiaires.

Dès qu'on sera fixé sur les disponibilités communales, on ne devra pas craindre de poursuivre la réquisition pour augmenter les livraisons, si elles ne s'effectuaient pas en quantités suffisantes à l'amiable par les commissions, les meuniers ou le commerce.

Le recours à la réquisition s'imposera surtout pour les cas de mauvaise volonté ou de dissimulation, ainsi que pour réprimer les infractions aux dispositions sur la circulation qui sont prescrites par les articles 26, 27 et 29 du décret.

Ces articles stipulent, en effet, qu'aucune quantité de céréales ne peut circuler sur route, sur fer ou sur eau sans un permis. C'est la condition essentielle pour que le contrôle soit vraiment efficace. Toutes les autorités doivent donc s'intéresser à sa stricte observation. Ces permis sont délivrés aux parties intéressées gratuitement; ils sont distincts non par voiture, mais par convoi; si le transport d'une livraison exige plusieurs voyages, il doit être délivré un permis pour chaque voyage.

Il sera bon de veiller à ce qu'on ne cherche pas à multiplier les permis pour augmenter les indemnités.

Actuellement les permis d'expédition par fer et par eau sont délivrés par les répartiteurs. Du jour du fonctionnement du nouveau régime c'est le bureau permanent ou les personnes qu'il délègue à cet effet qui les délivreront aux intéressés.

A titre transitoire, les permis délivrés par les répartiteurs resteront valables, sous le nouveau régime, jusqu'au 1er février.

Quant aux permis de circulation sur route, ils seront délivrés par les mairies; des carnets spéciaux leur seront adressés par le service central. En attendant la distribution de ces carnets, il a été entendu que la circulation sur route continuera comme par le passé.

Le concours des agents de la mairie qui, en vertu de l'article 27, reçoivent une indemnité de 25 centimes par permis de circulation sur route délivré pourra également être très précieux.

Dans le cas où une partie intéressée se trouverait dans la nécessité de justifier qu'elle s'est fait délivrer un permis de circulation, l'agent de la mairie pourra donner ce certificat, mais sans pouvoir réclamer le payement de l'indemnité spéciale de 25 centimes.

Il demeure entendu que tant que les mairies ne seront pas en possession des carnets de permis, la circulation des céréales continuera à se faire sur route comme sous le régime actuel.

Dès que les permis auront été remis aux mairies, il sera bon que, par des communiqués spéciaux à la presse locale, toutes les indications nécessaires soient données aux intéressés afin qu'ils puissent se conformer aux prescriptions réglementaires.

Au fur et à mesure que le bureau permanent reçoit des maires les feuillets du permis de circulation, il les enregistre et tient un compte par denrée.

La distribution des permis d'expédition par voie ferrée ou navigable, comme je l'ai rappelé ci-dessus, est assurée par le bureau permanent ou par un ou plusieurs agents choisis par lui, au moyen des carnets qui lui seront envoyés par le service central du ravitaillement.

Il y aura intérêt à conserver pour cette délivrance les agents répartiteurs qui, pour ce travail, ont donné satisfaction ; à défaut, il conviendra de charger de ce soin soit de notables commerçants, soit des agents des administrations publiques locales, à condition, bien entendu, d'obtenir préalablement l'assentiment de leurs chefs.

Je rappelle que la délivrance de ces permis d'expédition ne donnera plus lieu à l'attribution d'aucune indemnité au profit de la personne qui effectuera ce travail, comme cela existe actuellement.

En ce qui concerne les wagons destinés à transporter la marchandise, soit à l'intérieur, soit à l'extérieur du département, il est essentiel qu'un délégué du bureau permanent se tienne en contact étroit avec l'inspection régionale chargée de l'attribution des wagons.

S'il y a des difficultés, le bureau permanent en saisira le service central du ravitaillement, où se trouve organisé un bureau spécial pour traiter ces questions.

Il est recommandé, pour la bonne marche de ces opérations, aux présidents de commissions de réception de se tenir en liaison constante avec les maires, les négociants et les meuniers et d'utiliser, à cet effet, les sous-officiers ou les gradés mis à leur disposition pour les seconder dans leur tâche.

D'autre part, les présidents de commissions de réception, les meuniers et les négociants devront donner au jour le jour un compte rendu de leurs opérations au bureau permanent; autant que possible, la forme à donner à ces communications devra être la même dans un département, afin que le bureau permanent puisse à son tour renseigner exactement et rapidement le service central du ravitaillement.

Ce ne sont pas seulement les graines qui devront être réquisitionnées; le décret prévoit également la réquisition des céréales en gerbes.

A cet égard, il est rappelé que les battages sont organisés notamment dans les conditions prévues par la circulaire du 21 juillet 1917 (*Journal officiel* du 25), les instructions du 26 septembre 1917 (*Journal officiel* du 28) complétées par l'additif à cette circulaire en date du 8 octobre (*Journal officiel* du 16), et par la circulaire du 2 décembre 1917.

Les sous-intendants et les présidents de commissions de réception se tiendront en relations constantes avec les sous-officiers chargés des battages afin de faciliter leur mission de tout leur pouvoir; ils procéderont notamment à la réquisition des céréales en meules dont le battage s'effectuera par la main-d'œuvre militaire, et, au fur et à mesure de ces battages, ils saisiront les céréales, à moins que, pour tenir compte des habitudes locales, des meuniers ou des négociants ne s'en portent acheteurs.

Les achats par les meuniers ou par le commerce seront effectués dans les conditions ordinaires, mais, comme pour les opérations des commissions de réception, ils seront notifiés au bureau permanent qui est chargé d'en faire la répartition et d'indiquer leur destination.

Toutefois, il est prévu que les céréales dont les meuniers se rendront acquéreurs pour le compte de l'État leur seront laissées de préférence pour leur fabrication.

Des exceptions sont apportées à la réquisition pour les semences, pour les quantités nécessaires à la consommation familiale et à la nourriture des animaux possédés par les producteurs.

C'est au Préfet qu'il appartient, dans chaque département, de fixer ces quantités, et, dans ma circulaire du 10 décembre, je vous ai dit dans quelles conditions vous aviez à procéder, en tenant compte des habitudes locales.

Dans la plupart des cas il y aura lieu de ne pas dépasser 18 kilogrammes de céréales par personne et par mois jusqu'à la prochaine récolte (août 1918).

Les cultivateurs qui ne pourraient pas faire moudre à façon leurs céréales conservées pour la consommation familiale devront les livrer; ils recevront les quantités de farine correspondant aux rations de pain affectées aux travailleurs agricoles, lorsqu'ils pourront continuer à cuire leur pain eux-mêmes.

Je rappelle, à cette occasion, que les producteurs ne pourront être autorisés à garder leur blé pour leur consommation familiale qu'à la condition de cuire eux-mêmes leur pain dans un four étant à leur disposition ou dépendant de l'exploitation agricole qu'ils dirigent.

Ils ne doivent pas acheter du pain chez le boulanger, car ce serait au détriment de la collectivité et ils s'exposeraient à se voir appliquer les sanctions prévues dans le chapitre VIII du décret du 30 novembre. Il sera parfois difficile pour un boulanger de saisir cet abus; cependant avec une réglementation de la consommation du pain et le contingentement des moulins, on doit pouvoir arriver à empêcher ce double emploi qui constitue une fraude des plus blâmables en ce temps de guerre.

En ce qui concerne les chevaux, la réserve d'avoine doit être calculée d'après une ration de 2 kilogr. 500 par jour.

2° PRIX DES CÉRÉALES.

L'article 23 fixe les taxes applicables aux céréales provenant de la récolte 1917. Ce sont ces prix qui seront payés durant toute la campagne aux producteurs toutes les fois qu'ils délivreront des denrées de qualité saine, loyale et marchande.

Lorsque les céréales ne seront pas livrées amiablement, les commissions de réception, par application de l'article 25, en poursuivront la réquisition suivant les formes prescrites par les lois et règlements et les payeront d'après leur qualité avec les réfactions prescrites par les règlements.

En ce qui concerne la réquisition, la qualité du blé a été déterminée par la loi du 16 octobre 1915 (art. 2, § 2); lorsqu'il s'agira de la réquisition des autres céréales, il y aura lieu de se montrer très strict pour les réfactions qui seront calculées d'après des règles analogues à celles en usage pour le blé.

L'article 23 du décret mentionne que pour le transport du lieu de culture aux moulins, aux gares de départ ou aux ports d'embarquement, seront applicables les tarifs de transport en vigueur pour les transports par réquisition de marchandises réquisitionnées ou achetées à caisse ouverte. Ces frais seraient donc remboursés aux acheteurs d'après le barème du 20 avril 1916, n° 2c75 8/5; il est recommandé d'indiquer nettement le nombre de kilomètres parcourus et les lieux de départ et d'arrivée.

Les commissions de réception devront, dans tous les cas, payer l'indemnité de transport du lieu de culture aux gares de réception, sans se préoccuper si ces gares sont les gares les plus proches.

3° PAYEMENT DES CÉRÉALES.

a) *Achat par les commissions de réception.*

Les prix d'achat des céréales par les commissions de réception, ainsi que les frais de fonctionnement de ces commissions et les indemnités de transport seront supportés par le budget de la guerre ainsi qu'il est procédé depuis la mise en application de la loi du 7 avril 1917. Le budget de la guerre sera remboursé ultérieurement par le service central du ravitaillement. Les céréales ainsi réunies par les commissions de réception seront prises en charge par le bureau permanent qui en assurera la répartition et le recouvrement.

Le secrétaire comptable dans chaque département portera dans les écritures de la comptabilité le détail des quantités attribuées aux besoins militaires et de celles attribuées aux besoins civils.

b) *Achats par les meuniers, commerçants et courtiers.*

Les meuniers et le commerce paieront les céréales aux producteurs d'après les prix taxés, et comme ils achètent pour le compte de l'État ils seront remboursés des sommes ainsi versées sur production de leur facture accompagnée soit du permis de circulation sur route, soit du récépissé du chemin de fer ou du connaissement en cas de transport par voie ferrée ou par eau.

Lorsque le bureau permanent aura ordonné à un négociant de livrer à un tiers les céréales qu'il aura achetées, ce négociant accompagnera sa facture du reçu de ce tiers destinataire ou du récépissé du chemin de fer ou du connaissement en cas de transport par voie ferrée ou par eau.

Ce remboursement sera assuré, ainsi que vous l'ont fait connaître mes instructions télégraphiques des 12 et 19 décembre 1917, par les soins du Préfet qui, depuis le début des opérations du ravitaillement civil, a été chargé du recouvrement des cessions de blés indigènes, et qui devient ainsi l'Agent spécial prévu par l'article 24 pour effectuer le payement au titre du compte spécial des céréales achetées aux producteurs par les meuniers ou par le commerce.

Il vous suffira pour ordonnancer ces dépenses, de désigner un des Agents de votre service spécial d'ordonnancement, ou à défaut toute autre personne qui vous paraîtra qualifiée pour remplir ce poste de confiance.

Dans quelques départements, d'accord avec l'Intendance, le Préfet a fait appel à un Officier d'administration ou à un sous-officier affecté à ce service.

Cet Agent prendra en compte les quantités achetées par les commissions de réception; il recevra les factures des minotiers, commerçants et courtiers pour les céréales qu'ils auront achetées pour le compte du ravitaillement. Il vérifiera les factures, en tiendra comptabilité et émettra au nom des intéressés les ordres de payement qu'il soumettra à la signature du Préfet.

Les ordres de payement en question ne seront pas visés par l'agent comptable du service central; ils seront communiqués, accompagnés des pièces justificatives, au trésorier général qui les contrôlera et les revêtira de son « vu bon à payer ».

Le trésorier général retiendra par devers lui les pièces justificatives qu'il rattachera à l'ordre de payement quand le payement aura été effectué. Les payements seront imputés au compte « agent comptable du ravitaillement S. C. de payement à vérifier. » L'envoi des pièces de dépense à l'agent comptable du ravitaillement se fera dans les conditions indiquées au paragraphe 11 de la circulaire de la direction générale de la comptabilité publique du 10 décembre 1915.

Il est évident que toutes ces formalités devront être remplies avec diligence si l'on veut que le régime fonctionne d'une façon satisfaisante; sinon on s'exposerait à des retards et à des à-coups qui pourraient être très fâcheux pour l'alimentation publique. Je vous recommande de veiller avec soin à ce que rien ne soit négligé pour que les opérations soient faites avec promptitude.

Comme je vous l'ai fait connaître, il faut que l'organisation du bureau permanent soit telle que le secrétaire comptable puisse faire payer les intéressés dans un délai de quatre jours à dater de la réception de la facture, afin de se rapprocher des usages commerciaux.

Du reste, je suis décidé, au cas où les payements ne pourraient pas être opérés avec suffisamment de célérité, à nommer des régisseurs qui disposeraient de fonds suffisants pour régler les transactions faites pour le compte de l'État dans le moindre délai.

4° RÉMUNÉRATION DES COMMERÇANTS.

D'après l'article 30 la rémunération des commerçants qui était antérieurement de 1 fr. 50 est réduite à 85 centimes pour 100 kilogrammes, l'achat pour le compte de l'État supprimant les risques qu'ils avaient l'habitude de subir et leur évitant toute recherche de partie prenante.

Il importe d'observer que cette rémunération n'est pas applicable aux achats faits par les meuniers, ceux-ci trouvant une allocation suffisante de leur travail dans la mouture des céréales.

5° SACHERIE.

Les sacs seront, en général, fournis par le service de l'intendance pour les céréales à livrer aux commissions de réception soit par voie amiable, soit par voie de réquisition.

Les demandes par les Sous-Intendants devront être adressées assez à l'avance pour qu'il n'y ait aucun retard dans la livraison.

Les comptables départementaux du ravitaillement suivront les sacs ainsi fournis et signaleront le nombre de ceux ayant servi à contenir des céréales dirigées sur les établissements militaires ou sur les établissements civils de façon à permettre de demander la restitution et le remboursement de ces derniers au service central du ravitaillement. Ce n'est qu'exceptionnellement que ces sacs seront fournis par le service militaire aux meuniers et commerçants pour des achats effectués par leurs soins. Pour ces achats, les meuniers et négociants utiliseront d'abord leur sacherie et, en cas de déficit, s'adresseront au bureau permanent de l'office départemental.

J'appelle votre attention sur la nécessité qu'il y a à ce que le secrétaire comptable ouvre un compte de sacherie pour prendre en charge tous les sacs qui seraient envoyés par le service central pour faciliter la manipulation de la marchandise; il est entendu qu'il se fera rendre compte de l'emploi de ces sacs et qu'il veillera à leur restitution.

6° PRIX DES CÉRÉALES CÉDÉES POUR DES EMPLOIS AUTRES QUE LA PANIFICATION.

Certaines céréales, à l'exception bien entendu du blé, peuvent servir à des emplois autres que la panification; tel est le cas, notamment, de l'orge dont une partie est destinée à la brasserie et tel est également le cas de l'avoine qui sert presque exclusivement à la nourriture des chevaux.

Pour l'avoine, le prix de vente aux particuliers sera celui fixé par l'article 23 du décret du 30 novembre; quant aux autres céréales dont l'emploi aura été autorisé pour des besoins industriels, il interviendra une décision ministérielle pour fixer les prix de cession par l'État à des particuliers. Ces prix ne seront pas évidemment les prix réduits de l'article 33 du décret du 30 novembre, car ces réductions ne sont justifiables que pour le pain, les taux seront au moins égaux à ceux payés aux producteurs en vertu de l'article 23. En vue d'arriver à la fixation de ces prix, mes services vous ont demandé des renseignements sur les prix de vente des produits fabriqués avec ces grains, sur les frais de transformation et les frais généraux.

Lorsque les négociants les revendront pour la consommation, l'article 43 porte que le prix d'achat à la propriété pourra être majoré, conformément aux prescriptions de l'article 10 du décret du 31 juillet 1917.

Aux termes de cet article « en ce qui concerne la vente à la consommation de l'avoine, du maïs, de l'orge, du sarrasin, ainsi que du son, les commerçants en gros et demi-gros établis dans les centres de consommation auront le droit d'en majorer de 1 p. 100 au maximum le prix de revient total, y compris les frais de transport et d'octroi pour toutes ventes dépassant 10 quintaux. Pour les ventes au détail chez les grainetiers, égales ou inférieures à 10 quintaux, cette majoration ne devra pas dépasser 10 p. 100 du prix de revient total ».

J'ai cru devoir rappeler cette disposition parce qu'il m'a été signalé que dans plusieurs circonstances elle aurait été perdue de vue et que des consommateurs auraient payé des majorations injustifiées.

II. — RÉGIME DE LA MEUNERIE.

1° RÉTROCESSION DES CÉRÉALES AUX MEUNIERS. — PRIX DES FARINES INDIGÈNES ET EXOTIQUES.

Toute l'organisation de la meunerie, telle qu'elle est réglée par le décret, repose sur l'idée de maintenir le prix du pain à un taux normal.

Suivant le régime qui va prendre fin au 31 décembre, il avait été établi sur le prix des farines une ristourne payable au boulanger dans les conditions suivantes : le prix des farines étant établi sur la taxe du blé à 50 francs, l'État remboursait aux boulangers la somme nécessaire pour que le prix de revient réel de la farine leur permette de vendre le pain à un taux moyen de 55 centimes le kilogramme.

Or ce système nécessite un contrôle de toutes les livraisons de farine aux boulangers; de là des difficultés de surveillance par suite du nombre d'agents des contributions indirectes qu'on doit associer à ce travail et des moyens tout à fait limités qui sont mis à leur disposition pour s'assurer que les quantités de farines indiquées ont bien été utilisées par la boulangerie.

En outre, à la pratique, il a été constaté qu'il donnait lieu à des retards inévitables plaçant certains boulangers peu fortunés dans l'impossibilité de disposer de fonds suffisants pour effectuer régulièrement leur fabrication.

Dans ces conditions, le Gouvernement a supprimé la ristourne et l'a remplacée par le système qui est consacré par le chapitre VI du décret.

D'après ce système, les meuniers, pour tous les blés qui leur seront cédés, que ces cessions proviennent des livraisons des commissions de réception, des livraisons du commerce ou de leurs propres achats, leur seront retrocédés avec un écart de 7 francs par quintal pour le blé : ainsi pour le blé, le prix réduit a été fixé à 43 francs les 100 kilogrammes nets, nus, rendus gare destinataire. On ne se trouve plus ici en présence d'une ristourne; car il ne faut pas perdre de vue que les achats aux producteurs ont été faits pour le compte de l'État et que c'est lui qui rétrocède à un prix inférieur à son prix d'achat dans l'intérêt de l'alimentation publique.

Il s'ensuit que les meuniers pourront vendre sur tout le territoire la farine à 51 francs les 100 kilogrammes, prix fixé par l'article 38 et que le prix du pain de consommation courante pourra être fixé à un prix moyen d'environ 55 centimes le kilogramme. L'État, en assurant à sa charge l'écart de 7 francs entre le prix du blé payé aux producteurs et le prix de rétrocession aux meuniers, assure aux consommateurs français le pain à un taux normal.

C'est le même système qui est appliqué pour les autres céréales succédanées du blé avec des écarts calculés suivant les taux d'extraction de farine et le rendement de chacune d'elles. Toutes ces règles sont stipulées dans les articles 33 et 37 du décret pour les succédanés indigènes.

Il est entendu que les prix de rétrocession aux meuniers s'entendent pour denrées de qualité saine, loyale et marchande, et que les meuniers pourront obtenir les mêmes réfactions que celles imposées aux producteurs par les acheteurs pour le compte de l'État lorsqu'il aura été établi que les denrées n'étaient pas de qualité saine, loyale et marchande.

En ce qui concerne les céréales exotiques, les prix sont fixés d'après des règles identiques. Ainsi le blé exotique sera cédé dans les départements à 43 francs les 100 kilogrammes, nets et nus, franco gare destinataire (sac à rendre). Quant aux autres céréales exotiques succédanées du blé, les prix indiqués pour les grains indigènes de même nature seront applicables.

Les meuniers, pour le payement des céréales indigènes qui leur sont cédées par l'État, recevront des ordres de versement qui seront dressés par le secrétaire comptable et émis par le Préfet.

Les ordres de versement délivrés pour les quantités de céréales rétrocédées par l'État aux meuniers et provenant soit des achats des commissions de réception, des meuniers ou du commerce, soit même des réquisitions, seront recouvrés d'accord avec la trésorerie générale. Le secrétaire comptable adressera au service central du ravitaillement un double de tous les bordereaux d'émission remis à la trésorerie générale concernant les ordres de versement délivrés.

Toutefois, dans certains départements où se pratique actuellement la réquisition, les opérations d'achat aux producteurs et de vente aux meuniers se règlent lors de la réception de la denrée en gare ou au moulin. Ce même système, avec le nouveau régime, pourra se continuer.

Le percepteur qui accompagne les commissions de réception recevra de suite des meuniers le prix de cession fixé par l'article 33 pour la denrée livrée et il payera au livrancier le prix prévu par l'article 23, ainsi que, le cas échéant, les frais de transport incombant à l'État. Le secrétaire comptable sera informé des opérations ainsi effectuées.

En ce qui concerne les céréales exotiques, on continuera l'application du système actuel, c'est-à-dire le payement de la marchandise après remise de l'ordre de versement émis par le service financier du Ministère du Ravitaillement.

Le prix de 51 francs fixé par le décret du 30 novembre est applicable aux farines, y compris celle de riz, provenant de toutes céréales moulues par les usines et les moulins fonctionnant sur notre territoire.

Quant aux farines importées de l'étranger qui sont cédées par le service central du ravitaillement, elles seront facturées à 54 francs les 100 kilogrammes bruts, logés franco gare destinataire. Ce prix a été établi en conformité de celui fixé pour les farines indigènes et en tenant compte de la valeur du sac. Il sera applicable à toutes les farines provenant de l'extérieur quelle que soit la nature de la céréale panifiable. Toutefois, lorsqu'il y aura mélange de farines à opérer par le meunier, il lui sera payé une bonification maximum de 1 fr. 50 pour le dédommager de ses frais et de la perte de poids.

Enfin, pour le transport des farines de succédanés de moulin à moulin, les frais seront réglés d'après les dispositions de l'article 23, paragraphe final.

2° FABRICATION DE LA FARINE. — TAUX D'EXTRACTION.

Le décret du 30 novembre 1917 a abrogé toutes les dispositions des décrets antérieurs relatifs à la fabrication de la farine de froment et des farines de succédanés.

Désormais, les meuniers ne seront plus obligés d'extraire la farine de froment au taux de 85 p. 100. Ils ne doivent mettre en mouture que du blé pratiquement exempt d'impuretés et ils ne doivent laisser sortir de leur moulin ou vendre d'autres produits de la mouture du blé que la farine entière, le son et les déchets de nettoyage impropres à la mouture.

Conformément à la loi, la farine entière doit donc contenir tous les éléments du blé, hormis le son et les impuretés.

Pour un blé pesant 77 kilogrammes à l'hectolitre et ne contenant pas plus de 2 p. 100 de corps étrangers, le taux d'extraction est de 80 p. 100. Il s'ensuit que la farine entière pour les blés de qualité inférieure, c'est-à-dire pesant moins de 77 kilogrammes à l'hectolitre, sera moins élevée afin de ne pas y incorporer une certaine proportion de son, ce qui serait contraire aux dispositions légales, notamment à la loi du 8 avril 1917, article 3.

Pour les farines de succédanés, les taux d'extraction sont fixés par l'article 37.

Le service de la répression des fraudes est chargé, comme auparavant, de concourir à l'application de la loi et d'assurer la stricte exécution du décret sur la matière. Ses agents auront donc à rechercher si la farine vendue est bien une farine entière.

En vue de faciliter le contrôle, l'article 41 prévoit que des échantillons types seront fabriqués par les soins du Sous-Secrétariat d'État du Ravitaillement et seront adressés à chaque Préfecture.

Dans le cas de première infraction relevée contre un meunier, il n'y a pas lieu de pratiquer un avertissement avant toute poursuite : l'article 9 du décret du 27 juin 1916 qui prescrivait cet avertissement préparatoire est formellement abrogé par l'article 52 du décret du 30 novembre.

3° CONTRÔLEURS DES MOULINS.

Le contrôleur des moulins est un des agents importants du bureau permanent de l'office départemental.

Son action doit se faire sentir par des tournées fréquentes dans les moulins, et quand il est au chef-lieu du département il doit se tenir au siège du bureau permanent pour répondre aux questions urgentes qui peuvent lui être posées, et lever, le cas échéant, les difficultés signalées.

Le Sous-Intendant doit se tenir en relation constante avec lui; ensemble, ils doivent prendre les mesures propres à assurer une alimentation régulière des moulins et veiller à ce que les ordres donnés par le service central du ravitaillement soient exécutés scrupuleusement et sans retard.

Lorsque la tâche sera trop lourde pour un contrôleur, je suis disposé à en nommer plusieurs dans le même département.

4° PRODUCTION DES MOULINS.

Une des premières opérations à laquelle doit se livrer le contrôleur des moulins est le recensement des moulins ou minoteries existant dans le département.

Cette opération ayant pour but de déterminer quelle peut être l'importance de la fabrication, les états établis devront comprendre d'une part les moulins en activité, d'autre part ceux en chômage.

Ces deux catégories seront subdivisées :

1° En moulins travaillant pour le commerce;

2° En moulins travaillant à façon pour le cultivateur, avec indication de ceux propres à effectuer le concassage des grains grossiers pour la nourriture des animaux;

3° En moulins mixtes, c'est-à-dire travaillant en même temps pour le commerce et à façon.

Pour chaque moulin, cet état indiquera le nom et l'adresse du propriétaire, la nature et la puissance de la force motrice, la capacité journalière de production en quintaux de blé et l'importance des magasins.

Pour les moulins en non-activité, il conviendra de mentionner, en outre, les raisons pour lesquelles l'usine est arrêtée.

Un double de ce relevé, qui sera établi par arrondissement, sera adressé, avant le 1er février, au Ministère de l'Agriculture et du Ravitaillement, sous le timbre « Service du contrôle des moulins et des boulangeries ».

5° CONTINGENTEMENT DES MOULINS.

Rattachement des communes et des boulangers aux moulins.

Pour déterminer dans quelles conditions peut être utilisée la production des moulins, le bureau permanent de l'office départemental tiendra compte des besoins de la consommation de la population civile, telle qu'elle résultera des dispositions édictées par le chapitre Ier du décret du 30 novembre 1917, des instructions contenues dans ma circulaire du 10 décembre et dans ma dépêche du 22 décembre 1917.

Je vous recommande, à cet égard, de faire tous vos efforts pour réduire de 20 p. 100 la consommation actuelle de votre département afin de rentrer dans les prévisions de consommation moyenne et aboutir ainsi à un rationnement indispensable pour la consommation du pain.

Pour opérer cette réduction, les bureaux permanents, les contrôleurs des moulins sous votre surveillance, rattacheront les boulangers desservant chaque commune à un ou plusieurs moulins déterminés, en tenant compte de la situation géographique et de la production des usines.

Si la production totale des moulins d'un département est supérieure aux besoins de la consommation de ce département, le bureau permanent déterminera la quantité de céréales à laquelle aura droit chaque meunier. La réduction de fabrication qui en résultera devra porter sur tous les moulins et être proportionnelle à leur production.

Toutefois si un département voisin avait une production en farine inférieure à sa consommation, les bureaux permanents intéressés s'entendront pour utiliser la surproduction du département limitrophe.

Ils indiqueront alors au contrôleur des moulins du département excédentaire les boulangers et les communes qu'ils auraient à faire approvisionner.

L'excédent de production restant disponible devra être utilisé par le bureau permanent dans la mesure de ses ressources pour la constitution de stocks de farine qui seront dirigés, suivant les ordres du service central du ravitaillement, soit sur un magasin central, soit sur les départements insuffisamment approvisionnés en farine.

Le rattachement des boulangers ou des communes aux moulins est indispensable pour permettre le contingentement. Cette mesure permettta en outre de réduire les transports au strict minimum et facilitera l'approvisionnement des boulangers en farine et des meuniers en céréales.

Le rattachement sera effectué en tenant compte, dans la mesure du possible, des relations commerciales existant à l'heure actuelle entre les meuniers et boulangers; mais si, dans l'intérêt général et pour assurer un contrôle plus efficace, le bureau permanent croit devoir, après avis du contrôleur des moulins, modifier l'état de choses actuel, il ne doit pas hésiter à rattacher un boulanger ou une commune à un moulin autre que celui qui avait l'habitude de fournir ce boulanger ou cette commune.

Si pour faciliter cette opération de rattachement des boulangers aux moulins, un maire manifestait le désir de voir constituer un office communal du pain, conformément aux articles 4 et 5 du décret, je ne fais aucune objection à ce que vous autorisiez cette création quoiqu'elle n'ait été prévue que pour les communes où fonctionnera le régime de la carte de pain.

6° APPROVISIONNEMENTS DES MOULINS.

Tous les moulins étant placés sous le contrôle du Ministre de l'Agriculture et du Ravitaillement (art. 31 du décret du 30 novembre 1917) et les meuniers devant faire connaître chaque semaine aux contrôleurs des moulins (art. 14 du décret du 31 juillet 1917) leurs stocks en blé, succédanés et farine, le bureau permanent fait état de ces indications pour déterminer dans quelle mesure et dans quel ordre les expéditions de céréales doivent être effectuées sur les moulins de façon à éviter l'arrêt des usines et à assurer régulièrement les livraisons de farine en boulangerie.

On évitera ainsi la constitution de stocks trop importants sur un même point, alors que certains moulins de la même région pourraient se trouver arrêtés faute de marchandise.

Les articles 9 et 36 du décret ayant prévu que les farines de succédanés devaient être employées à la fabrication du pain, vous devez prendre toutes dispositions utiles pour que la meunerie procède à des moutures de succédanés et incorpore cette farine à la farine de froment.

La proportion et la nature des mélanges devront varier dans chaque département suivant les ressources locales. C'est à chaque préfet qu'il appartient de fixer la proportion des mélanges.

Pour la fabrication des farines de succédanés, c'est le bureau permanent qui choisira les usines d'après leur outillage afin de les charger du travail qu'elles sont le mieux en état d'effectuer et au meilleur compte.

Les moulins à façon sont soumis aux mêmes obligations que les autres moulins, tant en ce qui concerne la qualité de la farine que les mélanges de succédanés, les déclarations de fabrication et de stocks.

Quant aux conditions dans lesquelles ils sont autorisés à travailler pour les cultivateurs, elles sont fixées par le chapitre VIII du décret du 30 novembre 1917.

Les quantités qu'ils auront à moudre seront déterminées d'après le contingent attribué à chaque commune.

De son côté, le meunier à façon devra faire parvenir chaque semaine au contrôleur des moulins de sa circonscription un relevé des quantités qu'il a écrasées et les stocks qu'il peut avoir en magasin; il indiquera en même temps le nom des personnes auxquelles il a livré les farines durant la semaine écoulée et celui des personnes pour le compte desquelles des céréales ou des farines sont entreposées chez lui.

Ces renseignements permettront au bureau permanent de contrôler efficacement les ressources et de procéder à une répartition plus équitable des disponibilités.

Pour éviter tout abus, et la constitution de stocks invisibles, il y a lieu d'interdire aux meuniers à façon de livrer des farines en boulangerie. En conséquence, le payement en nature actuellement pratiqué dans certains départements s'effectuant au préjudice du cultivateur faisant moudre à façon, il conviendrait que vous preniez un arrêté exigeant, sur la base de 3 fr. 50 par quintal de blé ou de succédanés écrasés, le payement en espèces des frais de mouture, tous les produits de la mouture restant dès lors la propriété des cultivateurs.

En ce qui concerne les meuniers travaillant tantôt à façon, tantôt sur des marchandises à eux rétrocédées, ils opteront soit pour la vente à la boulangerie, soit pour le travail à façon.

Ceux qui, ayant opté pour la vente à la boulangerie, manqueraient par la suite à leur engagement, se verraient supprimer, pendant un temps déterminé, toute attribution de grains en vertu de l'article 15 du décret du 31 juillet 1917.

7° LIVRAISON DE LA FARINE À LA BOULANGERIE.

Étant donné les conditions dans lesquelles doivent être effectués le contingentement des moulins et le rattachement des boulangers ou des communes aux moulins, les meuniers devront effectuer régulièrement les livraisons de farine qui leur sont assignées par le bureau permanent.

De même, le prix de vente fixé pour la farine par l'article 38 devra être rigoureusement observé tant par les vendeurs que par les acheteurs, qu'il s'agisse de farine de blé froment mélangé ou non avec des succédanées ou de farine pure de succédanés.

Toute infraction (refus de livraison non justifié, qualité de la farine, surprime exigée du boulanger, etc...) entraînera l'application de l'article 15 du décret du 31 juillet 1917, c'est-à-dire le refus de livraison de céréales pendant un temps déterminé.

Si le bureau permanent se trouve dans l'obligation de recourir à cette sanction, il fera procéder immédiatement à un nouveau contingentement des moulins, tout au moins dans la circonscription intéressée. Pour assurer aux autres meuniers le travail supplémentaire destiné à faire face aux besoins en farine des boulangers rattachés primitivement au moulin contre lequel la sanction aura été prononcée, il fera une répartition provisoire des disponibilités.

Afin d'éviter les abus susceptibles de se produire en ce qui touche les frais de livraison et de camionnage, il y aura lieu de prendre un arrêté fixant ces frais en établissant au besoin des zones kilométriques pour réaliser, dans la mesure du possible, une égalité de traitement entre tous les boulangers.

8° DÉCLARATIONS DES MEUNIERS.

En vertu de l'article 14 du décret du 31 juillet 1917, tous les meuniers sans exception sont tenus de faire connaître chaque semaine au contrôleur des moulins :

1° Les entrées de céréales (blé, seigle, orge, maïs, sarrasin, riz) et leur provenance ;

2° La quantité mise en mouture ;

3° Les livraisons de farine effectuées avec l'indication des destinations ;

4° Les livraisons de son ;

5° Les stocks de céréales, de farine et de son.

Ces renseignements seront réunis dans un état récapitulatif par département ou circonscription, et cet état sera adressé chaque semaine par les soins du contrôleur des moulins (article 13 du décret du 31 juillet 1917) au Ministère de l'Agriculture et du Ravitaillement sous le timbre : « Service du Contrôle des Moulins et des Boulangeries ».

Outre ces renseignements hebdomadaires, les meuniers adresseront chaque jour au contrôleur des moulins un état journalier des farines livrées en boulangerie.

En conformité des articles 14 et 15 du décret du 31 juillet 1917, formellement maintenus en vigueur par l'article 42 du décret du 30 novembre 1917, les meuniers sont tenus de faire aux contrôleurs des moulins la déclaration de leur stock, de leur fabrication et de leurs livraisons.

En cas de refus ou de fausse déclaration et généralement de tout manquement aux obligations établies au décret du 30 novembre, vous pourrez, après avis de l'office départemental, refuser au meunier contrevenant toute livraison de céréales pendant un temps déterminé.

Cet arrêt de livraison de céréales devant porter non seulement sur la répartition des blés indigènes par le bureau permanent, mais encore sur les cessions consenties par le Service central du Ravitaillement, il conviendra, le cas échéant, d'en aviser ce service.

Je vous rappelle en outre que, d'après les articles 39 et 46 du décret du 30 novembre 1917, il est interdit aux meuniers de livrer de la farine à des personnes autres que celles désignées par le bureau permanent ou que les cultivateurs faisant moudre leur blé à façon,

En conséquence, les négociants et les commerçants ne pourront se porter acheteurs de farine, ni provoquer des offres en meunerie ; les stocks pouvant exister dans leurs magasins seront réquisitionnés et mis à la disposition du bureau permanent.

III. — TAXE ET LIVRAISON DU SON.

Les articles 44 et 45 règlent le régime du son.

D'après ces textes, le prix du son varie suivant la céréale dont il provient. Pour le blé-froment, le méteil, le seigle, l'orge et le maïs, il sera vendu, à partir du 1er janvier 1918, à un prix ne dépassant pas 35 francs le quintal, net, nu et pris au moulin.

D'autres taxes sont fixées pour le son provenannt de la mouture des fèves et féveroles et de la mouture du sarrasin.

En principe, les sons ne peuvent être livrés par les moulins qu'aux parties prenantes désignées par le bureau permanent. Cependant, le bureau permanent pourra décider que les meuniers seront laissés libres de vendre tout ou partie de leur fabrication.

Il y a intérêt à ce que les préfets donnent des instructions au bureau permanent pour que le son soit livré de préférence aux exploitations agricoles qui le consomment directement.

D'autre part, le bureau permanent devra mettre à la disposition du Service central du Ravitaillement toutes les quantités de son dont il n'aurait pas l'emploi sur place.

IV. — PRIX DU PAIN.

Le décret, dans l'article 14, reconnaît au préfet le pouvoir de fixer pour le pain de consommation courante un prix qui ne pourra être dépassé dans tout le département. Ce prix doit être établi par un arrêté préfectoral, en tenant compte du prix unique des farines sur l'ensemble du territoire, des frais de transport du moulin à la boulangerie et des frais de panification qui varient d'après les causes locales et des difficultés plus ou moins grandes d'approvisionnement.

Mais les dispositions de la loi du 19-22 juillet 1791 complétées par l'article 12 de la loi du 20 avril 1916, demeurent toujours applicables, et par suite vous conservez la faculté de vous substituer aux maires pour prononcer la taxation du pain dans les conditions prévues par l'article 99 de la loi du 5 avril 1884.

Dans l'article 14, il ne s'agit pas d'une taxation mais d'un prix maximum général servant de base à la taxation, là où il sera jugé nécessaire de l'établir, et l'adoption de ce prix maximum a pour but d'empêcher les disparités non justifiées de commune à commune dans un même département, et de tendre autant que possible à l'établissement d'un taux unique pour toute la France.

V. — OFFICE DÉPARTEMENTAL DES CÉRÉALES. — BUREAU PERMANENT.

L'article 3 du décret du 31 juillet 1917, qui a créé dans chaque département un office des céréales, reste en vigueur. D'après cet article, l'office veille à l'exécution des opérations d'achat des céréales, à l'approvisionnement des meuneries et boulangeries, à la mouture des céréales panifiables et aux livraisons de farine; il se préoccupe de la fabrication du pain et connaît d'une manière générale des difficultés relatives à la consommation et à la vente du pain.

Pour renforcer son action et la rendre plus efficace, l'article 6 du décret du 30 novembre 1917 porte que, dans chaque office, il sera constitué un bureau permanent qui supplée l'office dans toutes ses attributions.

Par mes circulaires des 10 et 26 décembre, je vous ai déjà montré la nécessité qu'il y avait à ce que cet organisme soit fortement constitué et les services qu'il est appelé à rendre à votre administration pour la répartition des céréales et des farines achetées pour le compte de l'État.

Nommé par vous, il doit fonctionner sous votre direction avec la collaboration constante du représentant de l'intendance, chargé du ravitaillement.

A cet égard, j'insiste tout particulièrement sur la nécessité d'associer étroitement aux opérations d'achat amiable ou de réquisition de céréales ce fonctionnaire de l'intendance.

La nouvelle organisation du Ministère du Ravitaillement a, en effet, pour objet essentiel de faire disparaître, en ce qui concerne le rassemblement des denrées alimentaires, toutes les distinctions qui pouvaient subsister entre le ravitaillement civil et le ravitaillement militaire. Il en résulte donc que les autorités à qui incombaient antérieurement le soin d'assurer la satisfaction des besoins des armées et de la population civile doivent unir leurs efforts pour faire concourir au but commun, avec le maximum de rendement, tous les organismes placés sous leur autorité respective.

Si les répartiteurs sont supprimés et cessent par suite de toucher l'allocation de 20 centimes, ils n'en continuent pas moins à faire partie de l'office départemental; par contre, ils peuvent reprendre leurs opérations commerciales comme les autres négociants en grains.

A ce point de vue, je rappelle qu'en ce qui concerne les céréales si le bureau permanent réunit dans sa circonscription des quantités ne dépassant pas les besoins immédiats du département, il est autorisé à les garder et à les céder aux moulins suivant les contingents à eux attribués; par contre, si les quantités réunies dépassent ces besoins, il mettra l'excédent à la disposition du service du ravitaillement.

Il importe, en effet, de remarquer que, dans le régime consacré par le décret, le bureau permanent, comme l'office départemental dont il est le centre actif, n'est point un organe de ravitaillement uniquement pour le département; il a été créé pour un objet général, pour concourir au ravitaillement national et fournir au service central les quantités de céréales dont il n'a pas l'emploi dans un délai relativement court.

Je ne saurais trop répéter que, dans les circonstances que nous traversons, la solidarité la plus étroite doit régner entre départements pour faciliter leur alimentation respective; le Gouvernement tient particulièremant à ce que son représentant fasse bien pénétrer cette idée essentielle dans l'esprit de tous ceux qui collaborent à la rude tâche du ravitaillement, et il est résolu de s'opposer énergiquement à toute mesure ou manœuvre qui tendrait à entraver son action à cet égard. Il serait déplorable, en effet, que sur un point du territoire, on accumulât des ressources de céréales en vue de la nourriture de plusieurs mois, alors que, dans d'autres centres, on serait exposé à en manquer à brève échéance.

Je compte sur votre fermeté pour faire observer ces règles que la prolongation de guerre rend nécessaires dans l'intérêt de l'ordre public.

Quant aux farines, le bureau permanent, dont le contrôleur des moulins fait partie, a trois sources d'approvisionnement : les moulins du département, les stocks emmagasinés dans le département et les minoteries situées hors du département, mais autorisées à moudre pour la boulangerie de ce département.

C'est le bureau permanent qui est appelé à renseigner régulièrement le service central du ravitaillement. A cet effet, il doit centraliser tous les renseignements que devront lui fournir les commissions de réception, les meuniers et le commerce. Avec ces renseignements, il devra rendre compte chaque jour des mouvements de marchandises effectués la veille. Pour lui faciliter ces communications, il vous sera adressé un modèle de compte rendu général, ainsi que des modèles de compte rendu journalier, qu'il y aura lieu de faire imprimer dans votre département et dont l'envoi devra être assuré chaque jour, même si, par extraordinaire, aucun mouvement de marchandises ne s'était produit.

Afin d'assurer la permanence du bureau, il y aura lieu de prévoir la présence, soit du secrétaire comptable, soit celle d'un autre agent. Il est, en effet, indispensable qu'il y ait toujours une personne en état de recevoir les communications et d'y répondre. Dans les arrondissements autres que le chef-lieu du département et qui seraient très producteurs de céréales, vous pourrez désigner un ou plusieurs agents qui seraient les correspondants attitrés du bureau permanent.

Quant aux attributions du bureau permanent elles se trouvent contenues notamment dans les articles 2, 7, 24, 28, 29, 36, 39, 45, 46 et 50 du décret. En se référant à ces textes, on constate toute l'importance de sa fonction et comment il est associé d'une façon très étroite à l'œuvre du ravitaillement du pays en céréales.

VI. — RECENSEMENT DES STOCKS DE BLÉ OU DE FARINE POUVANT EXISTER DANS LA MEUNERIE OU DANS LA BOULANGERIE, LORS DU PASSAGE DU RÉGIME ACTUEL AU RÉGIME DU DÉCRET DU 30 NOVEMBRE.

D'après ce décret, les boulangers payeront la farine de blé-froment, mélangée ou non avec les farines de succédanés au prix unique de 51 francs les 100 kilogrammes et ne recevront plus la ristourne qui leur est attribuée en compensation de l'écart entre les taxes actuelles de farine fixées par des arrêtés préfectoraux et le prix auquel ils vendaient le pain. Il s'ensuit que pour la farine dont ils auraient fait provision avant la mise en application du nouveau régime, les boulangers seront exposés à perdre la différence entre le prix actuel et le nouveau prix sans qu'une ristourne vienne compenser cette différence.

De même, les meuniers ne pourront vendre sur tout le territoire la farine plus de 51 francs les 100 kilogrammes sous le nouveau régime alors qu'ils auront obtenu cette farine avec du blé payé au prix fixé par le décret du 13 juillet 1917, soit 50 francs plus les frais, au lieu du prix de 43 francs établi par l'article 33 du décret du 30 novembre.

Afin d'éviter les inconvénients pouvant résulter de cette situation, l'article 21 du décret a conféré aux préfets le droit de prescrire des mesures pour la vérification des stocks disponibles chez les producteurs, les meuniers, les commerçants et autres détenteurs.

Conformément à mes instructions contenues dans la dépêche générale du 19 courant, et aux dépêches spéciales adressées à un grand nombre d'entre vous, vous avez dû prendre des mesures pour qu'il soit procédé au recensement des céréales existant dans les moulins et les boulangeries lors du passage du régime actuel au régime du décret du 30 novembre.

Aux termes de ces instructions, les meuniers doivent dresser un inventaire de tous les grains possédés par eux dans leurs moulins et magasins et vous transmettre factures de ces marchandises au nom de l'État. Après vérification, si vous le jugez utile, vous leur rétrocéderez ces grains aux prix réduits fixés par le décret et ainsi la farine produite sera vendue au prix de 51 francs.

C'est cette même procédure qui sera appliquée aux marchands de grains qui céderont leurs céréales à l'État.

Pour les farines détenues par les meuniers et faites avec des grains payés aux taux taxés, il y aura lieu d'effectuer une évaluation analogue, ainsi que pour les provisions de farine qui seraient détenues par les boulangers.

Mais toutes ces opérations ne peuvent être faites d'une façon sérieuse que si le bureau permanent est organisé et que si le secrétaire comptable est en fonction et en état de faire payer les intéressés dans un délai de quatre jours à dater de la réception de la facture, ainsi que je l'ai indiqué plus haut.

Il faut, en effet, éviter à tout prix que le nouveau régime risque de ne pouvoir fonctionner lorsque l'ancien cesserait d'être appliqué et qu'il y ait un arrêt dans nos approvisionnements en céréales.

Il va de soi que, dans toutes ces vérifications, les factures seront dressées en tenant compte des quantités inscrites sur les livres des intéressés et en défalquant les grains déposés chez les meuniers pour les moutures à façon.

Vous devrez veiller à ce que l'indemnité ne soit payée que sur les stocks de grains et farines utilisés conformément aux prescriptions du nouveau régime.

Pour faciliter le passage du régime actuel au nouveau régime, il a dû être accordé une période mixte, à titre de transition, qui ne devra pas s'étendre au delà du 15 janvier. D'ici là, les bureaux permanents qui doivent commencer à fonctionner dès le 1er janvier seront complètement organisés et en état de fournir au ravitaillement national la collaboration attendue.

VII. — DÉPENSES.

L'application du décret du 30 novembre 1917 donne lieu à des dépenses de plusieurs natures qui sont prévues par l'article 50 et qui concernent :

1° Les offices départementaux et le bureau permanent;

2° Le contrôle des moulins pour lesquels un mode spécial de rémunération a été prévu par l'article 13 du décret du 31 juillet 1917;

3° Les dépenses relatives à la délivrance des permis de circulation sur route. A part ces dernières, dont le taux est fixé par l'article 27 du décret du 30 novembre, toutes les autres doivent avoir été autorisées préalablement par le service central du ravitaillement; elles sont payées sur le compte spécial du ravitaillement.

1° DÉPENSES DES OFFICES DÉPARTEMENTAUX ET DU BUREAU PERMANENT.

Le Préfet établit les prévisions de dépenses dont il s'agit jusqu'à la prochaine campagne et adresse ces prévisions au Sous-Secrétariat d'État du Ravitaillement accompagnées des justifications nécessaires.

Ces renseignements, dont un grand nombre me sont déjà parvenus et auxquels il a été répondu télégraphiquement, doivent comprendre l'état du personnel affecté au bureau permanent avec la rémunération proposée, et les dépenses de matériel et des imprimés appropriés aux opérations effectuées. Il n'est pas admis pour le personnel de redevance ou de remise proportionnelle aux opérations, mais des indemnités mensuelles fixes. Dans la limitation de l'autorisation de dépenses accordées, l'ordonnateur départemental est autorisé à mandater les dépenses en question. Les mandats seront appuyés de pièces justificatives (états d'émargement arrêtés par le président du bureau permanent et dûment quittancées par les parties prenantes pour les dépenses de personnel — mémoires sur timbres, arrêtés par le président du bureau permanent pour le matériel et les impressions).

2° DÉPENSES DU CONTRÔLE DES MOULINS.

L'article 13, toujours en vigueur, du décret du 31 juillet 1917, a spécifié qu'il serait alloué une indemnité mensuelle aux contrôleurs des moulins pour les couvrir de leurs frais de personnel, de correspondance et de déplacement. Cet article a, en outre, indiqué que ladite indemnité serait fixée par arrêté ministériel sur la proposition du préfet, après visa de l'office départemental. Il s'agit donc d'une indemnité forfaitaire destinée à faire face à tous les frais du service du contrôle des moulins. Un certain nombre de préfets ont déjà fait parvenir au Sous-Secrétariat d'État du Ravitaillement des demandes à ce sujet. Ceux qui n'ont pas encore envoyé leurs propositions doivent le faire sans retard, et dès que le montant de l'indemnité en question aura été fixé, le chiffre en sera notifié au préfet.

Une ampliation certifiée de l'arrêté ministériel ayant fixé lesdites indemnités sera produite au soutien du premier mandat de payement. Il va sans dire que les dépenses de fonctionnement du bureau permanent sont distinctes de celles afférentes au contrôle des moulins.

3° DÉPENSES RELATIVES À LA DÉLIVRANCE DES PERMIS DE CIRCULATION SUR ROUTE.

Ces dépenses seront mandatées au début de chaque trimestre pour les permis délivrés pendant le trimestre précédent. Le mandatement sera fait par l'ordonnateur du bureau permanent au nom des agents de la mairie désignés pour ce travail, au vu des états des permis délivrés. Ces états, établis par les agents susvisés, seront certifiés par les maires et visés par les préfets, après contrôle du bureau permanent. Dans les localités importantes, le mandatement pourra être effectué au nom de la commune qui aura fait l'avance des sommes en question. Il conviendra dans ce cas de joindre au mandat, en outre des états de délivrance des permis, la quittance du receveur municipal et une expédition de l'état de répartition des allocations dues, payées.

C'est le secrétaire-comptable qui fera mandater chaque mois les frais de fonctionnement du bureau permanent, les indemnités revenant aux contrôleurs des moulins, et les sommes dues pour la délivrance des permis de circulation sur route.

VIII. — TEXTES ABROGÉS.

Le décret du 30 novembre, en établissant un régime nouveau, fait disparaître les textes sur lesquels reposait le régime précédent.

Afin d'éviter des difficultés d'interprétation et supprimer certains doutes, l'abrogation a été explicitement prononcée en ce qui concerne tous les textes fondamentaux.

C'est pourquoi l'article 52 déclare abroger toute une série de décrets qui y sont mentionnés formellement.

Tous ces textes concernent le régime des céréales, leur taxe, la fabrication de la farine et la réglementation du pain.

C'est donc désormais au décret du 30 novembre 1917 qu'il conviendra de se reporter pour connaître les règles applicables.

Ce décret a été rendu en exécution des lois qui, depuis la loi du 16 octobre 1915 jusqu'à la date de sa publication, ont investi le Gouvernement du pouvoir de prendre les mesures pour faciliter leur application.

Telles sont, Monsieur le Préfet, les instructions auxquelles je vous prie de vous conformer et dont certaines vous ont déjà été notifiées ; toutes ont pour but d'assurer le ravitaillement de nos troupes et de notre population civile d'une façon suffisante et équitable si chacun a la ferme volonté de remplir son devoir social.

CIRCULAIRE

DU MINISTRE DE L'AGRICULTURE ET DU RAVITAILLEMENT

DU 29 DÉCEMBRE 1917

rappelant que la main-d'œuvre agricole d'État ne doit pas être mise à la disposition des cultivateurs de chicorée.

(*Journal officiel* du 1er janvier 1918.)

LE MINISTRE DE L'AGRICULTURE ET DU RAVITAILLEMENT

A Messieurs les Préfets, Présidents des Commissions départementales de la main-d'œuvre agricole,

Il m'est signalé que des agriculteurs se préparent non seulement à continuer la culture de la chicorée, mais encore à l'augmenter.

Dans sa circulaire du 13 novembre 1917, mon prédécesseur a très nettement indiqué les cultures sur lesquelles devait plus particulièrement porter l'effort des cultivateurs français.

Il a non moins nettement stipulé, en conséquence, les conditions qui motiveraient les attributions de la main-d'œuvre d'Etat (détachés aux travaux agricoles, prisonniers de guerre, travailleurs coloniaux).

Je crois devoir vous les confirmer en ce qui concerne la culture de la chicorée.

Aucun travailleur ne sera mis par les Commissions départementales de la main-d'œuvre agricole à la disposition de cultivateurs de chicorée.

S'il n'était pas tenu compte de ces instructions, j'en serais avisé par le contrôle de la main-d'œuvre agricole, auquel je donne des ordres formels à cet égard et immédiatement la main-d'œuvre serait retirée, non seulement aux agriculteurs visés, mais, si elle était représentée par des prisonniers de guerre ou des travailleurs coloniaux, ceux-ci seraient retirés au département.

Afin d'éviter toute surprise chez les cultivateurs qui pourraient être l'objet de ces mesures, je vous prie de donner à cette dépêche toute la publicité désirable.

CIRCULAIRE

DU SOUS-SECRÉTAIRE D'ÉTAT DU RAVITAILLEMENT

DU 30 DÉCEMBRE 1917

relative au Ravitaillement en pommes de terre pendant la campagne 1917-1918.

A MESSIEURS LES GÉNÉRAUX COMMANDANT LES RÉGIONS DE L'INTÉRIEUR,
LES PRÉFETS DES DÉPARTEMENTS DE L'INTÉRIEUR,
LES DIRECTEURS DE L'INTENDANCE DES RÉGIONS DE L'INTÉRIEUR,
LES SOUS-INTENDANTS CHARGÉS DU RAVITAILLEMENT DANS LES DÉPARTEMENTS DE L'INTÉRIEUR.

La circulaire N° 5785 R/2, en date du 22 octobre 1917, de l'Inspecteur général du Ravitaillement, avait fixé les conditions de réalisation des pommes de terre pour les besoins militaires pendant la campagne 1917-1918.

Les contingents provisoirement imposés aux départements par cette circulaire ont été confirmés ou modifiés par la circulaire 6324 R/2, du 24 novembre 1917, d'après les résultats définitifs de la récolte.

Mais, en présence des difficultés que rencontrent actuellement les grandes agglomérations pour leur alimentation, il est indispensable de leur faire des cessions de pommes de terre, par application des dispositions de la loi du 16 avril 1916 et du décret du 30 juin 1916.

Dans ce but, une imposition supplémentaire sera exigée des différents départements. Cette imposition s'ajoutera à celle prévue antérieurement pour les besoins militaires et la réalisation en sera poursuivie dans les mêmes conditions.

Le contingent du département .... fixé, par la circulaire N° 6324 R/2 du 24 novembre 1917, à .... quintaux est porté à .... quintaux.

La réalisation doit en être poursuivie, avec le maximum de célérité, dans les conditions prescrites par la circulaire n° 5785 R/2 du 22 octobre 1917.

Une nouvelle répartition est à faire d'extrême urgence entre les circonscriptions de groupement et finalement entre les communes. Les ordres de réquisition antérieurement adressés aux communes seront rectifiés dans le plus bref délai et les répartitions effectuées par les Commissions municipales en vertu de l'article 20 de la loi du 3 juillet 1877 et de l'article 39 du décret du 2 août 1877 seront mises à jour dès réception des ordres rectifiés.

Toutes les répartitions entre les prestataires d'une commune devront être terminées pour le 15 janvier 1918, dernier délai. Partout où l'autorité municipale n'aura pas effectué elle-même le travail, l'autorité militaire, secondée par les Présidents de Commission de réception, l'effectuera sans délai, de façon à ce qu'on ne dépasse, sous aucun prétexte, la date fixée comme terme de l'opération.

Afin de permettre de suivre de plus près l'exécution du programme nouveau, la situation du ravitaillement en pommes de terre prescrite par la circulaire n° 5056 R/2 du 5 septembre 1917 devra dorénavant être établie par décade et être adressée au Sous-Secrétariat d'État du Ravitaillement (Service fourrages et pommes de terre) au plus tard cinq jours après l'expiration de la décade.

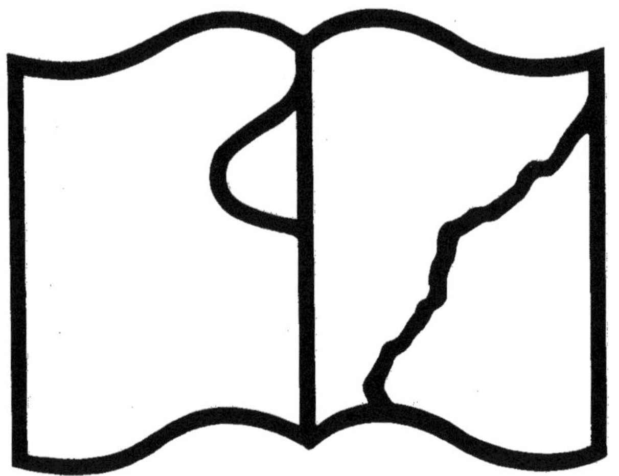

Texte détérioré — reliure défectueuse

NF Z 43-120-11

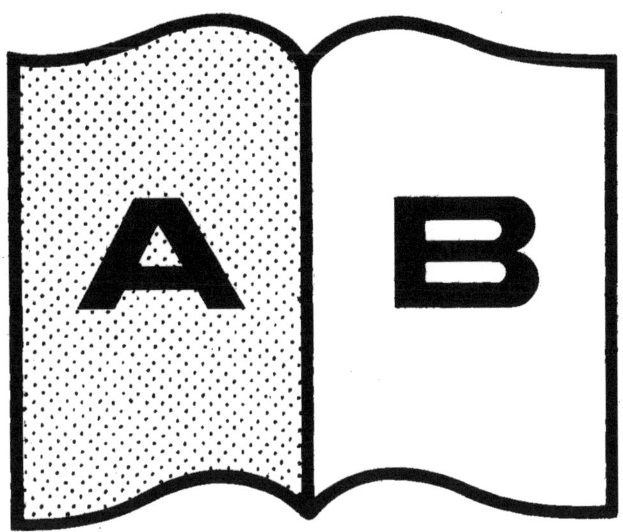
A
B

www.ingramcontent.com/pod-product-compliance
Ingram Content Group UK Ltd.
Pitfield, Milton Keynes, MK11 3LW, UK
UKHW020121200726
13856UKWH00002B/670